舵手证券图书
www.zqbooks.com

知海领航财富人生
舵手俱乐部 www.duoshou108.com

超 简 交 易

交易高手速成手册

天 蓝 著

山西出版传媒集团
山西人民出版社

图书在版编目(CIP)数据

超简交易:交易高手速成手册/天蓝著 .—太原：山西人民出版社，2018.10
ISBN 978-7-203-10505-3

Ⅰ.①超… Ⅱ.①天… Ⅲ.①投资-基本知识 Ⅳ.①F830.59

中国版本图书馆 CIP 数据核字(2018)第 195083 号

超简交易:交易高手速成手册

著　　者：	天　蓝
责任编辑：	张书剑
复　　审：	贾　娟
终　　审：	秦继华
出 版 者：	山西出版传媒集团·山西人民出版社
地　　址：	太原市建设南路 21 号
邮　　编：	030012
发行营销：	0351-4922220　4955996　4956039　4922127(传真)
天猫官网：	http://sxrmcbs.tmall.com　电话:0351-4922159
E-mail　：	sxskcb@163.com　发行部
	sxskcb@126.com　总编室
网　　址：	www.sxskcb.com
经 销 者：	山西出版传媒集团·山西人民出版社
承 印 者：	北京铭传印刷有限公司
开　　本：	710mm×1000mm　1/16
印　　张：	23
字　　数：	268 千字
印　　数：	1—5100 册
版　　次：	2018 年 10 月　第 1 版
印　　次：	2018 年 10 月　第 1 次印刷
书　　号：	978-7-203-10505-3
定　　价：	88.00 元

如有印装质量问题请与本社联系调换

前　言

学简单的系统

　　进入投资市场，学习交易技术、提高盈利能力，可以说是每个投资者的必修课。然而，投资市场是复杂的，很多投资者朋友虽然很勤奋、很努力地去学习，却依然不可避免地遇到很多大坑！

　　一号坑：弯路、岔路太多。交易是个古老的行业，涉及到的知识非常繁杂，就像一座迷宫，里面有很多弯路、岔路，甚至错路。如果投资者的分辨能力不强，就很容易迷失其中，走不出来。有的人甚至已经摸索了十多年，却仍然在原地"打转转"，无法前进，十分可惜！对于个人来说，输掉了自己的宝贵人生；对于社会来说，这是一种巨大的资源浪费！

　　二号坑：有技巧、无原理。很多投资者热衷学习各种交易技巧，K线、切线、均线、布林线、MACD、KDJ、CCI、RSI、BIAS……好像什么都知道，什么都会，但在实际操作中却用不上或者用不对，不仅不能帮助盈利，反而造成很多亏损。原因就在于博而不精，没有搞清楚这些技巧背后的原理，不明白它们在什么情况下有效。就像士兵不了解手中的武器，上了战场就很可能吃大亏，甚至丢掉性命！

三号坑：碎片化、不系统。学习了技巧，懂得了原理，是不是就可以了呢？对于交易来说，这是远远不够的。各家各派的技巧、招式，往往是相互矛盾的，如果只是把它们简单地、碎片化堆积在一起，那么根本无法建立有效的交易系统。投资者还需要学习"原理"背后的"原理"，即底层逻辑。只有以底层逻辑为支撑，投资者才能把学习到的各种技巧有机组合在一起，发挥出整体合力。否则，技巧学习得越多，越容易走火入魔。碎片化的知识没有价值，系统化的智慧才有力量！

四号坑：心态上错误归因。有的人做交易一旦发生亏损，就认为是自己的心态有问题，意志不坚、情绪不稳、修行不够，把心态当成替罪羊。然而，这对于问题的解决并没有实际帮助。既然交易系统有问题、技术能力有缺陷，那么就应该勇敢面对，从技术上入手，快速解决它，这才是最有效的处理方式。没有技术作支撑，再好的心态也只是空中楼阁！

五号坑：学习方法不科学。不少投资者整天忙忙碌碌地分析、研究和操作，投入了大量精力，却依然难以应对市场中庞杂的信息，很大程度上是因为缺少科学方法的指引。方法对了，事半功倍；方法不对，努力白费！

要想避开以上五个"大坑"，面对复杂的投资市场，我们可以拿起奥卡姆剃刀，化繁为简，把复杂的事情简单化，以便于理解和操作。奥卡姆剃刀定律是由14世纪逻辑学家奥卡姆的威廉（William of Occam，约1285—1349）提出的，"如无必要，勿增实体"，即"简单有效原理"。也就是说，如果你有两个原理，它们都能解释观测到的事实，那么你应该使用简单的那个，最简单的解释往往比复杂的解释更准确。同样，如果你有两个类似的解决方案，那么你应选择最简单的那个。

本书基于"简单有效原理"，就是希望以最简单、最系统、最快速的方式，帮助广大投资者少走弯路，端正交易理念，完善知识结构，改善交易绩效，从而拨开重重迷雾，早日迈入投资交易的殿堂。

本书的三大特点

全书共分为十章，力求结构上简单、功能上有效、使用上可复制。

1. 结构上简单

爱因斯坦说："凡事皆宜尽力简化，只要不失之草率（Everything should be made as simple as possible, but not simpler.）。"在投资交易中，往往越简单的东西越可靠，也越有生命力。

本书从结构上首次将投资交易划分为五大阶段：交易理念→交易规则→交易决策→交易执行→交易评估。

（1）交易理念相对于具体的技术知识，没有那么光彩夺目，比较抽象，但它却贯穿投资活动的始终，是交易的灵魂。在交易理念方面，投资者需要坚持三大原则：先生存后发展、先胜率后赔率、先方向后位置，把握三大规律：大数法则、均值回归、极值爆表，并深刻理解"风险管理"的内涵，才能打下一个扎实的交易基础。交易理念是交易活动的开始，如果我们有一个正确的开始，我们就将很可能得到一个正确的结束。

（2）交易规则是关于交易得以实现的市场架构、规则和制度等方面的内容，即市场微观结构理论。运动员参加比赛，不懂比赛规则是不行的。同理，投资者进行交易，不学习交易规则也是不行的。学习交易规则，可以帮助投资者理解证券市场的价格形成与发现机制，从而为技术分析和投资决策提供基础支持。

（3）交易决策是所有投资者都渴望学习并且能快速见到效果的环节。本书首次将技术分析划分为"量、价、时、形、趋、指"六大方面，以循序渐进、抽丝剥茧的方式，对技术分析进行具体阐述和讲解。其中，"量、价、时"是交易的三大元素，"形、趋、指"是技术分析的核心内容。通过对六大方面的学习，投资者可以掌握 N 字结构、终极买点、龙尾 K 线、均线扭转、波浪起点、指标背离、多空临界状态等技术要点，从而快速读懂行情，做出有利决策。

（4）交易执行是交易决策的下一阶段，强调的是交易策略、交易指令的执行，主要包括资金管理、程序化交易和算法交易。通过学习鞅策略、反鞅策略、凯利公式、固定分数法、固定比率法、递减分数法等资金管理方法，投资者可以针对每次交易机会分配不同的资金，对中性策略进行优化，实现放大利润、减少亏损。同时，结合算法交易，投资者可以对交易订单进行拆分，快速、隐蔽地执行大批量订单，从而降低相关交易成本，使得整个交易过程价格能够达到最优水平。

（5）交易评估是对整个交易活动的评价和总结，以便于未来进行改善和提高。对于交易策略的表现，可以从收益率的均值、方差、最大回撤等方面进行描述和评估。为了减小最大回撤，投资者还可以使用资金曲线等技巧。

2. 功能上有效

一个理论、方法或者系统，要实现有效，一方面要在原理上保持正确，另一方面要在实践上可被检验。为了帮助投资者朋友从原理上深刻理解书中的理论和方法，本书不仅会告诉你当下市场在"做什么（What）"、面对未来你应该"怎么办（How）"，还会从不同的角度去阐述背后的原理，让你知道"为什么

（Why）"。

林语堂说："只用一样东西，不明白它的道理，实在不高明。"当你从原理上深刻理解了书中的理论、方法和系统，自然可以明白它的正确性，继而用于指导投资交易实践，并检验它的有效性。

3. 使用上可复制

一个理论、方法或者系统，如果只能被小范围使用，那么其效果是要大打折扣的。本书想要追求的是：书中的理论和方法，能够被大范围使用，使用的人越多越有效。首先，"简单"降低了学习的难度，大多数人都可以快速地学习、理解和掌握。其次，书中的理论和方法，来源于市场自身的内在规律，是共性的、本质的、广泛的，保证了在市场范围内长期有效。

比如：市场的惯性规律特征。在物理学中，物体的质量越大，惯性就越大；质量越小，惯性就越小。在市场中也一样，参与投资交易的人越多，方法越趋同，规模效应就会出现，惯性特征就会越明显。当基于惯性规律的理论、方法，被更多人理解和使用时，会增强市场自身的惯性。惯性越大，反过来又会促进理论、方法的有效性，从而形成正反馈，不断自我强化、自我实现。

本书的适用对象

不管你是初入市场、渴望学习的投资者，还是遭遇挫折、急需改善的交易者，或者是已经盈利、希望更上一层楼的交易员，只要你对交易有着浓厚的兴趣，并且愿意投入精力去学习、研究和探索，本书都会给你有益帮助。

《超简交易》就像一份路线导图，一方面体现了系统性思维，可以帮你建立起关于交易的整个框架体系，俯瞰交易全局，绕开交易陷阱，从而把精力投入到正确的环节当中，快速打通交易的任督二脉；另一方面体现了阶段性思维，就像成熟的英语教材和钢琴手册一样，可以让你一步一个脚印看见自己的进步，持之以恒，逐渐攀登到顶峰。

当你学习完本书后，相信你会拥有一套全新的交易思维，对金融市场的内在规律具有较深的认识。由此重新回到市场中，看到的应该不再是简单的数字变化，而是数字跳动背后的诸多秘密；听到的不再是市场中的各种流行说法，而是自己内心的独立判断；做到的不再是随意跟风买卖，而是看淡红涨绿跌，制定出有效的交易策略或措施，从容进行应对。

让事情保持简单！Less is more!

学习的六重境界

投资市场是复杂的，本书只是从一些角度对市场进行了解读，希望能够启发读者建立动态的思考逻辑以及解决交易问题的能力。读者朋友们也可以举一反三，从其他更多角度来剖析市场。在这个过程中，一般要经历六重境界：

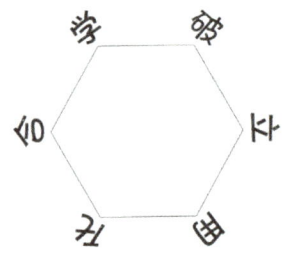

1. 学——乐于学习。要乐于接触新事物、涉猎新领域、学习新知识，不断给自己创造新机会。许多人喜欢自己独自摸索，可是你要知道，许多所谓的"新想法""好点子"，很可能别人已经探索过了，你自己就没有必要再走重复的路了。

2. 破——勤于思考。在"学"的阶段，虽然我们掌握了很多知识，但那只是简单的复制，还没有完全理解，属于初级阶段。这时，要像小朋友玩玩具一样，拆解它、打散它、揉碎它，"见山不是山"，对知识进行解码，看穿背后的架构，找出其中的联系。这个阶段是一个痛苦的过程，要"勤"字当头，才能慢慢进入下一阶段。

3. 立——善于总结。所谓总结，指的是"破而后立"，在前一阶段不断思考、不断解码的基础上，把打散的零件重新组合起来，形成自己的东西。散落的知识没有价值，系统化的东西才有力量。一个人如果没有自己的系统，就等于没有"立"，也就没有自我，只会人云亦云，无根浮萍空欢喜。

4. 用——勇于实践。破而后立，学以致用。在前面三个阶段的基础上，第四个阶段反而比较容易。所谓知难行易，当你确实懂了，剩下的就是不断实践、不断应用、不断熟练的过程。越熟练，越自信！

5. 化——内化于心。用得越多，实践得越多，对系统、对招式的掌握就会越熟练，逐渐融会贯通，让技术进入自己的潜意识，固化为自己的本能，从而忘掉招式，由技术流进入自然流，无招胜有招。

6. 合——合作共赢。学习就像画圆圈，圈内是已知的，圈外是未知的。学习得越多，圆圈越大，就越会感到自己的无知，心态上就会归零，谦虚地与其他牛人、达人进行合作，互通有无，实现共赢。

希望读者朋友们，在阅读本书的过程中，也能秉持"学、破、立、用、化、合"的六字学习法，让学习保持高效，不盲信、不盲从，独立思考，合理取舍，构建出属于您自己的超简交易系统，去搏击市场，引领人生。

同时，本书仍有不足之处，欢迎读者朋友们批评指正，提出宝贵意见和建议。可以加天蓝的微信一起交流，微信号：392017（请注明：读者）。

好了，下面开始你的交易学习之旅吧！祝你好运！

目 录

第一章 交易理念 ·································· 1

  第一节 交易原则 ································ 3

    一、先生存后发展 ····························· 3

    二、先胜率后赔率 ····························· 7

    三、先方向后位置 ····························· 9

  第二节 交易规律 ································ 14

    一、大数法则 ································· 14

    二、均值回归 ································· 18

    三、极值爆表 ································· 22

  第三节 风险管理 ································ 30

    一、风险的概念 ······························· 31

    二、风险的特征 ······························· 33

    三、风险的类型 ······························· 34

    四、风险的应对 ······························· 39

第二章 市场微观结构 ······························ 43

  第一节 市场微观结构 ····························· 45

    一、订单形式原则 ····························· 45

    二、交易离散构件 ····························· 49

三、价格形成机制 ······ 53
　　四、价格稳定机制 ······ 57
　　五、交易信息披露 ······ 60
　　六、交易支付机制 ······ 61
第二节　证券市场质量 ······ 66
　　一、市场有效性 ······ 66
　　二、市场稳定性 ······ 70
　　三、市场流动性 ······ 72
第三节　中国证券市场的微观结构 ······ 74
　　一、交易时间和交易品种 ······ 74
　　二、订单形式 ······ 75
　　三、交易离散构件 ······ 76
　　四、涨跌幅限制 ······ 77
　　五、竞价与成交 ······ 77
　　六、开盘价与收盘价 ······ 78
　　七、交易信息披露 ······ 79
　　八、大宗交易 ······ 79
　　九、债券交易 ······ 80
　　十、融资融券交易 ······ 81

第三章　交易决策·量 ······ 83
第一节　量的概念 ······ 85
　　一、成交量的含义 ······ 85
　　二、量的相关概念 ······ 85
第二节　量的特征 ······ 88
　　一、成交量的形态 ······ 88
　　二、成交量的陷阱 ······ 90

第三节 量价关系 ······ 90
    一、为什么说"量在价先" ······ 90
    二、量价变化的两种情况 ······ 91
    三、量价变化的特殊形式 ······ 92
第四节 量价应用 ······ 93
    一、股票量价模型 ······ 93
    二、量价实战技巧 ······ 96

第四章 交易决策·价 ······ 101
第一节 卡位思维 ······ 102
第二节 三大前提 ······ 103
    一、市场行为包容消化一切 ······ 103
    二、价格以趋势方式演变 ······ 104
    三、历史会重演 ······ 104
第三节 K线内涵 ······ 105
    一、K线的由来 ······ 106
    二、K线的绘制方法 ······ 106
    三、K线的具体意义 ······ 108
第四节 对数坐标 ······ 110

第五章 交易决策·时 ······ 113
第一节 市场周期 ······ 114
第二节 K线周期 ······ 116
第三节 周期互动 ······ 120
    一、大小周期的关系 ······ 120
    二、看大做小 ······ 120
    三、由小转大 ······ 121

第六章　交易决策·形 ·········· 123

第一节　走势 ·········· 125
一、走势的概念 ·········· 125
二、走势的划分 ·········· 125

第二节　N字结构 ·········· 128
一、什么是N字结构 ·········· 128
二、两大基本买点 ·········· 130
三、终极回撤买点 ·········· 131
四、"突破"是个伪命题 ·········· 133

第三节　波浪理论 ·········· 135
一、波浪理论的主要原理 ·········· 135
二、波浪理论的三大阶段 ·········· 138
三、波浪理论的三大买点 ·········· 140

第四节　K线形态 ·········· 141
一、双K线组合 ·········· 141
二、三K线组合 ·········· 146
三、多K线组合 ·········· 149

第七章　交易决策·趋 ·········· 153

第一节　均线的概念 ·········· 155
一、均线的公式 ·········· 155
二、均线的周期 ·········· 157
三、均线的四大特点 ·········· 159

第二节　均线的变化 ·········· 161
一、单均线扭转 ·········· 161
二、双均线交叉 ·········· 166

三、多均线组合 …………………………………………… 168

第三节　均线的聚散 …………………………………………… 169
　　一、均线即价值 …………………………………………… 169
　　二、爆米花过程 …………………………………………… 170
　　三、均线的聚散 …………………………………………… 172

第四节　均线的用法 …………………………………………… 173
　　一、均线六大买卖法则 …………………………………… 173
　　二、波浪的起点确认 ……………………………………… 177
　　三、60均线定牛熊 ………………………………………… 178
　　四、60均线看压力支撑 …………………………………… 180
　　五、股票五龙战法 ………………………………………… 183

第八章　交易决策·指 …………………………………………… 189

第一节　MACD的概念 ………………………………………… 191
　　一、MACD的由来 ………………………………………… 191
　　二、MACD的公式 ………………………………………… 192
　　三、MACD的参数 ………………………………………… 194

第二节　MACD与均线的关系 ………………………………… 195
　　一、MACD的原理揭秘 …………………………………… 195
　　二、MACD的0轴内涵 …………………………………… 199

第三节　MACD的形态要领 …………………………………… 208
　　一、背离的威力 …………………………………………… 208
　　二、2B法则与背离的关系 ………………………………… 215
　　三、MACD与波浪的关系 ………………………………… 219

第四节　MACD的柱子变化 …………………………………… 225
　　一、MACD的四大经典柱子 ……………………………… 226
　　二、MACD的多空临界状态 ……………………………… 232

三、MACD 的多空临界指标 ················· 236
　　四、模拟 K 线预演未来 ··················· 243
第五节　MACD 与套利的隐秘联系 ··············· 248
　　一、"三利"公式 ······················· 248
　　二、投机交易和套利交易 ··················· 250
　　三、从套利的角度去投机 ··················· 255

第九章　交易执行 ······················· 261

第一节　资金管理 ······················· 262
　　一、鞅策略和反鞅策略 ···················· 262
　　二、凯利公式 ························ 267
　　三、固定分数法 ······················· 271
　　四、固定比率法 ······················· 277
　　五、递减分数法 ······················· 282
第二节　程序化交易 ······················ 284
　　一、程序化交易简介 ····················· 285
　　二、交易系统化 ······················· 287
　　三、交易自动化 ······················· 296
第三节　算法交易 ······················· 300
　　一、算法交易简介 ······················ 300
　　二、交易成本分析 ······················ 308
　　三、算法交易策略 ······················ 314

第十章　交易评估 ······················· 325

第一节　交易绩效评估 ····················· 326
　　一、收益率 ························· 326
　　二、夏普比率 ························ 329

三、最大回撤 ……………………………………………… 331
第二节　资金曲线分析 ……………………………………… 333
　　一、资金曲线的概念 ……………………………………… 333
　　二、资金曲线的类型 ……………………………………… 336
　　三、资金曲线的应用 ……………………………………… 339
第三节　交易软件评估 ……………………………………… 340
　　一、横向指数对比 ………………………………………… 341
　　二、纵向历史分析 ………………………………………… 343
　　三、五维综合评估 ………………………………………… 345

参考文献 …………………………………………………… 347

第一章 交易理念

曾经有人这样说过："有的人像一颗珍珠，有的人不是珍珠，不能像珍珠一样闪闪发光，但他是一条线，能把那些珍珠串起来，做出一条光彩夺目的项链来。"

如果把投资交易比作项链的话，那么交易理念就是那根线。交易理念相对于具体的技术知识，没有那么光彩夺目，比较抽象，但它却贯穿投资活动的始终，是交易的灵魂。要想步入投资交易的大门，首先应该从交易理念开始。

如果我们有一个正确的开始，我们就将很可能得到一个正确的结束。

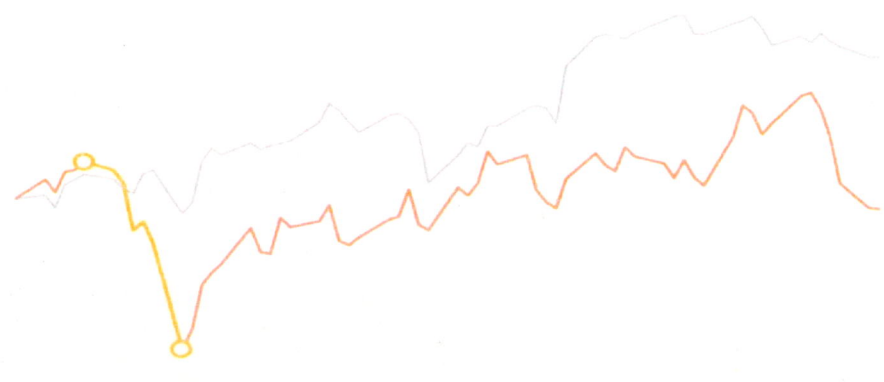

超简交易
交易高手速成手册

第一节 交易原则

一、先生存后发展

对于一个投资者来说，他的投资目标永远有两个：生存与发展。

生存与发展是绝大多数人都耳熟能详的词汇，也是大部分人觉得很简单的词汇。但是，这两个简单的词汇对于投资者来说，却有着不平凡的意义，能否深刻认识、理解并领悟，对于投资者的交易生涯至关重要。

（一）阶段性游戏

生存与发展对于投资者来说，第一个重要意义在于：投资是一个阶段性游戏，"先生存，后发展"是每一个投资者都应该谨记的原则。

在不同的阶段，投资者的目标是不同的。对于新进入市场的投资新手来说，初级阶段的目标只有一个，那就是在这个市场中活下去。对这一阶段的投资新手来说，不输就是赢。只有活下来，才会有机会，未来才有希望。基本功不扎实，投资决策不成熟，交易经验不丰富，妄图跨越初级阶段，这是十分危险的，市场时刻会把你打回原形。有句老话叫作"留得青山在，不怕没柴烧"，本金的安全性是每个投资者必须关心的。对冲基金经理们常说的"留在游戏中，别出局"，其实也是此意。在投资中，重要的不是你能赚多少钱，而是你能够将亏损控制在多少钱。

下面，我们通过一道简单的算术题，来体会一下生存的重要性。

假设你的初始资金为10万元，接着你遭受了20%的损失，只剩下8万元。要想重新拥有10万元，你就必须使剩下的8万元盈利25%，即8×（1+25%）=10。

股票套牢自救说明：

亏损10%，需要涨11%才能回本；

亏损20%，需要涨25%才能回本；

亏损30%，需要涨42.86%才能回本；

亏损40%，需要涨66.67%才能回本；

亏损50%，需要涨100%才能回本；

亏损60%，需要涨150%才能回本；

亏损70%，需要涨233.33%才能回本；

亏损80%，需要涨400%才能回本；

亏损90%，需要涨900%才能回本。

这一组数字说明，投资活动一旦发生大额亏损，要想弥补相应的损失，收益率必须要远远高于损失率，难度系数直线上升。

对于处于初级阶段的投资者来说，可以注意两件事：

1. 先模拟后实战

操作模拟盘的好处是：一不亏本金，二可以长经验。有的投资者可能认为操作模拟盘没有感觉，不会像实盘那般重视，意义不大。其实，那是因为他没有正确地使用模拟账户、发挥出应有的效果，所以认识不到模拟盘的重要性。

利用模拟账户，投资者可以进行各种模拟训练，快速提升交易水平。比如，通过进行大量买卖操作，投资者可以快速熟悉交易软件的使用技巧，了解交易规则，从而避免在实盘交易中出现低级操作失误；通过练习各种经典行情，投资者可以掌握各种买点、卖点的识别特征，从而能够在实盘交易中发现交易机会，抓住并获取利润；通过测试各种极端行情，投资者可以及早发现交易策略的缺陷、短板，进而修改完善自己的交易系统。

很显然，以上这些对于投资者都是十分重要的。一旦投资者认识到操作模拟盘的重要性，自然会用心对待，认真操作。凡事就怕认真二字。认真，才能让经历成为经验。

2. 不要越级打怪

新手最容易犯的错误就是高估自己的实力、独自去挑战高难度。对于投资者来说，表现在：重仓、逆势、高杠杆，不给自己留余地。市场最先消灭的往往就是这些人。那些懂得轻仓、顺势的投资者，反而能够顺利度过新手期，然后开始茁壮成长。

记住一条：生存，永远是第一重要课题；新手，没有资格越级打怪。

（二）复利的威力

生存与发展对于投资者来说，第二个重要意义在于：一旦能够生存下来，就需要不断地去发展、去壮大，实现投资复利。复利代表着可累积、可持续。

复利的计算公式为：

$$F = p(1+i)^n$$

其中，

F：终值（Future Value），或叫期末金额，即期末本、利之和；

p：现值（Present Value），或叫期初金额、本金；

i：利率或投资回报率；

n：计息期数。

例如，本金为50000元，利率或者投资回报率为30%，投资年限为30年，那么，30年后所获得的本金加利息收入之和，按复利公式来计算就是：

$$50000 \times (1+30\%)^{30} = 130999782$$

爱因斯坦说，复利也许是第八大奇迹。"股神"沃伦·巴菲特（Warren E. Buffett，1930—）说，人生如滚雪球，重要的是找到很湿的雪和很长的坡。

有一个古老的故事，它显示了复利效果的威力。传说西塔发明了国际象棋使国王十分高兴，他决定要重赏西塔。西塔说："陛下，我不要您的重赏，只要你在我的棋盘上赏一些麦子就行了。在棋盘的第1个格子里放1粒，在第2个格子里放2粒，在第3个格子里放4粒，在第4个格子里放8粒，依此类推，以后每一个格子里放的麦粒数都是前一个格子里放的麦粒数的2倍，直到放满第64个格子就行了。"国王觉得很容易就可以满足他的要求，于是就同意了。但很快国王就发现，即使将国库所有的粮食都给他，也不够百分之一。因为即使1粒麦子只有1克重，也需要数十万亿吨的麦子才够。尽管从表面上看，它的起点十分低，从1粒麦子开始，但是经过多次乘方，形成了庞大的数字。

正因为有了复利的存在，利润的增长呈现出指数化特征，时间越长，威力越大。

在金融学上，有一个所谓的"72法则"，用"72除以增长率"估出投资倍增或减半所需的时间，反映出的是复利的结果。举例来说，假设最初投资金额为100万元，年利率9%，要想计算本金翻倍的时间，使金额滚存至200万元，就利用"72法则"，将72除以9（增长率）得8，即需约8年时间。虽然利用"72法则"不像查表计算那么精确，但也已经十分接近了，因此当你手中少了一份复利表时，记住简单的"72法则"，或许能够帮你不少的忙。

二、先胜率后赔率

(一) 收益期望值

在概率论和统计学中,期望值(Expected Value,或叫均值、预期结果,亦简称期望)是指在一个离散型随机变量试验中,每次可能结果的概率乘以其结果的总和。

通俗地讲,一件不确定的事件 X,如果有确定的所有结果,把第一种的结果值记为 x_1,它发生的概率记为 p_1;第二种结果值记为 x_2,它发生的概率为 p_2……第 i 种结果值记为 x_i,它发生的概率记为 p_i,则期望值为:

$$E(X) = x_1 p_1 + x_2 p_2 + \cdots + x_i p_i = \sum_{i=1}^{n} x_i p_i \quad (i = 1,2,3,\cdots,n)$$

实例1:任意丢掷一粒质料均匀的骰子,若出现 a 点可得 a 元,则期望值为:

$$E = 1 \times \frac{1}{6} + 2 \times \frac{1}{6} + 3 \times \frac{1}{6} + 4 \times \frac{1}{6} + 5 \times \frac{1}{6} + 6 \times \frac{1}{6} = 3.5$$

实例2:抛一枚均匀的硬币,出现正面、反面的概率都是 50%,如果出现正面赚 10 元,如果出现反面亏 1 元,则期望值为:

$$E = 10 \times 50\% - 1 \times 50\% = 4.5$$

对于交易来说,类似抛硬币,也是赚钱和亏钱两种情况,则收益的期望值为:

$$E = wp - lq$$

p:胜率,盈利次数/操作次数,也叫正确率;
q:败率,亏损次数/操作次数,$q=1-p$;
w:平均获利金额(Win);
l:平均亏损金额(Loss)。

设 $w/l=b$，盈亏比为 b，即赔率为 b，则公式可改写为：

$$E = blp - lq = l(bp - q) = l(bp + p - 1)$$

例如，投资者交易了 100 次，盈利 60 次，平均每次盈利 1000 元；亏损 40 次，平均每次亏钱 500 元，则胜率 $p=60/100=0.6$（或60%），赔率 $b=1000/500=2$。

胜率 p（正确率），意味着少错多对，即投资者要尽量看对行情。

赔率 b（盈亏比），意味着小输大赢，即投资者判断错误时，立刻止损、尽量小亏；看对行情时，必须尽可能地获取最大利润。

华尔街名言"截断亏损，让利润奔跑"，也正是这个意思。一般来说，止盈与止损的盈亏比，即赔率，最好达到 3∶1 以上。

从公式中可以看出：

（1）收益期望值 E 与胜率 p 和赔率 b 正相关。胜率越高，赔率越高，期望值也就越大。

（2）投资者做交易的目的是为了盈利，也就是说，收益期望值要为正值。

负期望值的交易系统是没有意义的，虽然短期偶尔可能盈利，但从长期来看必然是亏损的。

如果收益期望 $E>0$，那么 $l(bp-q)>0$，也就是说 $bp-q>0$，所以 $b>(q/p)$，即 $b>[(1-p)/p]>0$。

假如胜率 $p=0.8$，则赔率 $b>0.25$（$0.2/0.8=0.25$）；

假如胜率 $p=0.5$，也就是抛硬币，则赔率 $b>1$（$0.5/0.5=1$）；

假如胜率 $p=0.3$，则赔率 $b>2.33$（$0.7/0.3=2.33$）。

显然，对于投资者来说，胜率越小，对于赔率的要求越高，反之胜率大的话，可以容忍较低的赔率。当然，如果可以同时追求高胜率、高赔率，那么投资者的获利能力将大幅度提高。

（二）股市非随机

在投资过程中，许多投资者经常持有这样一个观点：认为同时追求高胜率、高赔率是不可能的，高胜率和高赔率是矛盾对立的。比如彩票就是一个很好的例证。小奖的中奖概率往往设置得高一点（高胜率、低赔率），大奖的中奖概率往往设置得很低（低胜率、高赔率）。然后，投资者就慢慢形成了这样一种认知：要想获得高收益，就得承担高风险（低胜率、高赔率）。

这里其实存在不够严密之处。要知道，无论是掷骰子、抛硬币还是玩彩票，它们都有一个共同点：事件是相互独立的、随机的。也就是说，一个事件的发生及其结果不会对另一个事件造成任何影响。例如，你第一次抛硬币得到正面向上的概率并不会影响你第二次抛硬币得到正面向上的概率，两次都是50%的概率。相反的，今天下雨的概率与昨天是否下雨并不是相互独立的，因为下雨作为一种天气现象具有连续性。

同样的，股市今天的收盘价与昨天的收盘价也不是相互独立的。以A股市场为例，今天的收盘价是建立在昨天收盘价的基础上的，位于昨天收盘价的±10%范围以内。既然不是相互独立事件，那么就不能以简单的随机现象来看待股票、期货等市场的价格走势。尤其是市场中有大量的投资者参与，表现出巨大的群体惯性，具有显著的规律性特征。我们无法否认这样的事实——市场中经常出现明显的风险有限而获利空间巨大的机会。

投资者进入市场需要学习的就是如何去捕捉这样的机会，即低风险、高收益的机会，也就是高胜率、高赔率的机会。

三、先方向后位置

对于从事投资交易的人来说，一旦落实到实际操作中，进行下单买卖，必然涉及两个重要因素：方向、位置。

方向是指做多还是做空，位置是指在什么价格买入卖出。

关于方向和位置的重要性，一直有争论。有的人认为方向重要，因为不注重方向，就很可能逆势操作。有的人认为位置重要，因为买卖最终体现的是价格差，价格不好，看对方向也可能赚不到钱。那么，到底应该怎样认识这个问题？

（一）方向与胜率

如图 1-1-1 所示，通常来说，投资者的交易方式分为两种：左侧交易和右侧交易。左侧交易是指在底部的左侧买入，顶部的左侧卖出；右侧交易是指在底部的右侧买入，顶部的右侧卖出。

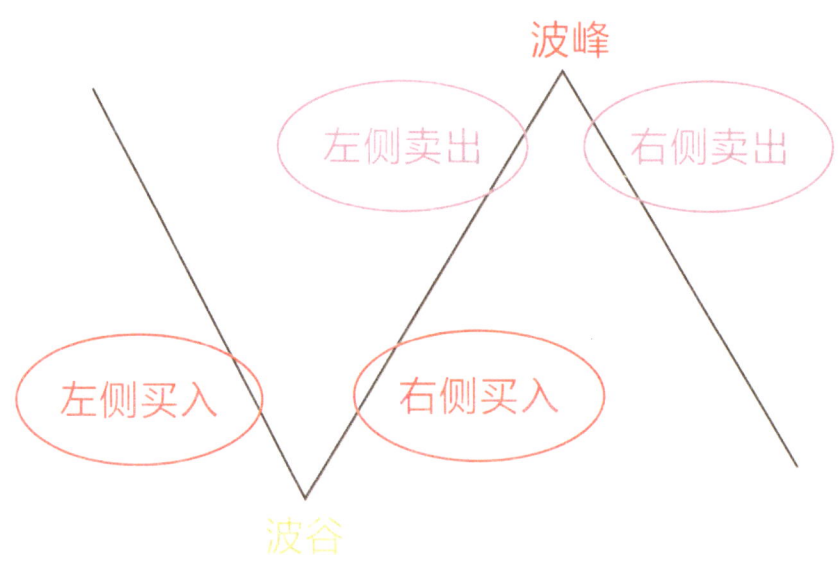

图 1-1-1　左侧交易与右侧交易

左侧交易，即高抛低吸，讲究的是提前预判，一般需要在最低点、最高点出现之前就行动。左侧交易一般需要极高的技术，一旦买在最低点、卖在最高点，利润将非常可观，赔率（盈亏比）很高。

左侧交易的问题：操作起来难度大，胜率（正确率）很低。因为没有人能经常买到最低点、卖到最高点，最低一档、最高一档永远是最贵的一档。左侧交易经常出现抄在半山腰、底下还有底的情况，一旦止损不坚决，就容易被深度套牢，很难翻身。

右侧交易，即追涨杀跌，讲究的是顺势而为，一般需要等到最低点、最高点出现以后才考虑入场。右侧交易的好处是，操作起来难度小，胜率较高。

"胜兵先胜而后求战，败兵先战而后求胜。"——《孙子兵法》

从生存与发展的角度看，生存是前提。投资者在初期开始交易时，水平往往有限，可以先注重提高胜率。所以投资者首先应该选择右侧交易。

（二）位置与赔率

右侧交易可以提高交易胜率，投资者一般都能正确认识。但关于右侧交易的赔率问题，许多投资者朋友可能就不太清楚了。

右侧交易中，经常遇到的问题是：许多投资者为了确认方向转向，需要等行情走了一大段才入场，这时的入场价格往往很差，利润空间有限，投资者经常陷入"看对方向赚不到钱"的尴尬局面。更有甚者，在看对方向的情况下，往往亏钱出场。

如图 1-1-2 所示，D 点创出新低后，行情开始上涨，为了确认趋势转向，投资者直到 A 点才买入进场；G 点创出新高后，行情开始下跌，为了确认趋势转向，投资者直到 B 点才卖出出场。整个过程中，投资者的操作方向是对的，可惜利润很少，浪费了大好行情。

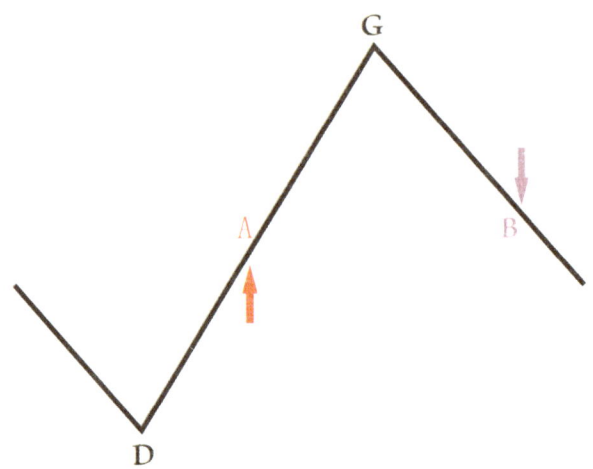

图 1-1-2　右侧交易中的问题

再如图 1-1-3 所示，投资者 A 点买入进场后，G 点并没有创新高，B 点该止损出场吗？按照趋势的定义，虚线显示方向还是向上，只要 B 点没有创新低、向下突破 D 点，就不应该出场。可是如果等到 B 点创出新低再出场，止损额度就太大了。

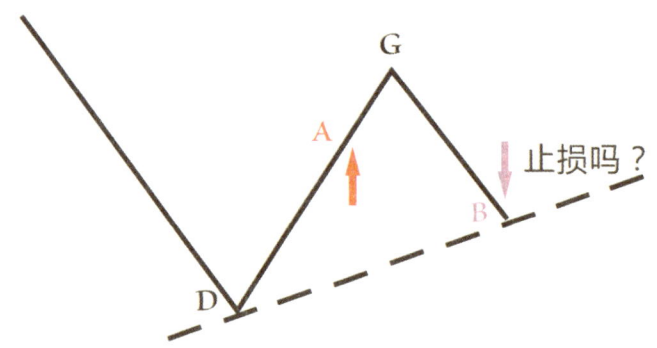

图 1-1-3　右侧交易中的问题

上面的 2 个例子说明：为了确认趋势转向，推迟进场，并不能增加你的收益、降低你的风险。A 点的入场位置太差，盈利空间小、止损额度大,即赔率太小。

"我的经验始终如一地表明:如果没有在行情开始后不久便入市,我就从来不会从这轮行情中获得太大的收益。原因可能是:如果没有及时入市,就丧失了一大段利润储备,而在后来的行情演变过程中,直至行情终了,这段利润储备都是勇气和耐心的可靠保障,因此是十分必要的——在行情演变过程中,直至行情结束,市场必定会不时出现各种各样的小规模回落行情或者小规模回升行情,这段利润储备正是我不为之所动、顺利通过的可靠保障。"

——杰西·利弗莫尔(Jesse Lauriston Livermore,1877—1940)

(三)面包和牛奶

通过前面的学习,我们已经知道:"右侧交易、追涨杀跌"注重的是方向、胜率,"左侧交易、高抛低吸"注重的是位置、赔率。一个是面包,一个是牛奶,如果两个都想要,那么怎么办呢?

方法就是:按照"先生存后发展、先胜率后赔率、先方向后位置"的交易原则,在右侧交易中,尽量选择低位追涨、高位杀跌,即"低追涨、高杀跌",保证高胜率、高赔率。

如图1-1-4所示,行情D点转向后,在A点及时买入:

(1)如果行情按照预期发展,创出新高G,然后转向,B点及时卖出,盈利很大;

(2)如果行情没有按照预期发展,上涨了一点就开始下跌,即使在D点水平位置止损,损失很小。

图中的买卖点A、B点,就是高胜率、高赔率的买卖点。在实际交易中，具体该如何识别并把握呢？在后续章节中，将会循序渐进，进行详细讲解。

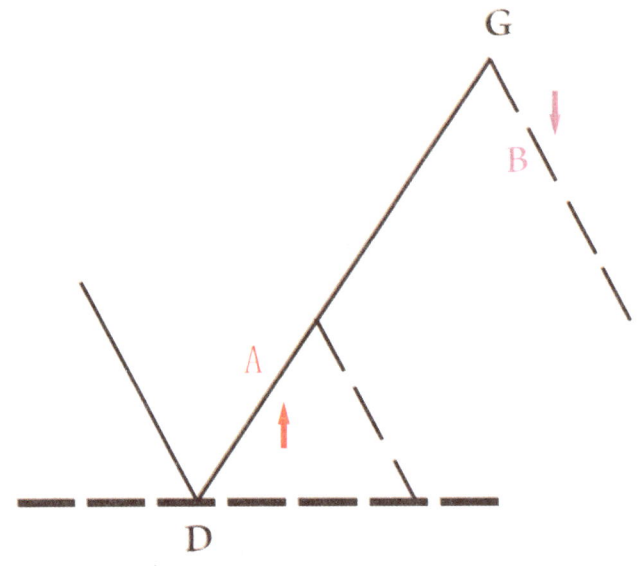

图 1-1-4　高胜率、高赔率买卖点

第二节　交易规律

一、大数法则

（一）大数法则

大数法则（Law of Large Numbers），又称"贝努利大数定律"或"平均法则"，它是概率论中的一个最重要法则。它是指，某些"有规律的随机事件"在大量重复出现的条件下，往往会呈现出几乎必然的统计特性。比如，大量地做"抛硬币"的试验，随着试验次数的越来越多，试验的结果越来越呈现出"50%正面，

第一章 交易理念

50%反面"的现象。

简单地说，大数定理就是"当试验次数足够多、样本足够大时，事件出现的频率无穷接近于该事件发生的概率"，即频率的稳定性和平均结果的稳定性。

大数法则反映了世界的一个基本规律：在一个包含众多个体的大群体中，由于偶然性而产生的个体差异，着眼在每个个体上，是杂乱无章、毫无规律、难以预测的。但由于大数法则的作用，整个群体却能呈现某种稳定的形态。例如，某个人乘飞机遇难，概率不可预料，对于他个人来说，飞机失事具有随机性。但是对每年100万人次所有乘机者而言，这里的100万人可以理解为100万次的重复试验，其中，总有10人死于飞机事故。那么根据大数法则，乘飞机出事故的概率大约为十万分之一，这就为保险公司收取保险费提供了理论依据。对于个人来说，出险是不确定的，对于保险公司来说，众多的保单出险的概率是确定的。

有一个小故事，比较有意思，有助于我们理解大数法则的意义。

一天，一位沙特王子入住葡京酒店。王子找到赌王，说：我就和你玩一把抛硬币。出正面我给你50亿美元，出反面你的赌场归我。赌王呵呵一笑：这个游戏固然公平，但不符合我们博彩业的行事法则。我们开赌场不做一锤子买卖，而是小刀锯大树。如果你真的想玩，我们就玩掷骰子，1000次定输赢。你赢了，可以把我的产业拿走，我赢了，只收你20亿。沙特王子无奈，只好退出赌局。

这个故事是虚构的，旨在说明大数法则对于赌场的意义。开赌场不是一锤子买卖，而是"小刀锯大树"。

大数法则需要很大的样本数才能发挥作用，基数越大，结果就越稳定。随着样本的增大，随机变量对平均数的偏离是不断下降的。

　　投资其实也是一个以概率为基础的游戏，讲究的是多次交易。美国著名技术分析大师约翰·墨菲（John J. Murphy）曾经说过一句十分经典的话："技术分析是历史经验的总结，其有效性是以概率形式出现的。"约翰·墨菲可谓一语道出了技术分析的本质。

　　既然投资是一个概率游戏，交易者就必须学会按照概率来思考，因为我们不可能提前知道每一笔交易的具体结果。我们知道，一套正期望值的交易系统，总会有一连串盈利的时候，也会有一连串亏损的时候；我们知道，只要交易次数足够多，基数越大，赚钱的结果就越稳定；一掷千金、豪气干云的赌博式下单，是高风险的行为，是不可取的。

　　当你明白了大数法则的意义，在交易的过程中，面对连续错误、不断小额亏损的情况，你会很淡定。因为你知道自己的交易系统的收益期望值是正的，你知道大数法则的作用。当你交易次数足够多，总会有好的结果在前面等着你。

（二）小数法则

　　大数法则是统计学的基本常识，有人称为"统计学的灵魂"。大数法则虽然威力无穷，普通人却因其貌不扬而忽视，甚至经常错误地诠释大数法则，认为大数法则适用于大样本的同时，也适用于小样本。

　　针对这一现象，阿莫斯·特沃斯基（Amos Tversky，1937—1996）提出了"小数法则"（Law of Small Numbers）的概念。"小数法则"不是什么定律或法则，而是一种常见的心理误区，是人们将小样本中的某事件的概率分布看成总体分布。人们在不确定性的情形下，会抓住问题的某个特征直接推断结果，而不考虑这种特征出现的真实概率及与特征有关的其他原因。

用错误的心理学"小数法则"代替了正确的概率论"大数法则"，经典表现就是"赌徒谬误"。赌徒谬误可由重复抛硬币的例子展示：

抛一个公平硬币，正面朝上的概率是 0.5（二分之一），连续两次抛出正面的概率是 0.5×0.5 = 0.25（四分之一），连续三次抛出正面的概率等于 0.5×0.5×0.5 = 0.125（八分之一），如此类推。

现在假设，我们已经连续四次抛出正面，接下来要再抛一次，你认为出正面的概率大，还是出反面的概率大？

A. 出正面的概率大

B. 出反面的概率大

C. 各占 50%

犯赌徒谬误的人说："如果下一次再抛出正面，就是连续五次。连抛五次正面的概率是 $(1/2)^5 = 1/32$。下一次抛出正面的概率只有 1/32，所以，出反面的概率大，选 B。"

以上论证步骤犯了谬误。假如硬币公平，定义上抛出反面的概率永远等于 0.5，不会增加或减少，抛出正面的概率同样永远等于 0.5。连续抛出五次正面的概率等于 1/32（0.03125），但这是指未抛出第一次之前。抛出四次正面之后，由于结果已经确定，不在计算之内，无论之前硬币抛出过多少次和结果如何，下一次抛出正面和反面的概率仍然相等。

实际上，计算出 1/32 概率是基于第一次抛出正反面概率均等的假设。因为之前抛出了多次正面，而论证第五次抛出反面概率较大，属于谬误。这种逻辑只在硬币第一次抛出之前有效。

投资者朋友，你是否也曾经在交易的过程中，不断去抄底摸顶,试图"猜正反",从而犯了"赌徒谬误"的错误了呢?

二、均值回归

(一) 正态分布

正态分布(Normal Distribution),也称常态分布,是统计学中最重要的一种概率分布。正态分布概念是由德国数学家与天文学家 Moivre 于 1733 年首次提出的,但由于德国数学家卡尔·弗里德里希·高斯(Johann Carl Friedrich Gauss,1777—1855)率先将其应用于天文学研究,故此正态分布又称高斯分布(Gaussian Distribution),是统计学中最重要的一种概率分布。

正态分布描述的是某事件出现不同结果的概率分布情况,属于一般规律。正态分布的概率密度函数曲线呈钟形,因此人们又经常称之为钟形曲线。钟形曲线的特点是:两头低,中间高,左右对称,曲线与横轴间的面积总等于1。如图1-2-1所示。

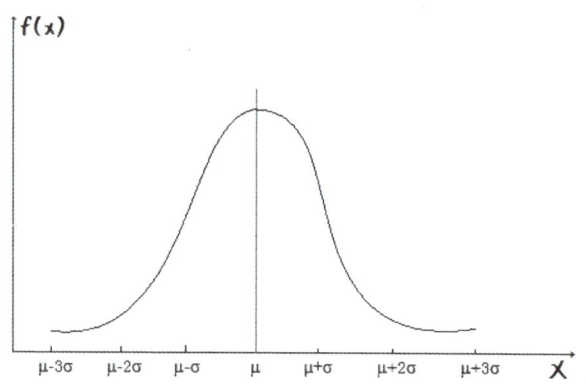

图 1-2-1　正态分布钟形曲线图

例如,假设抽样调查了一个学校 100 名 18 岁男大学生身高(cm),身高为随机变量、相互独立,服从正态分布。身高的均

值 μ 为 172.70cm，标准差 σ=4.01cm。

这说明：均值 μ（Mu，谬）代表了这些男大学生身高的期望值（或平均身高），中等身高的人比较多，而特别高的和特别低的人比较少。均值 μ 加减一个标准差 σ（Sigma，西格玛）会有 68.27% 的男大学生身高处于这个范围，均值 μ 加减 1.96 个标准差 σ 会有 95% 的男大学生身高处于这个范围，均值 μ 加减 2.58 个标准差 σ 会有 99% 的男大学生身高处于这个范围。

正态分布对我们有什么意义呢？

与正态分布关系紧密的一个现象是"均值回归"。均值回归（Mean Reversion）是以正态分布假设为基础，认为事物在长期的变化过程中，总有向"平衡位置"（或均值位置）靠拢的倾向。

"均值回归"现象是英国人弗朗西斯·高尔顿（Francis Galton，1822—1911）发现的。高尔顿出身名门，与著名的查尔斯·达尔文（Charles Robert Darwin，1809—1882）是堂兄弟。大约 1875 年，高尔顿用一种甜豌豆种子做实验，经过大量、艰辛的实验，高尔顿发现，母豌豆的直径变化范围比子豌豆直径的变化范围要大很多。母豌豆平均直径为 0.18 英寸，其变化范围为 0.15~0.21 英寸，或者说在平均值 0.18 英寸两侧各 0.03 英寸之内。子豌豆的平均直径为 0.163 英寸，其变化范围是 0.154~0.173 英寸，或者说是仅在平均值 0.163 英寸两边各 0.01 英寸范围内变动。子豌豆直径的分布比母豌豆直径的分布更为紧凑。这种回归，在自然界是非常必要的。因为如果这种回归的进程不存在的话，那么，大豌豆会繁殖出更大的豌豆，小的豌豆会繁殖出更小的豌豆……如果这样，这个世界就会两极化，只有侏儒和巨人。大自然会使每一代变得越来越畸形，最终达到我们无法接受的极端。

均值回归原理适用于日常生活，比如在体育运动方面，人人都有一个平均水平，只是有时会超水平发挥，有时会低于平均水平。任何一连串的重复活动，其结果通常都会接近平均值或中间值。例如，打网球时连续挥拍 24 次，如果有一个球打得特别好，下一个球极可能有点拖泥带水。如果不小心打了一记坏球，下一个球通常会打得漂亮一点。

均值回归原理在自然领域获得了验证，它又与一些社会现象颇为相似。例如，"天下大事，分久必合，合久必分""繁荣的必将衰亡，衰亡的必将繁荣""富不过三代""君子之泽，五世而斩"等等。

均值回归原理也激发了各种风险承担和预测理论的产生。在圣经中，当约瑟夫对法老王预言"七个富年后必是七个荒年"的时候，他一定已经知道这是事物注定的规律了。而当约翰·皮尔庞特·摩根（John Pierpont Morgan，1837—1913）认为"市场是波动的"时候，他所要表达的也正是这个意思。乔治·索罗斯（George Soros，1930—）也说："凡事总有盛极而衰的时候，大好之后便是大坏。"

正如大多数人类活动一样，股市中价格的均值回归从理论上讲具有必然性。因为有一点是可以肯定的，股票价格不能总是上涨或下跌，一种趋势不管其持续的时间多长都不能永远持续下去。在一个趋势内，股票价格呈持续上升或下降，我们称之为均值偏离（Mean Aversion，也叫均值回避）。当出现相反趋势时就呈均值回归（Mean Reversion）。这也是许多投资者所坚信的信条：当他们说某只股票已经"高估"或者"低估"时，他们指的是恐惧和贪婪使得人们推动股价远离了它的"内在价值"，但是股价最终是要回归的。

（二）何时回归

巴菲特："我觉得要预测会发生什么比较简单，但预测何时发生会比较困难。""内在价值"也许真的会"回归",但关键在于什么时候回归。

不同的股票市场,回归的周期不一样,就是对同一个股票市场来说,每次回归的周期也不一样。有时,长期趋势来得太迟,即便均值回归原理发挥了作用,也无法拯救我们了。到目前为止,均值回归原理仍不能预测的是回归的时间间隔,即回归的周期"随机漫步"。

一次,经济学家约翰·梅纳德·凯恩斯(John Maynard Keynes,1883—1946)说道:"先生们,从长远来看,我们都会死掉的。"如果在狂风暴雨的季节里,经济学家仅能预言:很久后风暴会过去的,一切又会恢复平静的,那么,他们的工作就太简单、太无用了。如果一个人永远强调房价会跌(或股价会涨),那么这人更适合做民意代表,而不是预测者。从长远看,没有只涨不跌的商品。如果不顾事实,永远说会跌,这与猜硬币正反有何区别?只要不改口,硬币总有出反面的时候。

难道均值回归只是一种中看不中用的理论吗?在后续章节中,将会给出变通的方法,讲述如何利用均值回归原理,来捕捉行情走势的波动。

(三) 回归何处

均值回归是一个简单的概念:身材非常高的父母所生的孩子,一般会比他们的父母矮;身材非常矮的父母所生的孩子,一般会比他们的父母高。对于大多数人来说,这是个很容易理解的概念。将这个观点应用到证券价格的波动中,意味着证券价格会返回到平均值。

但是,我们遇到一个问题,身高的反转是两代人之间的生理现象,而价格反转则是一个实时的动态过程。还有一个重要问题就是"均值"怎么确定。均值本身到底是多少，在经济生活中却是个很模糊的数字。昨天的均值很可能被今天新的正常值所取代，而我们对这个正常值却一无所知。如果仅仅因为过去的经验，认为会回归到原来的均值上去，那是很危险的事情。

有人认为巴菲特是价值投资理念，也是基于均值回归原理，但是学巴菲特的人多如牛毛，能够成功的鲜如牛角。查理·芒格（Charles Thomas Munger，1924—）作为沃伦·巴菲特（Warren E. Buffett，1930—）的最佳拍档，有"幕后师爷"和"终极秘密武器"之称。有人曾问：如何评估一只股票的"内在价值"？芒格回答：搞清一只股票的"内在价值"，远比成为一个鸟类学家难得多。

依靠均值回归预测未来是十分危险的，因为均值本身就变化不定。那么，对于从事实务投资的人们，有没有解决办法呢？在后续章节中，将会给出简单实用的方法。

三、极值爆表

（一）幂律分布

知乎上有一个很有趣的问题：房间里有100个人，每人都有100元钱，他们在玩一个游戏。每轮游戏中，每个人都要拿出一元钱随机给另一个人，最后这100个人的财富分布是怎样的？

如图1-2-2所示。如果从大数法则角度出发，这个游戏的规则是比较公平的，结果会倾向于A的平均分布；如果从正态分布角度出发，实际中总要有人在均值100上下波动，因为每个人的金钱都会存在下限与上限，所以结果应更倾向于B正态分布；但是，实际情况都不是，实际中它的结果是C，表现比正态分布更极端。

第一章 交易理念

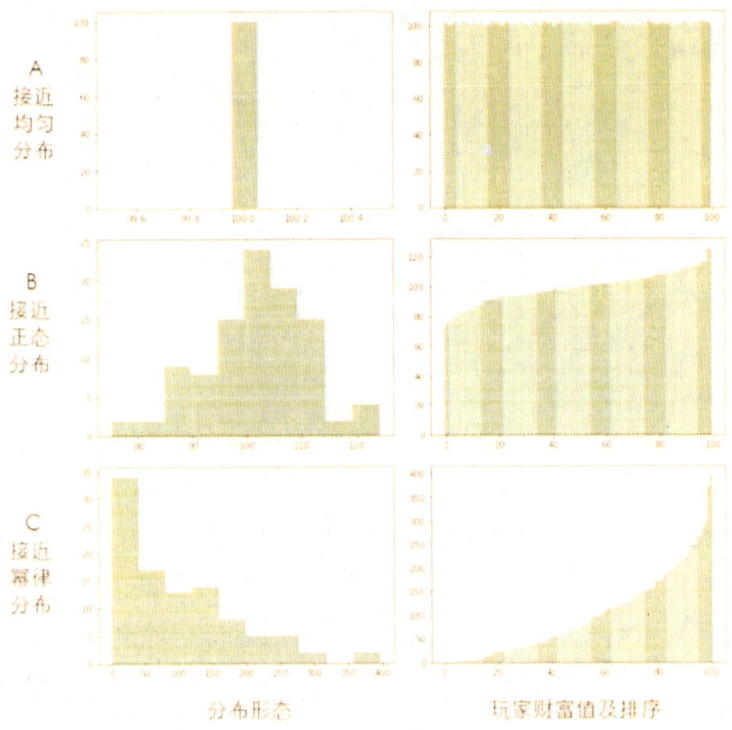

图 1-2-2　财富分布游戏预期结果

我们不妨把这场游戏视作社会财富分配的简化模型，从而模拟这个世界的运行规律。假设：每个人在 18 岁带着 100 元的初始资金开始玩游戏，每天玩一次，一直到 65 岁退休。"每天拿出一元钱"可理解为基本的日常消费，为了简化模型，假定"获得财富的概率随机"。以此计算，一个人一生要玩 17000 次游戏，即获得 17000 次财富分配的机会。

在上述规则下，我们用程序模拟 17000 次的游戏运行，结果如图 1-2-3 所示。

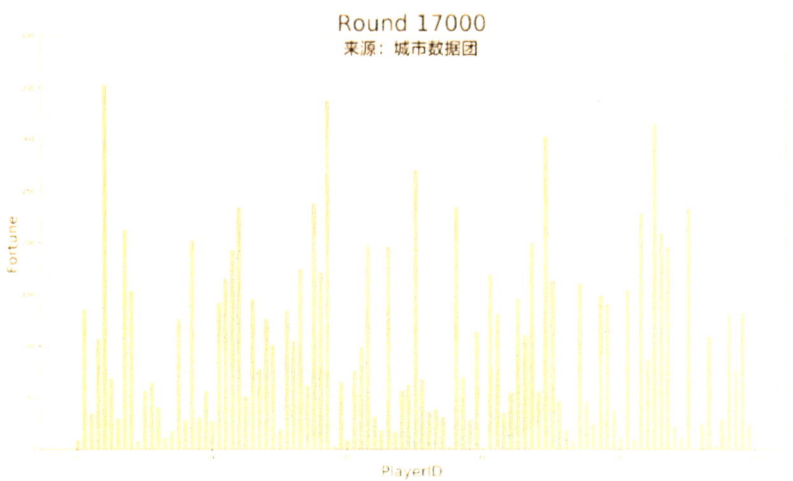

图 1-2-3　游戏模拟结果

（说明：1. 上图中横轴标签代表一个玩家的编号，柱子的高低变动反映该玩家财富值的变化。2. 当某人的财富值降到 0 元时，他在该轮无须拿出 1 元钱给别人，但仍然有机会得到别人给出的钱。）

可以看到，每个玩家财富值的变动是极为剧烈的。为了方便描述整个社会财富的分配状况，按照财富值的排序做出图 1-2-4。

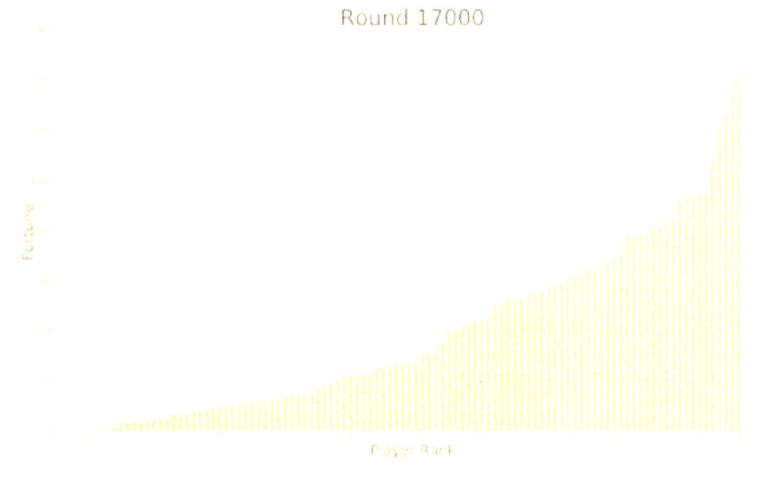

图 1-2-4　游戏模拟结果（排序）

第一章 交易理念

（说明：上图中横轴标签代表玩家排序（非编号），排序越高的财富越多。随着游戏的进行，财富值差距越来越大。）

结论：（1）财富的分配远比正态分布来的极端；（2）最后，社会将有很少的富人和很多的穷人；（3）财富最高的20%的富人掌握着大约近80%的财富，60%的人的财富将缩水到100元以下。

就这样，大部分人的钱跑进了少部分人的口袋里。即使在最公平的规则下，结果也远不公平。

其实，经济学家们早已发现了这种规律。1897年，有一位叫维弗雷多·帕累托（Vilfredo Pareto，1848—1923）的意大利经济学家在研究英国人的财富收入时，发现少数人的收入要远远多于大多数人的收入，提出了著名的"二八定律"（或80/20法则），即20%的人口占据了80%的社会财富。个人收入 X 不小于某个特定值 x 的概率与 x 的常数次幂存在简单的反比关系，即为Pareto定律。

1932年，哈佛大学的语言学专家乔治·金斯利·齐普夫（George Kingsley Zipf，1902—1950）在研究英文单词出现的频率时，发现如果把单词出现的频率按由高到低的顺序排列，则每个单词出现的频率与它的名次的常数次幂存在简单的反比关系，这种分布就称为Zipf定律，它表明在英语单词中只有极少数的词被经常使用，而绝大多数词很少被使用。实际上，包括汉语在内的许多国家的语言都有这种特点。

Pareto定律与Zipf定律都是简单的幂函数，我们称之为幂律分布（Power Law Distribution）。

幂律分布和正态分布，并列为两大主导自然和人类现象的概率分布。

（1）正态分布的本质是独立性（Independence），大量同质独立事件将导致正态分布（由大数法则保证）。

（2）幂律分布的本质是正反馈机制（Positive Feedback Loop），当事件不再独立（a. 事件之间通信成本降低；b. 事件之间的作用力增强），一个事件的产生对自身和其他同质事件的产生发生影响时，会导致幂律分布。

幂律分布与正态分布的不同之处在于表现出"尖峰厚尾"特征。尖峰厚尾特征，即均值附近与尾部区域的概率值比正态分布大，而其余区域的概率比正态分布小。如图1-2-5所示。

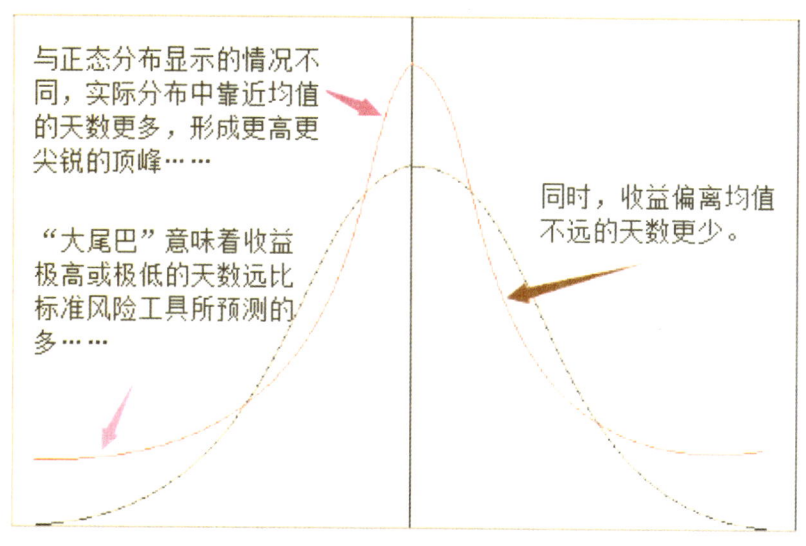

图1-2-5 幂律分布

（二）极值爆表

所谓极值（Extreme Value），是指股票价格偏离内在价值（或均值）的最大程度，也就是最高价或最低价。

所谓爆表，原意指仪表爆炸，通常指仪表指针超过表上所示的极限。

所谓极值爆表，是说新的价格突破了历史最高价或最低价，导致投资者爆仓。遭遇极值爆表，也被纳西姆·尼古拉斯·塔勒布（Nassim Nicholas Taleb）形象地称为"黑天鹅事件"。

黑天鹅事件（Black Swan Event）是指不可预测的重大事件，它罕有发生，但一旦出现，就具有很大的影响力。在发现澳大利亚的黑天鹅之前，17世纪之前的欧洲人认为天鹅都是白色的。但随着第一只黑天鹅的出现，这个不可动摇的信念崩溃了。黑天鹅的存在寓意着不可预测的重大稀有事件，它在意料之外，却又改变一切。人类总是过度相信经验，而不知道一只黑天鹅的出现就足以颠覆一切。

几乎一切重要的事情都逃不过黑天鹅的影响，从次贷危机到东南亚海啸，从9·11事件到泰坦尼克号的沉没，黑天鹅存在于各个领域，无论金融市场、商业、经济还是个人生活，都逃不过它的控制。

极值，对应于图1-2-5中距均值几个标准差的位置（尾部区域）出现的观察值。由于金融数据是非正态分布的，也就是说表现出"厚尾"特征：极值出现的概率应该大于正态分布情况下的概率。如果采用正态分布计算极值代表的概率，通常会低估风险。

长期资本管理公司，一家由世界顶尖的操盘手和诺贝尔经济学奖得主们管理的对冲基金，就是因为低估了市场的力量以及短期内价格能够偏离内在价值的程度，在1998年俄罗斯危机中被市场的极端行为"乱拳打死老师傅"。其实，他们的持仓在清盘后的数月后迅速飙涨，只可惜他们的高杠杆注定了他们倒在了黎明前的黑暗里。

有一道填空题：市场持续非理性的时间可以长过（　　）

凯恩斯说，可以长过你持续不破产的时间。

公募基金经理说，可以长过客户持续不赎回的时间。

私募基金经理说，可以长过信托持续不清盘的时间。

券商自营操盘手说，可以长过风控持续不平仓的时间。

由于市场经常是非理性的，所以投资者千万不能低估极值出现的概率和程度。宁可高估，也不可低估。因为，当你交易次数足够多，总会有一个错误在前面等着你。

黄金"8·25"闪崩事件

北京时间2017年8月26日21点41分左右，黄金在2分钟内闪崩近20美元，表现出强劲的非理性状态。这种极端的突发行情虽然很少出现，但不可避免地总会存在。

图1-2-6　"8·25"黄金闪崩

如图1-2-6，虽然市场在2分钟跌掉了20美元，但是在之后30分钟内就消化了大部分的下跌空间，最终仅90分钟便涨回到闪崩之前的价位，并继续沿短期的上升趋势上涨。之后根据基金公司 Merk Investments 创始人默克所言得知，这次闪崩很可能是由涉及 2868 张价值 3.7 亿美元的 12 月份期金合约的止损订单造成。

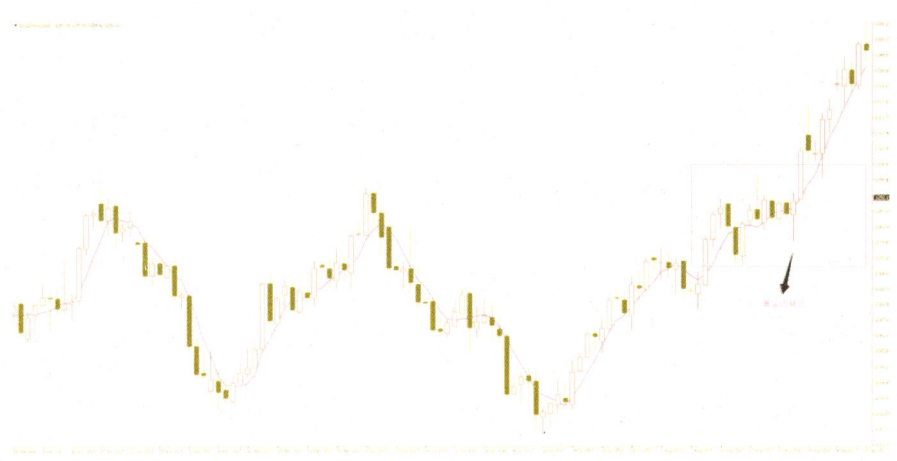

图 1-2-7　黄金闪崩走势图

如图 1-2-7，在"闪崩"前后黄金为明显上升走势，尤其在闪崩前黄金处在近 7 日的平台整理区间，有充分的上涨势能蓄积，也包含对前 2 次波段顶点的压力突破需求，但闪崩瞬间刺穿平台下限，所有依据盘整区间设置止损的多头持仓者订单皆被触发，即近 7 日内的新开仓且持仓的看涨交易者全部被吞没。虽然后续黄金还有一半的波段上涨区间，但因受闪崩的阴影影响，势必会有大量交易者虽然看对了行情，却不敢再次入场，丢失了大量利润。

虽然在此次闪崩事件中，反向入场的交易者赚取了利润，但这仅为一种特例的表现。在长期的交易中，投资者总会遇到这种情况。极值本身的高度风险性依然不容忽视，投资者在交易中一定要慎重对待。

第三节　风险管理

诺贝尔经济学奖得主罗伯特·莫顿（Robert C. Merton）曾说，货币的时间价值、资产定价和风险管理是现代金融理论的三大支柱。风险管理（Risk Management）这个概念自20世纪50年代首次提出以来，受到了广泛关注。前几年席卷全球的以次贷危机、欧债危机为主体的金融危机，更是给人们上了一堂生动而代价惨重的风险课。

金融创新五花八门，衍生产品层出不穷，投资者在追逐利润的同时，也日益关注事物的另一面——风险，并意识到风险管理的必要性和紧迫性。美国著名金融学家彼得·伯恩斯坦（Peter L. Bernstein，1919—2009）更是在其金融学巨著《与天为敌：风险探索传奇》中宣称，风险管理的极端重要性无论怎么强调都不过分，它甚至"超越了人类在科学、技术和社会制度方面取得的进步"。

风险管理并非完全消灭风险，恰如俗语常说的那样，风险与机会同在，拒绝了风险也就等于关上了财富的大门。举例来说，风险管理就是车辆的刹车，应时刻准备在灾难或紧急情况发生前踩下，但并不在平时驾驶时一踩到底，彼时确实没有风险了，但车辆却也寸步难行，失去了自身存在的价值。故而，风险管理更多的是告诉人们如何精明地承担风险，并在自己所承担的风险水平上获取最高的收益。而要对风险进行精明的管理，那就要从风险的概念讲起。

第一章 交易理念

一、风险的概念

风险（Risk），这个词源于意大利语 Risicare，意为"害怕"。从这个意义上讲，风险与其说是一种命运，不如说是一种选择。我们"害怕"采取行动——它依赖于我们做选择时有多大自由度和所掌握的信息有多少。

风险是关于生活的，而生活则是指向明天、指向未来的，指向我们所不知道的一切。走在生活的道路上，我们需要不断地做出决策和决定。我们要选择和谁交朋友，到哪个医院看病，过马路要不要闯红灯。我们每时每刻都在考虑关于未来的问题，却从不知道确切的答案。无论是经济学教授，还是你的父母、朋友，都不能告诉你，你的风险承受能力到底有多大。

（一）风险的含义

什么是风险？在现实生活中，人们理解风险的概念是：由于存在不确定因素而导致不利的结果或损失。

马科维茨（Harry M. Markowitz, 1927—）、夏普（William F. Sharpe, 1934—）等人把风险看成是事件期望结果的变动。注意：结果或期望结果的变动不一定是变得不利，也包括非常有利情况的发生。

风险是造成损失的可能性，这种定义不符合现代风险管理的要求，会造成对明星部门、明星交易员的放任，巴林银行的倒闭也有部分原因是源于这样的认知。因此，风险含义中既包括了不希望发生的结果，也包括了希望发生的结果。

（二）相关的概念

下面通过几个与风险相关的概念，来加深对风险定义的理解。

1. 不确定性

不确定性也称为随机性，它是确定性的反义，是指事件的结果存在多种可能状态，并且事先不能通过控制条件，来确定何种结果将最终出现。

2. 波动性

波动性是不确定性的具体形式。波动性也称不稳定性，波动程度大小在统计上是可以测量的。讲风险与波动性相关联，体现了可以通过测量波动程度来量化风险程度的可能性。因此，在实际应用中，人们经常用"方差"（Variance）或"标准差"（Standard Deviation）来度量风险的大小。

3. 损失性

损失与风险密切相关，但损失不等同于风险。虽说没有损失就没有风险，但损失发生后就不存在风险了，再大的损失也只是损失，皆与风险无关，因为它丧失了风险中的"不确定性"这个前提条件。同理，损失发生后的应对措施只是对损失的处置而已，也与风险管理概念不同。

总之，风险是一个事前概念，而损失是一个事后概念。当风险事件成为现实，损失实际产生以后，事件就处于一种确定的状态，风险反而不存在了。因此，严格意义上讲，风险和损失是不能并存的两种状态。

4. 危险性

因为风险同时具有损失性与危险性，故而许多人将风险视为容易发生的危险。虽然在日常生活中经常将风险与危险互换使用，但在风险管理中，将风险简单地理解为危险是不恰当的。

风险是结果的不确定性，这种不确定性既可以是坏的方面，也可以是好的方面，因此，风险是一个中性的概念。而危险是单侧的，侧重于坏的方面，是带有贬义色彩的。

5. 风险暴露

风险暴露（Risk Exposure）是指受到风险因素影响的资产或负债的价值，或称为暴露风险中的头寸的规模。

通过以上分析，我们认为风险的定义是：风险是与不确定性相联系的概念，这种不确定性既包含了损失或危害的可能性，也包含了过大获益波动招致的不利后果。

(三) 投资风险的定义

投资风险是风险现象在投资过程中的表现。具体来说，就是从做出投资决策开始到投资期结束这段时间内，由于不可控因素或随机因素的影响，实际收益与预期收益的相偏离。

实际收益与预期收益的偏离，既有前者高于后者的可能，也有前者低于后者的可能，或者说既有蒙受经济损失的可能，也有获得额外收益的可能，它们都是投资风险的表现形式。

二、风险的特征

1. 客观性

风险是客观存在的，不以人们的意志为转移。因此，要降低风险就必须把握客观变化规律，对其主要因素加以控制，以减轻风险，但要完全消除风险也是不现实、不客观的。

2. 突发性

风险的产生往往是突发的，使人不知所措，其结果加剧了风险的破坏性。这一特点，要求我们更要加强对风险的预警和防范研究。

3. 多变性

风险是多因素综合作用的结果。因素是多种多样的，而且随时变化，从而使风险在其性质、破坏程度等方面也呈现出动态多变的特点。

4. 复杂性

风险的多变性和突发性决定了风险的复杂性和危险性。我们要应用系统理论、概率，定性、定量地进行综合分析，以求全面掌握风险和控制风险。

三、风险的类型

投资风险管理的内容主要是识别、度量和控制投资风险，而识别风险的前提，就是识别风险的来源或者类型。

（一）按风险形成的原因划分

1. 自然风险，指由于自然因素的不规则变化给投资主体造成的风险，如地震、洪水和台风等。

2. 社会风险，指由于不可预知的个人行为或团体行为给投资主体带来的风险，如欺诈、盗窃、玩忽职守等。

3. 经济风险，指投资活动中，由于经营管理不善或市场因素变化而引起的风险，包括经营风险、价格风险、利率风险或通货膨胀风险。

4. 技术风险，指由于技术设计及管理不周而产生的风险，如系统故障、工程质量不达标或技术泄密等引发的风险。

5. 政治风险，由于政治原因所造成的经济损失称为政治风险，主要表现为国家政策不稳定、法律不完善。这主要取决于国家的大环境，作为个人投资者难以左右。

（二）按风险涉及的范围划分

1. 系统风险

系统风险（Systematic Risk），指随机事件发生后对系统内所有投资对象都将发生影响的风险。如利率的变化对整个债券市场都有影响，政府的宏观调控政策对整个股市都有影响。

根据"投资组合理论"（Portfolio Theory，也称为投资分散理论），该风险是一种不可分散的风险。

2. 非系统风险

非系统风险（Unsystematic Risk），指系统风险之外的偶发性风险。它源于某些独特事件，比如特定公司的一场火灾、一场罢工等等。

非系统风险也称为"特殊风险"（Unique Risk）。特殊风险是能够通过"投资组合"方式分散的风险。

（三）按投资主体的承受能力划分

1. 可接受风险

可接受风险，指投资主体按经济能力大小能承受的风险。任何投资主体都存在一个承受风险或损失的限度，低于这个限度的风险是可接受的风险。

2. 不可接受风险

不可接受风险，指超过投资主体经济能力限度的风险。投资主体超过其能力限度去承受风险是非常危险的行为，理性的投资者都会避免这种行为的发生。

（四）按风险内容划分

从投资风险的具体内容看，投资过程中存在直接风险和间接风险。

直接风险是指在投资活动中需直接面对的风险，主要有市场风险和信用风险两部分。

间接风险是指与实际投资活动没有直接的联系，但通过间接方式影响投资主体收益的风险。间接风险主要包括流动性风险、运营风险。

1. 市场风险

市场风险（Market Risk）是指投资决策或投资工具随市场参数变化波动所产生的风险。这些市场参数包括：价格、汇率、利率、股指指数、隐含波动率等。

哪里有可以交易的市场，哪里就自然存在着市场风险。市场风险是市场经济的必然产物与固有现象，因此是投资风险管理的核心问题。

对于广大普通投资者来说，所面对的、能分析的、能把握的主要是市场风险，这也是本书讨论研究的重点。

相关案例：1997 年东南亚金融危机

1997 年 7 月东南亚金融危机爆发，许多东南亚国家和地区的汇市、股市轮番暴跌，先后形成四次大的金融风波，这些遭受金融危机冲击的国家的金融系统乃至整个社会经济受到严重创伤。从 1997 年 7 月至 1998 年 1 月的半年时间里，东南亚绝大多数国家和地区的货币贬值幅度达 30%～50%，贬值幅度最大的印尼盾贬值达 70% 以上。同期，这些国家和地区的股市跌幅达 30%～60%。据估算，在这次金融危机中，仅汇市、股市下跌给东南亚国家和地区造成的经济损失达 1000 亿美元以上。受汇市、股市暴跌的影响，这些国家和地区出现了严重的经济衰退。

2. 信用风险

信用风险（Credit Risk）是指债务人或交易对手未能履行合约所规定的义务，或信用质量发生变化而影响金融产品价值，从而给债权人或金融产品持有人造成经济损失的风险。

相关案例：2015 年"ST 湘鄂债"违约

2015 年 4 月 7 日，中科云网科技集团股份有限公司（简称"中科云网"）在深交所发布公告称，公司无法按时、足额筹集资金用于偿付 ST 湘鄂债应付利息及回售款项，导致当天回售日到期的 ST 湘鄂债出现实质违约。ST 湘鄂债也由此成为国内首单本金违约的公募债券。

资料显示，ST 湘鄂债是中科云网（原名"湘鄂情"）于 2012 年 4 月发行的"3+2"期限无担保公司债，发行规模为 4.8 亿元，票面利率 6.78%，存续期限为 5 年，附第三年末发行人上调票面利率选择权及投资者回售选择权，2015 年 4 月 7 日（原为 4 月 5 日，因节假日递延）为本期债券付息日及回售资金到账日，回售金额为 3.99 亿元。

中科云网在违约公告中称，虽自 2014 年下半年启动出售资产及追收应收预付款项等工作，但由于种种原因，资金到账情况不甚理想，资金流转吃紧的局面并未得到缓解，进而构成对 ST 湘鄂债的违约。

3. 流动性风险

投资者面临两种类型的流动性风险（Liquidity Risk）：一是与特定的产品或市场相关，另一种是与投资者投资活动的总体资金状况有关。前者是指由于不充足的市场深度或由于市场的中断，投资者不能够或不能轻易地以从前的市场价或与之相近的价格"变现"或"对冲"某一项资产头寸的风险；后者是指投资者不能在清算日履行付款义务或支付保证金的风险。

相关案例：2008 年贝尔斯登事件

贝尔斯登公司成立于 1923 年，是华尔街一家拥有 85 年历史的投资银行，是美国第五大的投资银行和主要的证券交易公司，创造了连续83年盈利的记录。

2007年，受美国次贷危机影响，贝尔斯登旗下的两支次贷相关对冲基金陷于困境，预计亏损15亿美元。在这种情况下，投资者和债权人开始出现恐慌。2007年11月，标普将贝尔斯登的信用评级从AA降为A，预示着资本市场有可能对其关闭。面对市场不断发出的警告，贝尔斯登管理层一直没有做出有效的融资行动。

2008年3月14日星期五，贝尔斯登股票狂泻47%至每股30美元收盘，公司市值只剩下30多亿美元，而它账上的资产超过3000亿美元，杠杆率已飙升至100倍以上！面对急剧增加的风险，投资者们纷纷企图撤资，出现了客户挤兑潮。贝尔斯登公司可用于支付的款项从180亿美元骤降至2亿美元，遭遇了流动性危机。

很明显，它已经无法在星期一正常开门营业，摆在它面前的只有两条路：宣布破产，或者寻找买家。最终，2008年5月，贝尔斯登以总价约22亿美元被摩根大通收购。

4. 操作风险

操作风险（Operational Risk，也称运营风险）是一项与投资操作过程相关的风险，主要是指操作过程中由于人员失误、外部事件或内部流程及控制系统发生不利变动所导致的风险。

金融界中，将交易员因操作失误而导致大盘失控的事故称为"肥手指综合征"（Fat-finger Syndrome），即交易员或经纪人在输入指令时敲错键盘。操作风险不便于直接度量，但是，由于操作风险经常出现，人们越来越重视对操作过程的管理与控制。为了减少操作风险，将投资过程分为几个程序，并分别授权处理是很有必要的。

相关案例：2005年"肥手指综合征"事件

2005年12月8日，上午开盘后不久，日本瑞穗证券公司一名经纪人接到一位客户的委托，要求以61万日元（约合4.19万人民币）的价格卖出1股J-COM公司的股票。然而，这名交易员却犯了个致命的错误，他把指令输成了以每股1日元的价格卖出61万股。这条错误指令在09：30发出后，J-COM公司的股票价格便快速下跌。等到瑞穗证券公司意识到这一错误，55万股股票的交易手续已经完成。

为了挽回错误，瑞穗发出了大规模买入的指令，这又带动J-COM股票出现快速上升，到8日收盘时已经涨到77.2万日元（约合人民币5.3万元）。回购股票的行动使瑞穗蒙受了至少270亿日元（约合18.5亿元人民币）的损失。

四、风险的应对

风险永远做不到被全面消灭或禁止，更通俗的说法是：风险管理的目的并非最小化风险，而是精明地承担风险（Take Smart Risks）。在当前投资交易实践中，越来越多的投资者已经认识到了这一点，为了生存和发展，必须学会承担风险。

在投资交易实践中，分散（Diversification）、对冲（Hedge）和保险（Insurance）都是投资者经常采用的方法，这三种风险管理方法尽管对不同的投资者而言存在一定的差异，分别适用于不同情况下的风险管理，但是，从理论上分析，三者之间存在着密切的联系。

1. 分散

"不要把鸡蛋放在一个篮子里"（Not putting your all eggs in a basket）就是怕车倾篮翻，一篮子鸡蛋被打光，遭到倾家荡产、难以翻身的风险。

分散投资、组合选择，是通过分散化的投资，在投资组合（Portfolio）内实现自然对冲。这种策略只对消除非系统风险有效，对消除系统风险无效。

2. 对冲

对于投资中的系统性风险，投资者可以通过对冲的方法转移风险。对冲是通过构筑一项反方向的头寸来保护现有的某些资产（负债）头寸的价值。

套期保值就是一种典型的对冲，不过在减少风险暴露的同时，也放弃了可能获利的机会。一般来说，套期保值更侧重于保值，而不是获利。

3. 保险

通过支付保险费来完全避免损失，是一种直接转移风险的方法。比如，投资者在投资股票时知道全部购买股票是有风险的，理论上可能损失全部投资，为了防范超过一定水平的潜在风险，他可以考虑既投资股票，又购买该股票的看跌期权（Put Option），如此就可以保障投资组合到期价值处于某特定值之上。也就是说，购买股票的看跌保险，不仅用来锁定股票价格下跌的风险，还不损失股票价格上涨的利益。

通过分散、对冲和保险的方式来控制投资风险，仍然可以看作是传统的风险管理手段。20世纪90年代后期，J.P.摩根公司推出了一种风险价值VaR方法。

VaR（Value at Risk）一般被称为"风险价值"或"在险价值"，是指在一定的置信水平下，某一金融资产（或证券组合）

在未来特定的一段时间内的最大可能损失。

例如,在持有期为1天、置信水平为99%的假定下,如某项资产组合的风险价值VaR经计算得出的值为100万元,则表明该资产组合在未来1天中的潜在损失有99%的把握不会超过100万元,或者说,只有1%的可能损失超过100万元。100万元这一数字概括了该资产组合的最大风险及其发生的概率。

在当前金融全球化和自由化的背景下,投资业务日益复杂,交易品种日趋多样化。在变化日趋迅速、复杂的今天,通过有效的风险管理,可以使投资者积极作为,对可能造成重大损失的风险事件预先制定应对方案,在损失发生前尽力降低风险发生的可能性(Probability),而在损失发生后,使其严重性(Severity)最小化。

扫一扫,和我一起学《超简交易》

回复"交易理念",获取本章思维导图及PPT讲义。

回复"第一章视频",获取本章精讲视频。

第二章　市场微观结构

传统金融理论认为,价格是供给与需求相互作用的结果,在价格决定中起作用的是资产的真实价值和投资者的市场动力学。这些理论一般不考虑市场机制,而是假定存在一个结构无关紧要的、完善的、无摩擦的、完全透明的、投资者之间信息完全对称的市场。在这个理想的市场中,外部信息效应和相关的噪音决定了交易的价格和价格变化,交易机制无足轻重,不会对价格行为产生任何影响。

然而,现实的市场并非无成本和没有摩擦,而且市场本质上是不同质的,信息也不能实现无偏性的时空分布。在这样一个不完全的市场中,交易机制无疑将影响到市场的变化。对于投资者而言,理解交易机制在制订交易策略中的作用,与理解证券的价值是否涨跌同样重要。

交易机制是指证券市场的价格形成与发现机制,其更学术化的名称即市场微观结构。市场微观结构理论研究所有金融市场共同的普遍运行规律,具有较强的抽象性和普适性。市场微观结构理论不仅为人们理解价格发现过程提供了新的视角,也为技术分析和投资决策提供了基础支持。

由于本章内容比较抽象,学习起来可能会有点困难,但考虑到市场微观结构的重要作用,辛苦一点也是值得的。就像运动员参加比赛,不懂比赛规则是不行的。同理,投资者进行交易,不学习交易规则也是不行的。

第二章 市场微观结构

第一节 市场微观结构

市场微观结构起源于 20 世纪 60 年代末期，一般认为，1968 年哈罗德·德姆塞茨（Harold Demsetz, 1930—）发表的《交易成本》一文标志了市场微观结构理论的问世。1976 年，马克·加曼（Marl Garman）创造性地提出"市场微观结构"一词，并作为他的论文标题。此后，市场微观结构逐步形成一个独立的研究领域。然而，市场微观结构问题引起学术界和市场实践人士、投资者的广泛关注则要晚得多，只是在 1987 年全球股灾后，市场微观结构理论才真正成为"显学"。

证券市场微观结构（Market Microstructure）是指证券交易价格形成与发现的过程与运作机制。市场微观结构的核心是价格发现功能，这也是整个证券交易市场最核心的环节。从这个意义上说，证券市场微观结构也可称为证券市场的交易机制（Trading Mechanism）或市场模式（Market Model），即交易得以实现的市场架构、规则和制度。

一、订单形式原则

（一）市价限价订单

投资者向经纪商下达的委托买进或卖出证券的指令，称为订单（Order）。订单有四个基本要素：价格、数量、时间和交易方向。

（1）从价格角度看，订单可分为市价、限价、止损价、止损限价、触价、市价转限价订单等多种情况。

（2）从数量角度看，订单可分为全额、非全额、最低数量、隐藏数量订单等几种形式。

（3）从时间角度看，订单可以分为即时、非即时、指定时段（开盘、收盘等）、指定日期、无限期、计时订单等多种形式。

（4）从交易方向看，订单有买进订单和卖出订单两种形式。

市价订单和限价订单是所有订单中的最基本的两种订单形式，所有其他价格形式的订单在撮合时均必须转化成市价订单或限价订单后才能在系统中进行匹配。

1. 市价订单

市价订单（Market Order）仅指明交易的数量，而不指明买进或卖出价格的订单。市价订单的成交价格为订单进入市场或订单撮合时市场上最好的价格，因此，市价订单也叫随行就市订单。

市价订单的最大优点是可将执行风险最小化，经纪商可以按照市场上尽可能好的价格（市场上最高的买价和最低的卖价）立即成交。换句话说，市价订单在价格排列次序上居于第一位。由于大多数市场遵循价格优先原则，所以市价订单的执行风险是最小的。

市价订单的缺点主要有两方面：

（1）成交价格可能是市场上最不利的价格，而投资者下市价订单意味着其愿意接受不利的市场买卖价格。例如，当市场价格在 20.25~20.50 元之间波动时，投资者下市价订单买进，那么，其成交价格可能就是 20.50 元。

（2）成交价格不确定。若投资者要求以市价买进，则必须承担滞后带来的不确定性，因为订单成交时的价格可能会与投资者提交订单时的价格发生偏离，或者从投资者报价到订单到达经纪商手中那段时间内，价格可能发生较大变化，在市场波动剧烈的情况下更是如此。投资者因此需承担价格风险，而该风险随市场波动的增大而增大。

2. 限价订单

限价订单（Limit Order）是指投资者在委托经纪商买卖证券时，限定证券买进或卖出的价格，证券经纪商只能在投资者事先规定的合适价格内进行交易的订单，即经纪商在买进证券时不得超出投资者规定的最高限价，或在卖出证券时不得低于投资者规定的最低限价。

与市价订单相比，限价订单的优点是订单的价格风险是可预测和可控制的，其最坏的情况就是成交价等于限价。也就是说，限价订单比市价订单提供了更好的价格。但是，限价订单同样面临着两方面的风险：

（1）执行风险。执行风险指当提交的订单价格偏离当前最佳买卖价格时可能不能得到成交的风险。由于限价订单只能在一定的价位范围以内（或以外）才能成交，因此市场利好（或利坏）消息可能导致投资者所需要的买进订单（或卖出订单）得不到执行。

（2）逆向选择风险。逆向选择风险是指限价订单可能只是在证券价格向投资者预期相反方向变化才能成交的风险，也就是说，不利的信息变化可能导致订单在最坏的情况下（对买进订单而言市场价格将继续下跌，对卖出订单而言市场价格将继续上涨）才能成交。

（二）订单优先原则

市场在处理大量投资者的订单时，必须依据一定的原则（如价格优先、时间优先）对订单进行排序，这些原则即订单优先原则。综合各国证券市场的实践，订单优先原则主要有以下几种。

1. 价格优先原则

价格优先原则指交易所（或做市商）在对投资者的订单进行

撮合时，按照价格的高低原则进行排序，较高价格的买进订单优先于较低价格的买进订单，较低价格的卖出订单优先于较高价格的卖出订单。

2. 时间优先原则

时间优先原则也称先进先出（First In First Out，FIFO）原则，指当存在若干相同价格的订单时，先进入系统的订单优先于其后的订单。先后顺序按交易主机接受申报的时间确定。

3. 按比例分配原则

按比例分配原则是指所有订单在价格相同的情况下，成交数量基于订单数量按比例进行分配。纽约证券交易所的大厅交易、芝加哥期权交易所等采取了按比例分配的订单优先原则。

4. 数量优先原则

在价格一样、甚至价格一样且无法区分时间先后的情况下，有些交易所规定应遵循数量优先原则。数量优先原则有两种形式，一是在订单价格相同且时间也相同的情况下，订单数量较大者优先于订单数量较小者；二是在数量上完全匹配的订单（即买进订单和卖出订单在数量上相等）优先于数量不一致的订单。第一种形式使得经纪商优先处理数量较大的订单，因而提高了流动性；第二种形式则减少了订单部分执行的情况。

5. 客户优先原则

客户优先原则通常指在同一价格条件下，公共订单优先于经纪商自营账户的订单。纽约证券交易所采取这一原则，客户的订单优先于专家的订单。客户优先原则减轻了客户与经纪商自营之间的利益冲突。

（三）"2·28"事件中的市价订单风险

2007年2月28日，海尔认购权证开盘价0.65元，一投资者

A在上午9时15分11秒下达了一笔以0.001元买入100万份该权证的限价订单，总金额为1000元。9时30分该权证集合竞价结束，进入连续竞价时段，另一投资者B于9时30分01秒下达了一笔大额市价卖出订单，"扫光"了订单薄中最优四档买入订单，此时订单薄买入队列中仅剩下0.001元的未成交买入订单（第五档最优买入订单），投资者B的剩余卖出订单只能以此档价格0.001元成交，造成了巨大损失。这也使得投资者A的100万份买入订单得以部分成交，成交数量为82.03万份，成交价格为0.001元。海尔认沽权证当日收盘价为0.699元，投资者A以1厘钱的价格买到收盘价近0.7元的权证，使820元变成56万元，一天获利700倍。与此同时，挂出市价卖出订单的对手则遭受了重大损失。

2007年4月24日，上海证券交易所发布《关于调整无价格涨跌幅限制股票申报价格范围的通知》，对《上海证券交易所交易规则》第3.4.15条关于无价格涨跌幅限制股票集合竞价阶段的申报价格范围进行调整，调整后的第3.4.15条如下：

买卖无价格涨跌幅限制的证券，集合竞价阶段的有效申报价格应符合下列规定：

（一）股票交易申报价格不高于前收盘价格的200%，并且不低于前收盘价格的50%；

（二）基金、债券交易申报价格最高不高于前收盘价格的150%，并且不低于前收盘价格的70%。集合竞价阶段的债券回购交易申报无价格限制。

二、交易离散构件

在理论上，交易（包括交易时间、交易价格和交易数量）可以是连续的，但现实中并非如此。那些使交易时间、交易价格、交易数量不能连续的制度被称为交易离散构件（Discreetness）。

关于交易时间，各国证券市场根据各国作息和节假日的特点进行了设定。交易离散构件主要包括两个方面：最小报价单位和最小交易单位。

（一）最小报价单位

最小报价单位（Tick Size 或译最小变动价位、最小波动点），也称最小价格变化（Minimum Price Variation）或价格增量（Price Increment）或价阶（Price Step），指按照有关市场交易规则所允许的买进报价或卖出报价与上一个价格之间的最小差额。

从目前世界各主要证券市场的有关规定看，最小报价单位有两种基本做法：一是分类规定，即根据证券价格的不同分别规定不同的最小变动价位，如伦敦、东京、泛欧、澳大利亚、中国香港等股市；二是统一规定，即不论证券价格高低，统一规定一个最小变动价位，如美国、中国内地等股市。

表 2.1 香港交易所股票交易价位表

（单位：港元）

价格范围	价位
0.01~0.25	0.001
>0.25~0.50	0.005
>0.50~10.00	0.010
>10.0~20.0	0.020
>20.0~100.0	0.050
>100.0~200.0	0.100
>200.0~500.0	0.200
>500.0~1000.0	0.500

续表

>1000.0~2000.0	1.000
>2000.0~5000.0	2.000
>5000.0~9995.0	5.000

为了增加市场绩效，适应市场发展的需要，过去几十年全球主要证券交易所纷纷缩小报价单位。纽约证券交易所，于1997年6月24日将最小报价单位从1/8美元缩小为1/16美元，纽约证券交易所和美国证券交易所又于2001年1月29日将分数制报价（1/16美元）全面改为十进制（小数点）报价，即最小报价单位为1美分。纳斯达克市场，自1997年6月2日起，将股价10美元以上的股票的最小报价单位由1/8美元缩小1/16美元，又于2001年4月11日将分数制报价（1/16美元）全面改为十进制（小数点）报价。新加坡证券交易所，从1994年7月18日起，将股价在25新币以上的股票的最小报价单位从0.5新币缩小为0.1新币。中国A股和债券的最小报价单位为0.01元人民币，基金为0.001元人民币。

(二) 最小交易单位

最小交易单位即通常所说的交易的整手数量。证券买卖的数量单位通常为手，"手"的概念来源于证券交易初期的一手交钱一手交货，现在已发展为标准手。所谓标准手是由证券交易所统一规定的交易数量单位，如每100股或1000股为一标准手等。

1. 整手订单

当订单买卖的数量为一手或一手的整数倍时，称之为整数订单（Round Lot Order）。通常证券交易大多是整数订单。

北美市场多数规定100股为一个整手交易单位，如纽约证券交易所、纳斯达克市场等。欧洲市场大多规定最小交易单位为1股，如伦敦证券交易所在 SETS 系统交易的股票订单数量最低为1股。在亚洲，大多数证券交易所均规定了最小交易单位，但具体数量差别较大。韩国证券交易所规定，股票交易每手为10股。中国台湾证券交易所规定，面值为新台币10元的上市股票的交易整手单位为1000股。中国香港证券市场股票的买卖也以一手为买卖单位，不像内地证券市场统一规定为100股/手，港股每手股数没有统一规定，由上市公司自己决定。比如，汇丰银行（00005）是400股/手，港交所（00388）是100股/手，保利香港（00119）是1000股/手，中国海外发展（00688）是2000股/手，永保林业（00723）是7500股/手，中亚能源（00850）是4000股/手，中国有色金属（08306）是10000股/手。

2. 零数订单

当委托买进或卖出不足一手证券的订单时，称之为零数订单（Old Lot Order）。如果该证券是股票，则称为零股订单，香港称之为碎股订单。各交易所一般均不允许零股订单进入交易所的中央交易系统参与竞价撮合，但在对零股的具体处理方面则差别很大。

有些市场规定，经纪商（或交易所）必须将各投资者的订单的零股交易额合并凑足一个交易单位，才能买卖该证券。有些市场规定，零股可以在盘后进行交易，如中国台湾证券交易所。为了避免这种零股交易的不便，有些国家也有专门经营零股交易的证券商。也有一些交易所规定，零股可以一次性卖出，即卖出订单的数量可以不是一手的整数倍，但买进订单的数量必须是一手的整数倍。

（三）基金交易的"分"改"厘"

我国封闭式基金的早期交易制度沿袭了股票交易的相关规

定，最小报价单位为 0.01 元。由于封闭式基金的价格普遍在 1 元左右，买卖价差为 1 分，相对买卖价差（百分比买卖价差）则为 1%（0.01/1 = 1%）。过高的相对买卖价差导致有利可图的"做市策略"，即在买一卖一价位上同时挂出大量买单和卖单，以赚取 1 分钱的价差收益。对需要即时交易的投资者来说，买入需以 T+0.01 元成交，卖出则以 T 元成交，直接亏损 1%，而双向挂单者则赚取 1%。这种策略被业内形象地称为"一分钱阵地战"或"夹板现象"。从价格走势图上看，与长城的形状很相似，因此也有人称为"筑长城"。

相对于基金的绝对价格水平，1 分钱的最小报价单位设置过高，限制了投资者之间的价格竞争，影响了基金的价格发现机制，限制了基金市场的流动性。

基于此，沪深证券交易所决定修改交易规则，调整基金申报价格最小变动单位。根据《深圳、上海证券交易所交易规则》第 57 条规定，自 2003 年 3 月 1 日（实为 2003 年 3 月 3 日周一）起，封闭式基金交易最小报价单位由"分"改为"厘"，由人民币 0.01 元调整为人民币 0.001 元。基金交易"分"改"厘"后产生了较好的市场效果，日内价差走势由改革前的平板型变化为"L"型、"U"型，基金交易量显著增加，市场质量得到改善。

三、价格形成机制

证券交易机制的核心功能，就是使投资者的潜在需求（Latent Demand）转化为实际交易，这一转化过程的关键是价格发现与确定过程，即发现市场出清价格的过程。在证券市场上，市场出清价格即投资者买进和卖出股票的均衡价格。

（一）价格形成机制的分类

从目前世界各证券市场的实践看，价格形成机制可依据不同标准区分为以下几种形式：

一是依据交易是否连续，可以将价格形成机制分为定期交易市场（Periodic Market）和连续交易市场（Continuous Market）模式。定期交易市场，也称集合交易市场（Call Market），仅在交易时间的特定时间点对投资者买卖需求集中进行撮合，而连续交易市场则在交易时间的任何时间点均可对投资者买卖需求进行撮合，即随到随撮合。

二是根据交易中介的作用，可以将价格形成方式划分为报价驱动市场（Quote-driven Market）和订单驱动市场（Order-driven Market）两种形式。报价驱动市场又称作交易商市场（Dealer Market）。在一个典型的报价驱动市场中，做市商（Market Maker）在交易时间内连续提供卖出报价（Ask Price）和买入报价（Bid Price），投资者可按做市商报价与做市商进行交易，投资者之间不直接撮合。订单驱动市场也叫竞价市场（Auction Market），即价格形成源于投资者订单的相互作用，投资者的订单相互之间直接进行撮合。

三是依据交易手段（或交易自动化程度）的不同，可以将交易模式分为人工交易和电子交易两种。人工交易主要是指交易大厅交易，但近年来，交易大厅尽管仍然存在较多的人工参与，但电子化程度也很高。电子交易主要是指无形市场，市场参与者无须面对面进行交易，主要通过计算机和网络系统完成交易，这种方式的交易自动化程度高，交易成本低。

四是依据价格发现的独立性，可以将交易模式分为有价格确定机制的交易市场和自身无价格确定机制的交易市场。自身无价格确定机制的交易市场，价格主要从其他市场引进，或引进其他市场的交易价格后适当进行优化。

(二) 大宗交易价格的确定

大宗交易（Block Trading）制度是证券交易机制的重要内容之一。大宗交易是指由于买卖数量过大导致流动性需求无法得到满足，因而采取特殊交易安排完成的交易。在很多国家，如美国、加拿大等，大宗交易通常也称为楼上市场（Upstairs Market，实际上是场外的大宗交易市场）。相应地，那些在场内（交易所内）进行的小额订单的普通交易市场则被称为楼下市场（Downstairs Market）。

1. 为什么需要大宗交易机制

大宗交易发起者面临着以下四个方面的交易难题：

一是潜在的需求问题（Latent Demand Problem）。大宗交易发起者难以找到目前不在市场的大宗交易的流动性提供方。通常，为较快找到潜在的流动性提供方，大宗交易的发起方对潜在的流动性提供方做出一定的价格让步。

二是委托暴露问题（Order Exposure Problem）。大宗交易者通常不愿意为了流动性而暴露订单，他们害怕这样做会使市场价格向不利的方向变动。一些交易者在得知大宗交易发起方的意图后，可能采取插队行动（Front Run），一些交易商将直接下达优先于正在等待成交的大宗委托的同方向委托，以便在该大宗委托成交之前成交，以避免大宗交易造成的不利价格影响。而那些与大宗交易者反方向操作的交易者将延迟交易，以利用大宗交易的市场价格影响。

三是价格辨别问题（Price Discrimination Problem）。流动性提供方害怕可能还会有更多的委托涌进，因此不愿意与大宗交易者进行交易。

四是信息不对称问题（Asymmetric Information Problem）。知

情交易者倾向于进行大量买卖，这使得流动性提供方不愿意与大宗交易发起方进行交易，因为他们害怕大宗交易发起者拥有很多有用的私有信息。

可见，大宗交易与小额交易存在很大差别，正是这些差别决定了大宗交易应采取不同于小额交易的特殊交易机制，从而较好地解决或规避上述问题。

2. 大宗交易机制的设计

（1）大宗交易的标准

一般而言，所谓大宗交易是指超过某特定数额标准的证券交易，各证券交易所对于自身市场的大宗交易标准多有不同规定。

从标准的类型来看，目前都以"交易数量"或"交易金额"为衡量标准。例如，伦敦、中国香港与中国台湾证券交易所采用数量标准；巴黎、德国、澳大利亚和东京证券交易所采用金额标准；纽约、韩国与新加坡证券交易所兼用数量和金额两项标准。

（2）大宗交易进行时间

大多数证券交易所均规定大宗交易时间可与普通交易同时进行，其中伦敦、巴黎、澳大利亚和新加坡等交易所更是允许全天24小时都可以进行大宗交易，东京和韩国两家交易所虽然将大宗交易限制在一般交易时间之外，但都允许上市证券全天可以在场外交易。相比之下，中国台湾证券交易所的大宗交易仅限于收盘后进行，交易时间明显偏短。

（3）大宗交易的主要方式

为提高大额委托成交的机会，各证券交易所在普通交易系统外，都设立特殊的交易机制进行大宗交易。例如，德国、东京、韩国、上海、深圳交易所等，都设立有专门的大宗交易平台。

（4）大宗交易的价格限制

由于交易方式不同，全球证券交易所对大宗交易的成交价格常设有部分限制或附带条件。根据成交价格的弹性，可以将价格限制分为以下三种：

一是无价格弹性。中国台湾证券交易所大宗交易成交价仅限申报当日收盘价，大额委托人无法参与价格决定，只能成为价格的接受者。

二是不完全价格弹性。巴黎、东京及韩国证券交易所允许大宗交易的成交价介于最近成交价（或收盘价）上下1%~10%范围内成交。

三是完全价格弹性。伦敦、澳大利亚、中国香港及泰国等证券交易所并未对大宗交易成交价实施限制，但澳大利亚及泰国证券交易所要求证券商将大宗交易资料报送至证交所市场监控部门，以防止非法交易现象的发生。

四、价格稳定机制

所谓价格稳定机制，就是交易所及监管机构在面对金融市场价格剧烈波动时所采取的、能够限制价格波动幅度的相关机制。从世界主要证券市场的实践看，价格稳定机制主要有如下几种措施。

（一）涨跌幅限制

涨跌幅限制（Price Limit）在我国又称为涨跌停板，是人为限制股价涨跌的一种措施。涨跌幅限制是指当证券价格在当日涨跌达到参考价格（通常为前一交易日收盘价）上下一定幅度时，价格不能继续上涨或下跌。也就是说，涨跌幅限制规定了证券交易价格在一个交易日中的最大波动幅度。涨跌幅限制是各国证券市场运用的最多的价格稳定措施之一。

目前，许多新兴市场均设有涨跌幅限制措施，并且多数市场均以前一交易日收盘价为基准价格，如韩国证券交易所的涨跌幅为 15%，泰国为 30%，印度为 20%，中国香港没有涨跌幅限制，内地证券交易涨跌幅为 10%。

（二）大盘断路器

大盘断路器（Circuit Breaker），也称熔断机制，起源于美国，最初设想是在 1987 年 10 月美国股灾后布拉迪（Brandy）的检讨报告中提出的。断路器是指当市场下跌超过预先设定的一定幅度时，中断（暂停）整个市场的交易。断路器的特点是不止涨、仅止跌，主要目的是防止市场的非理性的大幅度下跌，以维护市场的相对稳定。

断路器一般包括暂停交易（Trading Halt）和限制交易（Trading Curb）两大类机制。

所谓暂停交易，就是在市场发生重大变化（整个市场或单个股票波动超过一定范围或发生了重大事件）时采取的使交易暂时停止的措施，因而也被称作临时停市或临时停牌，它是熔断机制的最重要内容。

所谓限制交易，是指在市场发生较大波动时直接限制某一类订单的执行。限制交易和暂停交易都是在事后（股价波动达到一定的幅度后）采取的措施，两者的差别在于，前者不停止交易，相反，只是对可执行的交易指令进行了直接的限制，因此被形象地称为"交易控制"（Trading Curb）。

（三）个股断路器

个股断路器，是针对个股的交易暂停措施，指证券交易价格超过（或即将超过）参考价格的规定的涨跌幅时，则自动对该证券引发断路器，该证券将暂停一小段时间的交易。

通常，在每日市场开盘集合竞价时段，参考价格为前一交易日的收盘价。在开盘集合竞价时段结束后，参考价格取最近一次集合竞价价格。如果系统不能产生集合竞价价格，则参考价格维持上一个参考价格不变。

(四) 最大价格升降档位限制

最大价格升降档位限制是指下一笔成交价格不得超过上一笔交易价格的一定幅度（最大升降档位）。设立最大升降档位限制的目的在于价格连续性和稳定性。

最大升降档位有两种做法：一是允许不符合最大升降档位的订单进入系统，但这类订单在当时不能参与撮合，只有价格变化到符合最大升降档位要求时，才能予以撮合；二是系统不接受超过最大升降档位限制的订单，例如，中国香港交易所规定，投资者下单价格不得超过当前市场最优买卖价格之外 8 个最小价格变动单位。

(五) 保证金制度

保证金制度是针对期货、期权等衍生品和买空卖空交易的稳定措施。证券监管机构可以通过调节保证金比率的高低，间接调控市场，如通过提高保证金比率紧缩信用，通过降低保证金比率放宽信用，从而间接影响证券市场的供求关系。

(六) 头寸限制

头寸限制（Position Limit）也是一项针对期货、期权等衍生品和买空卖空交易的稳定措施，如对市场参与者的合约数量进行限制，对单个证券的信用交易比例限制，对客户的融资或者融券的额度限制等。

(七) 股市稳定基金

股市稳定基金，是由政府设立，在股市出现大幅下跌时干预市场以阻止股市继续下跌的专项基金。1998年10月,中国香港特区政府为应付国际游资的冲击,避免香港金融市场遭受更大的冲击,曾动用1180亿港元外汇基金,直接干预中国香港的现货与恒指期货市场。

五、交易信息披露

一直以来,交易信息披露都被认为是提高市场透明性(Transparency)的主要渠道。国际证券交易联盟(FIBV)在1998年《市场原则》中指出:"市场的透明性是公平的至关重要的因素,必须随时得到保障。尽管市场可以根据透明性和流动性之间的平衡决定不同程度的透明度,但是,不管是什么结构的交易,均必须把其价格和数量的细节内容向交易所即时报告。"

证券市场的透明性包括广义和狭义两个方面。狭义的市场透明性指证券交易信息的透明,即有关证券买卖的价格、数量等信息的公开披露。广义的市场透明性不仅包括交易信息的透明,也包括上市公司信息的即时和准确披露。

狭义的市场透明性主要包括三个层面:交易前透明性、交易后透明性和交易对手的匿名性。

(1)交易前透明性,指在交易执行以前市场上买卖订单的价格与数量的披露情况。几乎所有市场都通过信息供应商(Data Vendors)向投资者提供成交量、最佳买卖价量、最佳三档或五档买卖价量等信息。例如,国内沪、深证券交易所于2003年12月8日把公开披露买卖双边3档指令扩大到5档,大大增加了交易前透明性。然而,大宗交易的透明性仍然不足,目前大宗交易普遍通过私下议价再由会员转账方式进行,成交前的信息仍然不透明。

(2)交易后透明性,指交易匹配成交后交易情况的公布,包括成交数量和价格等信息。一般而言，交易系统在成交后会立即自动揭示交易细节，许多交易所会将包括买卖双方身份的交易细节立刻传送给买卖证券商。然而，交易所在交易信息的披露速度上存在较大差异，一些交易所会延迟几个小时、1日甚至数个交易日，这主要发生在一些报价驱动市场上。此外，各交易所对大宗交易成交信息的披露时间也存在较大差异，如澳大利亚证券交易所要求立刻汇报，新加坡和中国香港证券交易所要求10~15分钟内汇报，而伦敦证券交易所更是允许延后至成交后第五日才对外公布。

（3）交易对手的匿名性，指参与交易的买卖各方是否（向其交易对手）公开其身份，以让相关投资者知道是在和谁进行交易。交易对手身份这一层面的信息披露，通常被视为交易后透明性的一个内容。

六、交易支付机制

交易支付机制主要包括交易的结算机制和交易的信用机制。前者是指一项交易成交后证券与价款的清算、交收规则；后者指买空和卖空机制，即信用交易。

（一）清算交收

证券交易的清算，是指在每一营业日中对每个结算参与人证券和资金的应收、应付数量或金额进行计算的处理过程。

证券交易的交收，是指根据清算的结果在事先约定的时间内履行合约的行为，一般指买方支付一定款项以获得所购证券，卖方交付一定证券以获得相应价款。交收的实质是依据清算结果实现证券交割（Delivery）和价款支付（Payment），从而结束整个交易过程。

清算和交收两个过程统称为"结算"。从时间发生及运作的次序来看，清算是交收的基础和保证，交收是清算的后续与完成。两者根本区别在于：清算是对应收、应付证券及价款的计算，其结果是确定应收、应付数量或金额，并不发生财产实际转移；交收则是根据清算结果办理证券和价款的收付，发生财产实际转移（虽然有时不是实物形式）。

清算交收机制中对市场质量影响较大的是交收期。我国证券交易主要采用的是T+1、T+3交收方式。

（1）T+1交收方式：是指达成交易后，相应的证券交割与资金支付在成交日的下一个营业日（T+1）完成。目前我国的A股、基金券、债券等采用这种交收方式。

（2）T+3交收方式：是指达成交易后，相应的证券交割与资金支付在T+3营业日完成。目前我国的B股（人民币特种股票）采用这种方式。

（3）另外，我国香港实施的是T+2交收方式（T日买入，T+2日股票到账），允许投资者在股票尚未到账的T日和T+1日卖出股票。这就涉及了一个非常重要的交易方式——回转交易。

所谓回转交易，是指投资者买入的证券，经确认成交后，在交收完成前全部或部分卖出。所谓日内回转交易，也叫当日回转交易，是指投资者就同一个标的（如股票）在同一个交易日各完成一次买进和卖出的行为，即所谓的"Daying Trading"行为。简单地说，就是当日买进的股票在当日卖出，或者当日卖出（卖空）的股票再在当日买进的交易行为。因此，日内回转交易可以概括为三种情况：（1）当日买进股票后，再于当日卖出；（2）当日卖空某股票后，再于当日买进；（3）投资者原来持有某股票，于当日卖出后，再于当日买进。

我国日内回转交易的发展：我国沪、深证券交易所在1990

年成立之初禁止日内回转交易。1992年12月24日，上海证券交易所在取消涨跌幅限制7个月后，率先对A股和基金推出了日内回转交易（俗称"T+0"规则）。1993年11月22日，深圳证券交易所也推出了日内回转交易。1995年1月1日，为了保证股票市场的稳定，防止过度投机，沪、深交易所又禁止了A股和基金的日内回转交易。2001年12月3日，随着B股市场对内开放，对B股采取与A股一致的禁止日内回转交易制度，同时允许对可转债品种进行日内回转交易。2015年1月9日，沪、深交易所发布公告，为了进一步发展基金市场，满足投资者交易需求，经中国证监会批准，自2015年1月19日起，对跨境交易型开放式指数基金和跨境上市开放式基金实行当日回转交易。

现今，沪、深交易所可实行日内回转交易的品种为：（1）债券；（2）债券交易型开放式指数基金；（3）交易型货币市场基金；（4）黄金交易型开放式证券投资基金；（5）跨境交易型开放式指数基金；（6）跨境上市开放式基金；（7）权证。

我国投资者习惯上把日内回转交易称为"T+0"。需要注意的是：这只是为了方便表达，并不严谨。严格意义上的"T+0"，是一个结算上的概念，指资金或证券结算在当日完成。

（二）信用交易

信用交易主要有保证金买空（Margin Purchase）和卖空（Short Sale）两种形式。

买空交易（简称买空或融资），又称保证金多头交易，指投资者由于对市场价格将上扬的预期，支付一定比例的保证金，同时由经纪人（或相关机构）垫付其余款项而购进股票的一种信用交易形式。买空者所购入的股票，按规定存入证券商或相关机构，以此作为获取贷款的抵押。

卖空交易（简称卖空或融券），又称保证金空头交易，指投资者出于对市场价格将下跌的预期，支付一定比例的保证金，同时向经纪人（或其他机构）借取股票或其他证券按现行市场价格卖出的信用交易形式。根据美国证券交易委员会 3B-3 规则："'卖空'一词，是指出售者出售自己并不拥有的证券的任何出售，或者出售者用自己的账户以借来的证券完成交割的任何出售。"

由于证券融资交易相对比较简单，所以重点关注卖空机制与证券借贷。

近年来，卖空机制对市场的作用开始为越来越多的机构所认可。从卖空交易者的卖空目的分析，有四大基本功能：价格发现功能、市场稳定功能、流动性提供功能和风险管理功能。

1. 价格发现功能

卖空机制最重要的作用就是其价格发现功能，在改善资产定价效率的同时，降低了股市的投机性与波动性。卖空机制通过如下三个环节，有助于证券市场发现和形成合理的价格。

（1）卖空交易将更多的信息融入股价中，从而使价格能够更充分地反映证券的正面和负面信息。如果缺乏卖空机制，投资者通过购买股票往往较容易把正面信息反映在股价中，从而易使股价高于其真实价值。

（2）卖空机制的存在使得那些不拥有股票的投资者有机会表达对这些股票实际投资价值的预期，从而使得整个市场上的股票供给和需求力量得到匹配。有效的市场要求价格能够充分地反映买方和卖方的信息。但在缺乏卖空机制时，预期股价即将下跌而本身不持有证券的投资者无法表达自己的预期，从而限制了股票市场上的供给数量，造成了股票市场供求力量的人为不均衡。

（3）如果存在证券衍生品市场，卖空机制还有助于证券衍生品价格充分反映相关基础证券的实际价格。由于存在套利关系，衍生品的价格是与其基础证券价格相联系的。如果衍生品价格偏离其合理水平，套利者就会买进低估的证券，卖空高估的证券，这有助于把证券价格推至正确的水平。这说明卖空机制在一定程度上是金融衍生品市场的基础。

2. 市场稳定功能

卖空机制的存在对整个市场的波动发挥了"缓冲器"的作用，有助于抑制市场的暴涨暴跌现象，而不是加剧整个市场的波动。

在缺乏卖空机制的情况下，由于一定时期内，各个证券的供给有确定的数量，因此，证券市场在供求失衡时，价格通常呈现单方向运行，故股价表现通常是要么暴涨，要么暴跌。但如果存在卖空机制，也就是说，存在融券交易和现货交易的互相配合，那么将可以增加股票供求的弹性，形成市场内部的价格稳定机制。一方面，当股价过度上涨时，沽空者认为股价被高估而预期股价会下跌，便提前融券卖出，故增加了股票的供应，沽空者的行为又将影响到现货持有者的交易策略，从而使行情不致过热；另一方面，当股价真的下跌之后，沽空者需要买进以归还所借入的证券，从而增加了购买需求，又促使股价上升。因此，卖空机制发挥了市场缓冲器的作用。

3. 流动性提供功能

卖空交易有助于增加市场的流动性，这是因为：

（1）卖空机制增加了市场上股票供应量，活跃了市场上的交易行为，扩大了市场供求规模，从而直接提高了市场的流动性。

（2）在采取做市商制度的市场，卖空机制有助于做市商做市，从而间接增加了市场上流动性供应。

（3）由于卖空交易一般均采取保证金交易形式，故存在较大的杠杆效应，降低了投资者的交易成本，扩大了投资者的交易能力，有助于扩大需求，提高市场的流动性。

4. 风险管理功能

从卖空交易者的目的可以看出，卖空机制是一种兼具投资与对冲风险双重功能的投资形式，投资者可以方便地利用卖空机制进行风险管理。例如，投资者持有某证券或以该证券为基础的衍生品种，此时，为避免证券价格波动的风险，投资者可以卖空该证券或卖空与其相关性较强的其他证券，建立一个反向头寸，这样无论价格上涨还是下跌，投资者的损失和利润率都能大致相抵，故能起到了保值的功能。

第二节　证券市场质量

在本质上，我们可以将市场微观结构视为一种"游戏规则"，这种规则决定了价格发现的速度、质量以及交易的成本。事实上，这些也正是市场质量的反映。市场质量是证券市场核心竞争力的综合体现，是市场组织者和监管者改进市场质量的指南，也是投资者支持投资决策的重要依据。

综合各国证券市场的实践，市场质量可以从几个方面来衡量：有效性、稳定性和流动性。

一、市场有效性

市场的有效性即市场效率（Market Efficiency），是交易机制设计最重要的目标，也是现代经济学的核心命题。现代金融理论认为，一个市场是否有效，关键就在于价格能否充分反映相关的信息，即信息效率（Information Efficiency），也称价格发现效率。

更形象地说，一个有效的市场就是亚当·斯密（Adam

Smith，1723—1790）式的具有"看不见的手"的运作效率的市场。如果市场中的资产价格能够迅速且完全地反映所有相关信息，那么该市场就被认为是具有信息效率的，或者说市场是有效的。如果价格不反映信息或反映过程迟缓，则市场是无效的。

（一）有效市场的三种形式

为了对市场有效性进行更明确的定义和分析，芝加哥大学的金融经济学家尤金·法玛（Eugene F. Fama，1939—）在1970年的一篇题为《有效的资本市场》的论文中，把有效市场理论归纳为一个众所周知的公理，即在各种信息集合的结构对市场参与者是已知的情况下，"价格完全反应所有的可得信息"。根据价格对信息反映程度的不同，法玛在该文中把市场效率分为三种情况：弱式有效市场、半强式有效市场和强式有效市场。

1. 弱式有效市场

弱式有效市场（Weak Form Efficiency），指价格可以充分地反映所有相关的历史信息。在弱式有效市场的条件下，过去的历史价格信息对于评估未来的股价变动没有任何价值，即当前的股价已经充分反映了过去的历史信息。

2. 半强式有效市场

半强式有效市场（Semi-strong Form Efficiency），指价格除了反映所有历史信息外，还反映所有相关的公开信息（如公司的财务报表、分红与拆股、竞争对手信息、政治经济信息等）。如果市场是半强式有效市场，则分析家和投资者不能依靠公开信息的获取和分析来得到持久的额外报酬。

根据半强式有效市场假说，只要信息是公开可获得的，就会被价格吸收和反映。虽然这种价格调整在瞬间不一定是正确的，但价格会在很短时间内修正并使信息得到完全的反映。也就是说，在半强式有效市场，投资者不能通过基本分析法（指与技术分析法相对应的、通过分析基本面而预测未来价格走势的方法）获得超额利润。

3. 强式有效市场

强式有效市场（Strong Form Efficiency），指价格充分反映了任何为市场参与者所知晓的全部信息，包括内幕信息和私人信息。根据强式有效市场假说，如果市场是强式有效的，则任何内幕消息对投资者做出决策都是没有价值的，也就是说，任何可得到的信息，无论是公开的还是内部的，都不能用来获得持久的超额利润。

（二）有效市场的意义

对投资者而言，有效市场的意义是显而易见的：

第一，有效市场避免了价格的突变性。在有效市场中，市场价格不会偏离真实的经济价值太远，从而可避免突然的价格变化。如果偏离太远，套利者就会出现并消灭套利空间，即套利者让更多的信息融入了价格之中，使得市场变得有效。

第二，有效市场增加了市场的流动性。在有效市场中，由于人们相信价格包含了所有的信息，因而就不会花过多的精力研究价格是否偏高或偏低。比如说，如果电视机市场像股票市场一样有效的话，人们就不会花那么多时间在各个商场之间比较价格的高低了。流动性对投资者而言是十分重要的，它意味着降低了投资者的交易成本，这一点对于那些由于暂时性的流动性原因（如需要现金）而进行交易的投资者而言尤为重要。

（三）对有效市场的误解

市场有效是一个严格的经济学概念，与人们日常生活中的效率概念存在不少差别。因此，市场有效很容易引起误解。

1. 有效不等于正确

谈到有效市场假说时,"有效"这个词意指"迅速、快捷地整合信息、反映信息",而不是"正确"。有效市场假说认为,由于投资者会努力评估每一条信息,所以资产价格能够迅速反映出人们对于信息的共识。然而,群体共识不一定是正确的。

以上升趋势为例。一般来说,在趋势的初期和末期,大多数人的群体共识是错误的,真理掌握在少数人手里。大多数投资者要么盲目悲观,认为行情还会继续下跌、不敢进场,要么盲目乐观,认为行情还会持续上涨、加仓投入。只有少数投资者能够及早发现趋势转向的苗头,并逐渐采取措施,勇敢进场或者减仓离场。

在趋势的中期,也就是大家常说的主升浪阶段,趋势方向已经清晰可见,机构投资者、普通投资者争先恐后地入市,这时群体共识往往是正确的,真理掌握在多数人手里,并且已经成为人所共知的常识。对于个人投资者来说,这时需要相信群体的力量,跟随大众的脚步,绝不可逆势而为,螳臂当车。

那么,如何有效识别趋势的转向,分清趋势的初期、中期和末期呢?在第七章"交易决策·趋"中将会详细讲解。

2. 快速不等于立即

由于投资者的技术、洞察力、信息渠道等差异的存在,以及对信息的分析不完善,市场中信息的融入是需要时间的,它是一个过程,不可能一步到位、突然达成。利用这个时间差,在好消息被公众获悉之前,少数眼明手快的人,确实能够赚取超额收益。

3. 现实不完全有效

如果把完全无效市场、完全有效市场视为一个 0 到 1 的区间,那么市场质量的目标之一就是不断提高市场有效性,逐渐逼近区间上限。

然而，由于"有效不等于正确""快速不等于立即"，完全有效市场只是一种理论上的假设，不可能完全实现。现实中的市场实际是一个不完全有效市场，这对于投资者的实务操作是十分有利的，为投资者获取大额收益提供了可能。

二、市场稳定性

稳定性（Stability）是指在市场剧烈波动时提供一个连续、有序的市场的能力，即证券价格短期波动程度及其调节平衡的能力。在交易机制设计时，保持证券价格的相对稳定，防止证券价格大幅波动，是证券市场的内在要求。

稳定性的对立面是波动性（Volatility）。波动性是证券市场的重要特性，也是证券市场的魅力所在。从波动性的角度，更容易理解市场的稳定性目标。

（一）波动性的概念和意义

波动性是指价格非预期变化的趋势，或者说是指收益的不确定性，更学术化的定义即指收益的概率分布。从证券市场发展的历史过程看，证券市场的波动时起时伏，有些时候市场的波动十分剧烈，而有些时候市场波动则相当小。波动性对投资者、监管者以及对证券市场的功能发挥均具有十分重要的意义。

投资者对波动性十分关注，因为波动性、风险和利润密切相关。波动性直接影响到他们的收益。例如，价格的下跌导致所有持多头仓位的投资者受损，而价格的上升将导致持空头仓位的投资者受损。期权交易者尤其关注波动性，因为期权合约的价值取决于基础证券的波动性。为了获取利润，期权交易者必须能够衡量并预测波动性。

监管者对波动性也十分关注。市场稳定是证券市场充分发挥其功能的基础。在一个波动剧烈的市场，投资者信心将受到动摇，储蓄向投资的转化机制受到阻碍。过度波动在一定程度上说明了市场功能可能存在一些问题。由于合理的、真实的、相对稳定的价格在资源配置中具有十分重要的意义，因此，监管者在市场过度波动时（特别是市场崩盘时）通常会采取一些稳定市场的措施。

当然，市场的波动性也不能降低到零的水平，因为价格的波动是投资者投资证券收益的一个重要来源，稳定不变的价格将使投资者无利可图（不考虑红利收益），市场的发展受到限制，甚至使交易中断。

（二）波动性的分类

波动性一般可分为两种形式：基本波动性（Fundamental Volatility）和临时波动性（Transitory Volatility）。基本波动性指由于非预期的证券内在价值的变化导致的波动性；临时波动性指由于不知情交易者的交易行为而导致的价格波动。

1. 基本波动性

由于市场使用价格信号配置资源，因此，价格应能反映证券的基本价值。当决定证券价值的那些基本因素发生变化后，证券的价值也就发生变化。也就是说，当人们得知基本要素已经发生变化后，价格就会相应地发生变化，这种情况也被称为"信息效应"。

当只有少数人知道关于基本价值发生变化的新信息时，交易通常伴随着较高的交易量。知情交易者将利用他们的信息进行交易，知情交易者的交易压力最终将导致价格向接近基本价值的方向变化。

2. 临时波动性

与基本波动性不同，临时波动性强调市场机制对价格的影响，也被称为"交易机制效应"。合理的市场机制设计应使引起市场波动的交易机制因素（临时波动性）最小化。

证券市场的波动性，通常以市场指数的方差进行衡量，方差越大，则市场的波动性越大；方差越小，则市场波动性越小。

三、市场流动性

（一）流动性的概念和意义

当一种资产和现金能够以较小的交易成本迅速地相互转换时，我们说该资产具有流动性（Liquidity）。因此可以认为，流动性实际上就是投资者根据市场的基本供给和需求状况，以合理的价格迅速交易一定数量资产的能力。或者更简单地说，流动性就是迅速执行一定数量交易的成本。市场的流动性越高，则进行即时交易的成本就越低。一般而言，较低的交易成本就意味着较高的流动性，或相应的较好的价格。

证券市场的一个主要功能就是在交易成本尽可能低的情况下，使投资者能够迅速、有效地执行交易，也就是说市场必须提供足够的流动性。在证券市场上，交易商、限价订单的提供者以及其他一些投机者为市场提供了流动性，经纪商和交易所组织流动性，而无耐心的投资者需要流动性。

流动性是证券市场的生命力所在。二级市场的流动性为投资者提供了转让和买卖证券的机会，也为筹资者提供了筹资的必要前提。如果市场缺乏流动性而导致交易难以完成，市场也就失去了存在的必要。正是在这个意义上，埃米赫德和门德尔松（Amihud and Mendelson）指出"流动性是市场的一切"。

同时，流动性还具有自我强化（Self-fulfilling）的机制，流动性本身会吸引流动性。就是说，如果市场参与者预期市场的流动性在可预见的将来继续保持在一个较高的水平，他们会更积极地从事交易。相应地，市场的流动性就越高，进行即时交易的成本就越低。从更广泛的意义上看，市场流动性的增加不仅保证了金融市场的正常运转，也促进了资源有效配置和经济增长。

(二) 流动性的四维

从以上定义可以看出，流动性实际包含了三个方面：速度（交易时间）、价格（交易成本）和交易数量。

速度主要指证券交易的即时性（Immediacy）。从这一层面衡量，流动性意味着一旦投资者有买卖证券的愿望，通常总可以立即得到满足。

但是，在任何一个市场，如果投资者愿意接受极为不利的条件，交易一般均能够得到迅速执行。因此，流动性还必须具有第二个条件，即交易即时性必须在成本尽可能小的情况下获得，或者说，在特定的时间内，如果资产交易的买方的溢价很小或卖方的折价很少，则该资产具有流动性。

流动性的价格因素通常以市场宽度（Width，或市场紧度Tightness）来衡量，即交易价格偏离真实价格的程度。最常见的指标是买卖价差，即买卖价差越小，市场宽度越小，流动性越强。宽度指标主要用来衡量流动性中的交易成本因素。

光有速度和低成本还不够，流动性还必须有第三个条件——数量上的限制，即较大量的交易可以按照合理的价格较快执行。流动性的数量因素通常以市场深度（Depth）来衡量，即在特定价格上存在的订单总数量（通常指等于最佳买卖报价的订单数量）。订单数量越多，则市场越有深度，反之，如果订单数量很少，则市场缺乏深度。

综合以上三个指标，假定由于较大数量的交易在较短的时间内得到执行，从而造成价格的较大变化，则还可以推论出流动性的第四个构成要素——弹性（Resiliency），即由于一定数量的交易导致价格偏离均衡水平后恢复均衡价格的速度。在一个弹性衡量的高流动性的市场，价格立刻返回到有效水平。或者说，当由于临时性的订单不平衡导致价格发生变化后，新的订单立即大量进入，则市场具有弹性；当订单量对价格变化的调整缓慢，则市场缺乏弹性。

以上四个要素就是流动性的四维。必须指出的是，这四维指标在衡量流动性时可能彼此之间存在冲突。例如，深度和宽度通常就是一对矛盾，深度越大则宽度（买卖价差）越小，宽度越大则深度越小；即时性和价格也是一对矛盾，为耐心等待更优的价格无疑将牺牲即时性。

第三节　中国证券市场的微观结构

根据《上海证券交易所交易规则》（2018年修订）、深圳证券交易所交易规则（2016年9月修订），中国证券市场的微观结构可以概述为以下几个方面。

一、交易时间和交易品种

目前，沪、深交易所的交易品种包括A股、B股、国债现货、企业债券、可转换债券、国债逆回购、基金、期权等。曾有过的品种还有权证、金融债券和国债期货。

交易日为每周一至周五。国家法定假日和交易所公告的休市日，交易所市场休市。

每个交易日的9∶15至9∶25为开盘集合竞价时间，9∶30

至 11：30、13：00 至 14：57 为连续竞价时间，14：57 至 15：00 为收盘集合竞价时间。另外，上交所的基金、债券、债券回购交易，13：00 至 15：00 为连续竞价时间。

每个交易日 9：20 至 9：25 的开盘集合竞价阶段、14：57 至 15：00 的收盘集合竞价阶段，交易所的交易主机不接受撤单申报。其他接受交易申报的时间内，未成交申报可以撤销。撤销指令经交易所的交易主机确认方为有效。

二、订单形式

在 2006 年 7 月 1 日之前，沪、深交易所只接受投资者的限价申报。从 2006 年 7 月 1 日后，交易所在连续交易阶段接受投资者的限价申报和市价申报，所有订单限当日有效。

上交所接受下列方式的市价申报：

（一）最优五档即时成交剩余撤销申报，即该申报在对手方实时最优五个价位内以对手方价格为成交价逐次成交，剩余未成交部分自动撤销。

（二）最优五档即时成交剩余转限价申报，即该申报在对手方实时五个最优价位内以对手方价格为成交价逐次成交，剩余未成交部分按本方申报最新成交价转为限价申报；如该申报无成交的，按本方最优报价转为限价申报；如无本方申报的，该申报撤销。

深交所接受下列类型的市价申报：

（一）对手方最优价格申报；

（二）本方最优价格申报；

（三）最优五档即时成交剩余撤销申报；

（四）即时成交剩余撤销申报；

（五）全额成交或撤销申报。

三、交易离散构件

不同证券的交易采用不同的计价单位。股票为"每股价格",基金为"每份基金价格",权证为"每份权证价格",债券为"每百元面值债券的价格",债券质押式回购为"每百元资金到期年收益",债券买断式回购为"每百元面值债券的到期购回价格"。

A股、债券交易和债券买断式回购交易的申报价格最小变动单位为0.01元人民币,基金、权证交易为0.001元人民币,B股交易为0.001美元(上交所)或者0.01港元(深交所),债券质押式回购交易为0.005元人民币(上交所)或者0.01元人民币(深交所)。根据市场需要,交易所可以调整各类证券单笔买卖申报数量和申报价格的最小变动单位。

股票、基金、权证交易,以100股(份)为1手。买入股票、基金、权证的,申报数量应当为100股(份)或其整数倍。卖出股票、基金、权证时,余额不足100股(份)的部分,应当一次性申报卖出。

上交所债券交易和债券买断式回购交易以人民币1000元面值债券为1手,债券质押式回购交易以人民币1000元标准券为1手。债券交易的申报数量应当为1手或其整数倍,债券质押式回购交易的申报数量应当为100手或其整数倍,债券买断式回购交易的申报数量应当为1000手或其整数倍。

深交所债券以人民币100元面额为1张,债券质押式回购以100元标准券为1张。债券及债券质押式回购交易的申报数量应当为10张或其整数倍。深交所目前没有债券买断式回购交易。

股票、基金、权证交易单笔申报最大数量应当不超过100万股(份),债券交易和债券质押式回购交易单笔申报最大数量应当不超过 10 万手（上交所）或者 100 万张（深交所），债券买断式回购交易单笔申报最大数量应当不超过 5 万手（上交所）。根据市场需要，交易所可以调整证券的单笔申报最大数量。

四、涨跌幅限制

交易所对股票、基金交易实行价格涨跌幅限制，涨跌幅比例为 10%，其中 ST 股票和 ST 股票价格涨跌幅比例为 5%。

股票、基金涨跌幅价格的计算公式为：涨跌幅价格＝前收盘价×（1±涨跌幅比例）。计算结果按照四舍五入原则取至价格最小变动单位。

买卖有价格涨跌幅限制的证券，在价格涨跌幅限制以内的申报为有效申报，超过价格涨跌幅限制的申报为无效申报。

属于下列情形之一的，首个交易日无价格涨跌幅限制：

（一）首次公开发行上市的股票和封闭式基金；

（二）增发上市的股票；

（三）暂停上市后恢复上市的股票；

（四）退市后重新上市的股票；

（五）交易所认定的其他情形。

五、竞价与成交

我国证券交易采用电脑集合竞价和连续竞价两种方式，按价格优先、时间优先的原则撮合成交。

在集合竞价阶段，成交价格的确定原则为：

（一）可实现最大成交量；

（二）高于该价格的买入申报与低于该价格的卖出申报全部成交；

（三）与该价格相同的买方或卖方至少有一方全部成交。

两个以上申报价格符合上述条件的，使未成交量最小的申报价格为成交价格；仍有两个以上使未成交量最小的申报价格符合上述条件的，上交所取中间价为成交价格，深交所取最接近前收盘价的价格为成交价格。集合竞价的所有交易以同一价格成交。

集合竞价阶段未成交的买卖申报，自动进入后续连续竞价阶段。在连续竞价时，成交价格的确定原则为：

（一）最高买入申报价格与最低卖出申报价格相同，以该价格为成交价格；

（二）买入申报价格高于即时揭示的最低卖出申报价格的，以即时揭示的最低卖出申报价格为成交价格；

（三）卖出申报价格低于即时揭示的最高买入申报价格的，以即时揭示的最高买入申报价格为成交价格。

按成交原则达成的价格不在最小价格变动单位范围以内的，按照四舍五入原则取至相应的最小价格变动单位。

六、开盘价与收盘价

证券的开盘价为当日该证券的第一笔成交价格。证券的开盘价通过集合竞价方式产生，不能产生开盘价的，以连续竞价方式产生。

证券的收盘价通过集合竞价的方式产生。收盘集合竞价不能产生收盘价或未进行收盘集合竞价的，以当日该证券最后一笔交易前一分钟所有交易的成交量加权平均价（含最后一笔交易）为收盘价。当日无成交的，以前收盘价为当日收盘价。

另外，上交所的基金、债券、债券买断式回购的收盘价，为当日该证券的最后一笔交易前一分钟所有交易的成交量加权平均价（含最后一笔交易）。上交所的债券质押式回购的收盘价，为当日该证券的最后一笔交易前一小时所有交易的成交量加权平均价（含最后一笔交易）。

七、交易信息披露

在集合竞价期间，即时行情内容包括：证券代码、证券简称、前收盘价、集合竞价虚拟参考价格、虚拟匹配量和虚拟未匹配量等。

在连续竞价期间，即时行情内容包括：证券代码、证券简称、前收盘价、最新成交价、当日最高价、当日最低价、当日累计成交数量、当日累计成交金额、实时最高五个买入申报价格和数量、实时最低五个卖出申报价格和数量等。

八、大宗交易

上交所允许大宗交易，大宗交易的准入门槛为：

（一）A股单笔买卖申报数量应当不低于30万股，或者交易金额不低于200万元人民币；

（二）B股单笔买卖申报数量应当不低于30万股，或者交易金额不低于20万美元（深交所B股单笔交易数量不低于3万股，或者交易金额不低于20万元港币）；

（三）基金大宗交易的单笔申报数量应当不低于200万份，或者交易金额不低于200万元；

（四）债券及债券回购大宗交易的单笔买卖申报数量应当不低于1000手，或者交易金额不低于100万元（深交所债券单笔交易数量不低于5千张，或者交易金额不低于50万元人民币）。交易所可以根据市场情况，调整大宗交易的最低限额。

有价格涨跌幅限制证券的大宗交易成交价格，由买方和卖方在当日价格涨跌幅限制范围内确定。无价格涨跌幅限制证券的大宗交易成交价格，由买卖双方在前收盘价格的上下30%之间确定。

大宗交易不纳入交易所即时行情和指数的计算，成交量在大宗交易结束后计入该证券成交总量。每个交易日大宗交易结束后，属于股票和基金大宗交易的，交易所公告证券代码、证券简称、成交量、成交价格以及买卖双方所在会员证券营业部的名称等信息；属于债券和债券回购大宗交易的，交易所公告证券名称、成交价和成交量等信息。

九、债券交易

2002年1月，我国开始对国债实行净价交易，即在现券买卖时，以不含有自然增长应计利息的价格报价并成交的交易方式。在净价交易条件下，由于国债交易价格不含有应计利息，其价格形成及变动能够更加准确地体现国债的内在价值、供求关系及市场利率的变动趋势。国债交易以每百元国债价格进行报价，应计利息额也须按每百元国债所含利息列示。

债券回购交易包括债券买断式回购交易和债券质押式回购交易等。上交所允许债券买断式回购交易和债券质押式回购交易，深交所允许债券质押式回购交易。

债券买断式回购交易是指债券持有人将债券卖给购买方的同时，交易双方约定在未来某一时期，卖方再以约定价格从买方购回相等数量同种债券的交易。

债券质押式回购交易是指债券持有人在将债券质押的同时，将相应债券以标准券折算比率计算出的标准券数量为融资额度而进行的质押融资，交易双方约定在回购期满后返还资金和解除质押的交易。

债券回购交易的期限按日历时间计算。如到期日为非交易日，顺延至下一交易日结算。

十、融资融券交易

2010年3月31日,沪、深证券市场正式推出融资融券交易。投资者进行融资融券交易,必须与证券公司签订融资融券合同,开立专门的信用证券账户和信用资金账户。投资者可以通过交易所的电子交易系统进行融资融券交易,交易委托与申报分为担保品交易、融资交易、融券交易和平仓交易等四种类型。单笔融资融券的最长期限为6个月。

融券卖出交易只能采用限价委托,不能采用市价委托,且融券卖出申报价格不得低于该证券的最近成交价,如该证券当天未产生成交的,申报价格不得低于前收盘价。若投资者在进行融券卖出委托时,申报价格低于上述价格,该笔委托无效。

扫一扫,和我一起学《超简交易》

回复"交易规则",获取本章思维导图及PPT讲义。

回复"第二章视频",获取本章精讲视频。

第三章　交易决策·量

本书主要采用技术分析的方法，将会按照"量、价、时、形、趋、指"六大方面，对技术分析进行具体阐述和讲解，以帮助投资者在识别和度量风险程度的基础上，按照自身的风险承担能力，做出合适的交易决策。

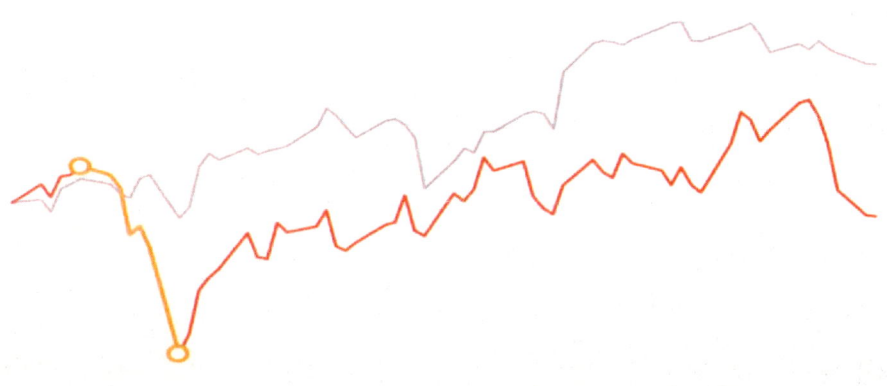

超简交易
交易高手速成手册

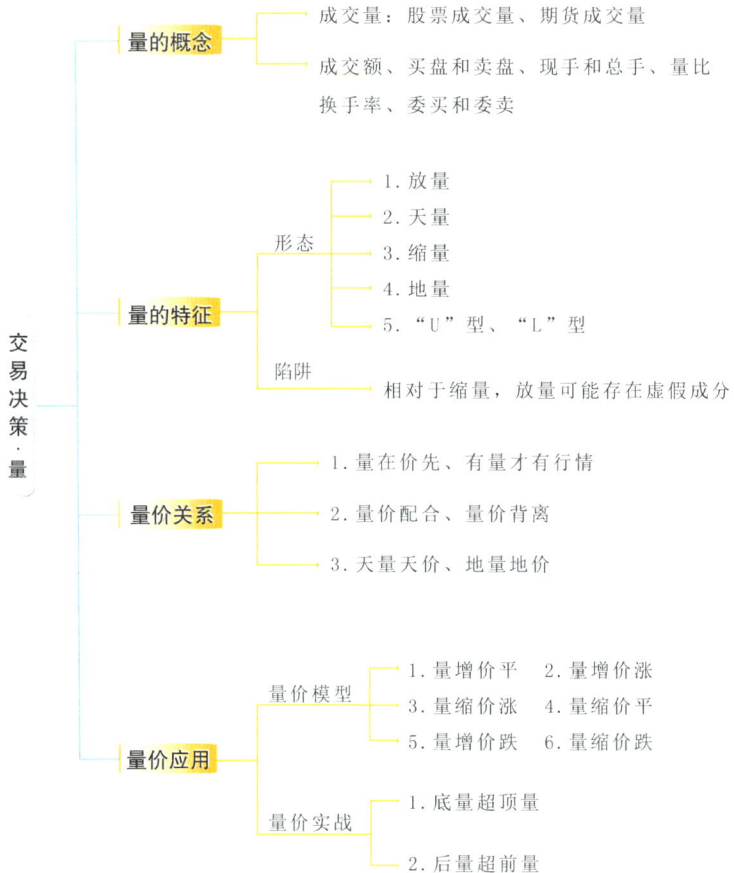

第一节 量的概念

一、成交量的含义

所谓成交量（Volume），也叫成交数量，是指在一定交易时间内，买卖双方所成交的数量，如日成交量、周成交量、月成交量、年成交量等。

成交量的基本单位是"手"。对于期货来说，1 手 = 1 张合约，对于股票来说，1 手 = 100 股。注意：在我国期货市场，成交量指的是已经成交的合约数量，是按双边计算的；在我国股票市场，成交量指的是已经成交的股票总手数，是按单边计算的。

任何一只股票，要有成交，需要同时满足两个条件，即该股票在某一价位上既要有买方又要有卖方，这样成交才会最终实现。如果仅仅只有买方或者仅仅只有卖方，那么成交是无法达成的。

为什么在同一价位上会形成买卖双方呢？这是由于在此价位区间，参与市场的人很多，他们的意见存在分歧，有人对后市看淡（看空），因此卖出；有人对后市看好（看多），因此买入。一般来说，多空分歧加剧，愿买的多，愿卖的也多，市场交投活跃，成交量相对就会增加；若市场低迷，多空观望气氛浓厚，买者惜金，卖者惜票，交投清淡，成交量相对就会减少。

二、量的相关概念

1. 成交额

所谓成交额（Amount），也叫成交金额，是指在一定交易时间内，买卖双方所成交的金额。成交额的基本单位是"元"。对于股票来说：

成交额＝成交量×100×成交价格

成交额是比成交量更有意义的指标，它显示了市场上主流资金的流向，以及投入市场的总体资金状况。比如说，大盘当日总成交量为 1.5 亿手，可能交易者没有什么概念，但是如果说当日大盘总成交额是 1500 亿元，交易者就能直观地知道进入市场的资金规模和大致人气。需要注意的是，通常人们说的大盘成交量指的是成交金额，说明市场的活跃度和资金规模。

2. 买盘和卖盘

所谓买盘，指的是以比市价高的价格进行委托买入，并已经"主动成交"的申报，代表外盘，表示场外资金进场接盘，属于上攻。

所谓卖盘，指的是以比市价低的价格进行委托卖出，并已经"主动成交"的申报，代表内盘，表示场内资金出逃抛盘，属于下攻。

需要注意的是，如果股价跌停，那么以跌停价格成交的申报，都称之为外盘，即买盘；如果股价涨停，那么在涨停板上成交的申报，都称之为内盘，即卖盘。

有些行情软件在成交明细中会有英文字母"B"和字母"S"的标示，其中"B"是英文 buy（买进）的缩写，S 是英文 sell（卖出）的缩写。以卖一价向上成交的，成交手数后面会有红色的 B，表示为外盘（买盘）；以买一价向下成交的，成交手数后面有绿色的 S，表示为内盘（卖盘）。也有些行情软件会用红色的向上箭头（↑）和绿色的向下箭头（↓）来表示买盘和卖盘。

3. 现手和总手

现手指的是刚刚成交的那一笔的成交手数。

总手指的是当日开始成交一直到现在为止的成交手数，收盘时的总手数则表示当日成交的总手数。例如，"总手 107168"出现在收盘时，这就说明当日该股一共成交了 107168 手，即 10716800 股。

4. 量比

量比是衡量相对成交量的指标，它是指开市后平均每分钟成交量与过去 5 个交易日每分钟平均成交量之比。其计算公式为：

$$量比 = 现成交总手数/现累计开市分钟/过去 5 日平均每分钟成交量$$

如果量比数值大于 1 而且越来越大，表示现时的成交总手数在放大，市场活跃度升高；如果小于 1 而且越来越小时，表示这个时间的成交总手数在萎缩，市场活跃度降低。

量比在观察成交量方面，是卓有成效的分析工具，它将某只股票在某个时点上的成交量与一段时间的成交量平均值进行比较，排除了因股本不同造成的不可比情况，是发现成交量异动的重要指标。

5. 换手率

换手率，也称周转率，是指在一定时间内市场中股票转手买卖的频率。其计算公式为：

$$换手率 = 某一段时期内的成交量/发行总股数 \times 100\%$$

（在中国：换手率 = 成交量 $\times$ 100/流通总股数 $\times$ 100%）

换手率的高低，说明了个股当天的交投活跃程度。股票的换手率越高，意味着该只股票的交投活跃，人们购买该只股票的意愿越高，属于热门股。反之，股票的换手率越低，则表示该只股票很少有人关注，属于冷门股。换手率高一般意味着股票流动性好，进出市场比较容易。

6. 委买委卖

委买，指的是以比市价低的价格委托买入，但还没有成交、正在排队的申报。

委卖，指的是以比市价高的价格委托卖出，但还没有成交、正在排队的申报。

在大部分的行情分析软件中，可以看到从"买一"到"买五"的买入委托，这些委托称为"委买"，从"卖一"到"卖五"的卖出委托，这些委托称为"委卖"。

委买与委卖的差，叫委差。委托买入的手数比委托卖出的手数越多，表示买方比卖方气势越强，后市股价向上的概率越大。

委比是委买手数与委卖手数之差与之和的比值，其计算公式为：

委比=（委买手数-委卖手数）/（委买手数+委卖手数）×100%

委比比值一般在-100%到+100%之间，是衡量一段时间内市场买卖强弱的一种指标。若委比为正值，说明买盘较强，场内做多意愿明显；数值越大，表示买盘越强劲。反之，若委比为负值，则说明买盘较弱，投资者离场观望的气氛较浓；数值越大，表明抛盘越沉重。

第二节　量的特征

一、成交量的形态

成交量的常见形态，一般归纳为四种：放量、天量、缩量、地量。

1. 放量

放量是市场交投活跃的表现，通常是买卖双方供需关系的改变才会使得成交量变大。也就是说，放量是投资人对后市分歧逐渐增加的具体表现，是与前面的成交量相比较得出的一个增减概念。

放量在股价的表现上涵盖了所有的涨、跌、平三种情况，在不同位置与时期放量对股价的影响都不同。虽然股价与成交量长期正相关，短期正相关为主、负相关为辅，但不能简单地认为放量股价就会上涨，具体情况我们在下一节说明。

2. 天量

天量是放量的一种极端表现形态，交投极为活跃，成交量创出较长时段内的最高水平。

天量一般可以分为近期天量、阶段性天量、历史天量，具体在日K线、周K线、月K线图中明显体现。一般在大的利好、利空出现时居多。

3. 缩量

缩量是市场交投清淡的表现，通常是买卖双方供需关系稳定，没有太大变化导致的。大部分人对市场后期走势认同度比较高，是与前面的成交量相比较而得出的一个增减概念。

缩量是市场行为的真实表现，也是主力在成交量中唯一不可作假的地方，因为主力可以虚增成交量，但却无法减少市场上的成交量。

缩量在股价上面的表现与放量一样，同样涵盖了所有的涨、跌、平三种情况，具体放在后面说明。

4. 地量

地量是缩量的一种极端表现，指市场交投极为清淡，成交量创出较长时间段内的最低水平，说明了绝大部分人对市场后期走势认同度非常高。

地量可以分为近期地量、阶段性地量、历史地量，具体在日K线、周K线、月K线图中明显体现，一般在股价即将处于中长期底部时居多。

5. "U"型、"L"型特征

中国上海和深圳股市，开盘时价格波动剧烈而且波动幅度逐渐降低，在临近收盘又开始大幅上升，即开盘和收盘波动都显著放大，成交量一般呈"U"型特征。而中国期货市场尾市收盘的波动并未显著增加，故成交量一般呈"L"型特征。

二、成交量的陷阱

市场中流行这样一句话："股市中什么都可以骗人，唯有量是真实的。"传统的经典理论认为趋势需要成交量来确认，例如成交量增加价格才能涨，缩量跌不深，并认为成交量往往是不会骗人的，而股价则容易受主力或大户操纵，这些观点一般情况下是正确的，但往往也有片面的地方，甚至有时候是错误的。

实际操作中，许多主力机构不但经常利用操纵股价来骗人，同时也常常利用成交量来骗人。主力机构可以利用手中的筹码大手笔对敲放出大量，引诱不明真相的投资者上当。所以，相对于缩量而言，放量往往可能存在有较大的虚假成分。

第三节　量价关系

一、为什么说"量在价先"

关于量价关系，人们经常争论的是到底是量在价先，还是价在量先。这里的争论其实进入了一个误区：这个"量"是指什么量？这个"价"是指什么价？

（1）如果从成交的角度，成交数量、成交价格、成交时间，这三个元素是同时发生、同时形成的，那么，这里的量、价并没有先后之分。

（2）如果这里的量是指委买量、委卖量，代表着买卖双方的潜在需求。有需求才会有市场，才会有成交（或成交价），那么，可以认为量在价先、有量才有价。

（3）如果这里的量是指当前成交量，那么人们说"量在价先"，实际想表达的意思是：有量才有行情。我们知道，成交量是买卖双方成交的结果，如果成交量开始变大，即"有量"，说明市场参与者开始变多。随着多空双方的分歧不断加剧，因为总有一方的观点是正确的（不管是要上涨还是下跌），那么价格必然要从当前的均衡位置变动到新的均衡位置，这时行情自然也就产生了。所以，从这个角度来说，量在价先、有量才有行情。

虽然说"量在价先"，可是在实际操作过程中，一般认为"价格是第一位的，成交量是第二位的"。这是因为：成交量只是保证了流动性，便于投资者快速买进卖出，而利润的来源却要靠价格差。另外，在外汇市场中，由于外汇交易的分散化，在任何交易时点都很难得到整个市场的外汇成交量，所以成交量的参考意义不大，也是以价格为主。

二、量价变化的两种情况

从整体来看，量价变化主要可分为两种情况：量价配合和量价背离。

1. 量价配合

量价配合指的是股价与成交量的变化方向是相同的，即在股价上涨时，成交量也跟随着股价的上涨而放大，也就是大家经常说的"放量上涨"（或量增价涨）。这说明上涨动能充足，预示个股或股指将继续上涨。

同样，在股价下跌或调整过程中，成交量呈现出逐步萎缩的现象，也就是大家经常说的"缩量下跌"（或量缩价跌）。

2. 量价背离

量价背离指的是股价与成交量的变化方向是相反的，即在股价上涨时，成交量却呈现萎缩或者持平的现象，也就是大家经常说的"缩量上涨"（或量缩价涨）。这说明量价配合不理想，预示个股或股指不会有较大的上升空间或难以持续上涨。

同样，在股价下跌时，成交量却出现放大，也就是大家经常说的"放量下跌"（或量增价跌）。

三、量价变化的特殊形式

量价变化有两种特殊形式：天量天价、地量地价。

1. 天量天价

天量天价是指个股（或大盘）在成交量巨大的情况下，其股价（或大盘指数）也创出了阶段性新高的现象，这是"量增价涨"的极端形式。它常出现在长期上涨的末期，是一种股市里的特殊现象。

所谓"天量"，是指股票（或大盘）创下了一直上涨以来的最大成交量；所谓"天价"，是指股票（或大盘）创造了一直上涨以来的最高价位。

如果股价处于高价位区间，由于主力对敲的行为，或者市场极度疯狂的行为，往往都会造成在创出历史性的巨大成交量时，股价也创出历史性的新高现象。这往往是盛极而衰的前兆，当所有看涨的人都买入后，市场即失去了继续爬高的力量。见此状况，交易者就要考虑减仓了。

2. 地量地价

地量地价是指个股（或大盘）在成交量非常少的情况下，其股价（或大盘指数）也创出了阶段性新低的现象，这是"量缩价跌"的极端形式。它常出现在长期下跌的末期，是一种股市里的特殊现象。

所谓"地量"，是指股票（或大盘）创下了一直下跌以来的最小成交量；所谓"地价"，是指股票（或大盘）创造了一直下跌以来的最低价位。

如果股价在一直下跌的过程中，没有出现过持续的放量下跌或阶段性的放量下跌，那么即使出现了所谓的地量地价，也并不意味着市场已经出现了底部。因为空头的下跌能量还没有释放出来，市场后续下跌的可能性很大。一般来说，市场要一直跌到多头彻底丧失信心，跌势才可能会停止，地量地价才可能会出现。如果前期已经有了放量下跌，那么地量一旦出现，交易者就要引起注意了。

第四节　量价应用

一、股票量价模型

下面我们以 A 股股票为例，说一说量价关系的具体应用。

根据股票从吸筹拉升到出货下跌的涨跌模式，可以把成交量和股价的关系简化为一个股票量价模型，如图 3-4-1 所示，主要包括六个过程：量增价平、量增价涨、量缩价涨、量缩价平、量增价跌、量缩价跌。

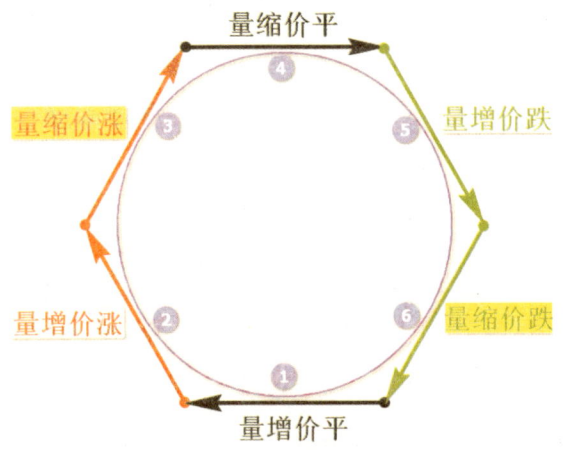

图 3-4-1　股票量价模型

1. 量增价平

量增价平主要发生在股价低位阶段,此时股价还没有启动上涨。由于 A 股融资融券的门槛限制,大部分投资者要想实现赚钱盈利,除了投资业绩好的公司获得分红外,只有低价买高价卖一种方式,所以需要在股票低位时拿到尽可能多的廉价筹码。这个阶段,未来潜在的利好使得筹码由多数人持有向少数人持有变动,开始造就供不应求,表现为股价没有大涨,成交量却在放大,即量增价平。

注意:这里的"价平"并不是指股价不涨不跌,而是说 K 线在股价低位阶段表现出的一种箱体震荡。量增的主要原因是股东人数由多变少,这是大资金投资者吃货造成的。如果在该阶段股东人数没有大幅减少,那么一轮完整的上涨是很难出现的,很可能只是一波短期的上冲。

2. 量增价涨

量增价涨主要发生在股价上涨阶段的前期。股价一旦脱离底部开始上涨,那么分歧就会随之而来。那些分歧大的浮动筹码在跑,因为他们觉得股价涨得高于预期了,所以选择卖出;这些浮动筹码被看好后市的其他投资者接下,出现筹码供不应求的状态。

量增价涨的幅度一般是比较缓慢的,基本上是进二退一。因为少数持有筹码数量大的股东已经吃够了筹码,再次拉升吃到的筹码会在股价上涨过快的时候卖出,这样就形成了边拉升边洗盘的效果。也只有这样大部分持有筹码少的小股东持股成本才会提高,有利于场内大部分持股者形成一致的上涨预期。

3. 量缩价涨

量缩价涨主要发生在股价上涨阶段的后期,上涨很快、幅度也不小,表现为加速赶顶的过程。因为经过前面的吸筹洗盘,股价在趋势上、持股人在心态上都非常完美，表现出了一致性，所以持有者更加舍不得卖出，这造成了更严重的供不应求，场外资金只能高价买入。

其实，缩量上涨并不意味着场外看好的人投入资金的减少，只是股价高了以后同样的资金可以买到的筹码量就少了。所以，这是一种不可持续的过程，也就是说股票不可能永远上涨，因为这需要后续投入资金几何级的放大，最后肯定会使资金跟不上，改变筹码的供需状态。

4. 量缩价平

量缩价平主要发生在股价高位阶段，是筹码逐渐由供不应求转变为供过于求的过程。股票一轮上涨的后期会使得股票供大于求，所以成交量还没有放大的时候少数持股量大的投资者已经开始出货，导致股价表现为缩量横盘滞涨。与股价低位阶段相反，股东人数就是在这个过程开始由少变多的。

当股价高位不再上涨而横盘震荡一段时间的时候，大部分持有者也会意识到股票供过于求了，股价将会下跌，上涨趋势即将结束，于是开始将获利筹码大量卖出。

5. 量增价跌

量增价跌主要发生在股价下跌阶段的前期。在这个过程中，投资者的分歧是非常大的，场内持有者切实感觉到了股价的高位滞涨，而后知后觉者认为股价还会上涨，所以刚开始下跌的过程中存在着大量的抄底投资者，从而导致成交量很大。但因为获利盘急于落袋为安，筹码供过于求，使得抄底资金接不下源源不断卖出的筹码，获利的持股者会降低卖出价格。这样场外相同资金量买入的筹码才会变多，但依然改变不了供过于求的状态，股价会这样恶性循环地下跌，去找供需的平衡点，下跌趋势形成且不断增强。

6. 量缩价跌

量缩价跌主要发生在股价下跌阶段的后期,基本上以散户互相伤害为主。此时,大资金的持股者已经出货完毕,剩下的都是普通的小资金投资者,既没有实力拉升股价也没有能让场内散户不砸盘的理由,同时场外资金买入也很少,所以股价进入缩量、加速下跌的过程,直到有大资金投资者愿意进入,或者有利好消息出现使得大部分多持股散户达成上涨共识。

综上所述,我们知道放量是分歧、缩量是一致,但放量并不意味着股价会上涨,缩量也不意味着股价会止跌,它们都是在特定的阶段才有效。所以,在讨论成交量的变化与股价的关系时,一定要注意股价所处的阶段和过程。就像我们说话要注意语境,同样的语句在不同语境中表达的意思可能是不一样的。

二、量价实战技巧

1. 底量超顶量

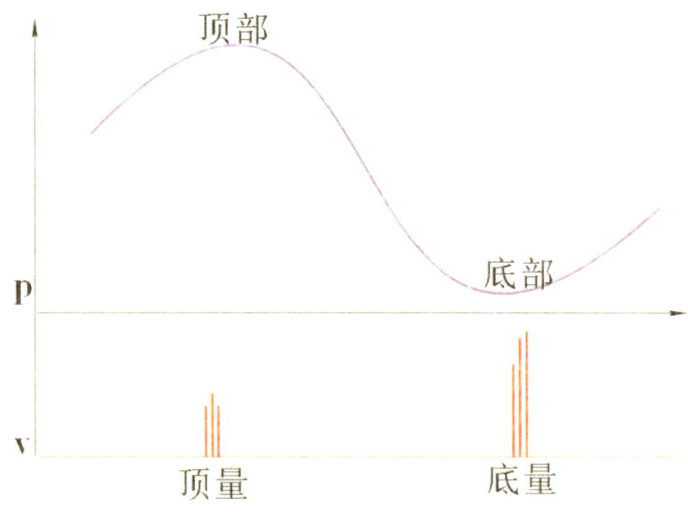

图 3-4-2　底量超顶量

所谓底量超顶量,是指股价底部阶段的成交量,远远大于股价顶部阶段的成交量。由于股票的总量一般是不变的,所以底量超过顶量可以理解为高位套牢的筹码基本都在底部割肉了,这样就没有了上涨所带来的重重抛压,股票更容易上涨。

注意:如果底量仅仅是超过顶量一点,那么上涨动力不会很强。

如图3-4-3所示,当升科技在B处的底部成交量放出历史天量,远远大于A处的顶部成交量,说明有大资金强行进入吃货,随后股价止跌,趋势扭转向上,走出一波大幅上涨行情。

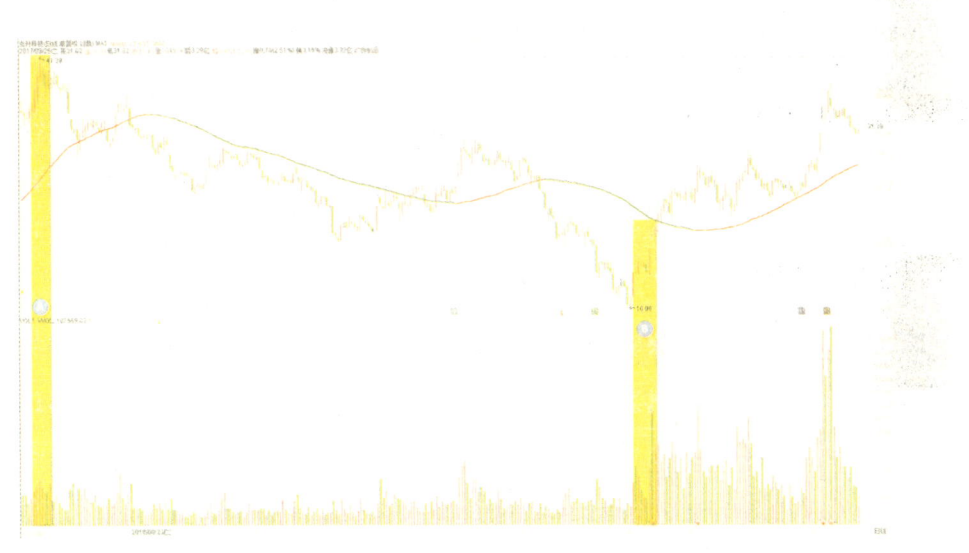

图3-4-3　当升科技日K线图

2. 后量超前量

所谓后量超前量,是指一个N字上涨结构中CD段的成交量大于AB段的成交量。

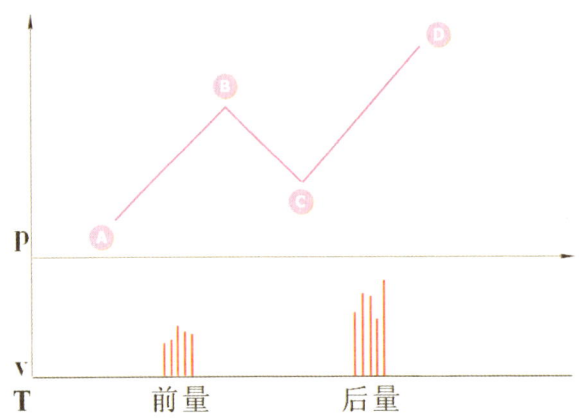

图 3-4-4　后量超前量

N 字结构是一个标准的上涨模型,后量超前量可以理解为前期 B 点的抛压已经被后面的成交量所消化,放大的成交量说明有新的需求推动股价上涨,这是一种积极信号。

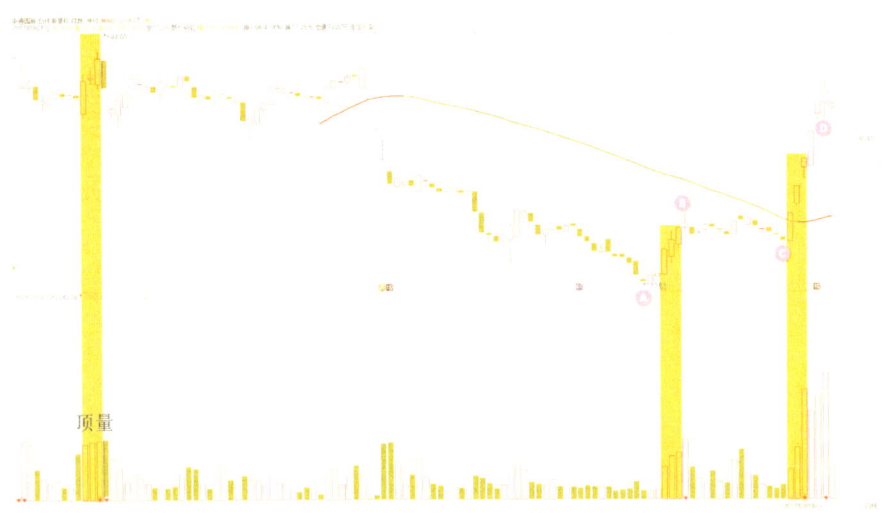

图 3-4-5　中通国脉日 K 线图

如图 3-4-5 所示，在上涨 N 字结构 ABCD 中，CD 段的成交量超过 AB 阶段的成交量，其后涨幅巨大。另外，AB 段与 CD 段的成交量都属于底部成交量，尤其 CD 段的历史天量远远大于前期顶部的成交量。

扫一扫，和我一起学《超简交易》

回复"成交量"，获取本章思维导图及 PPT 讲义。

回复"第三章视频"，获取本章精讲视频。

第四章 交易决策·价

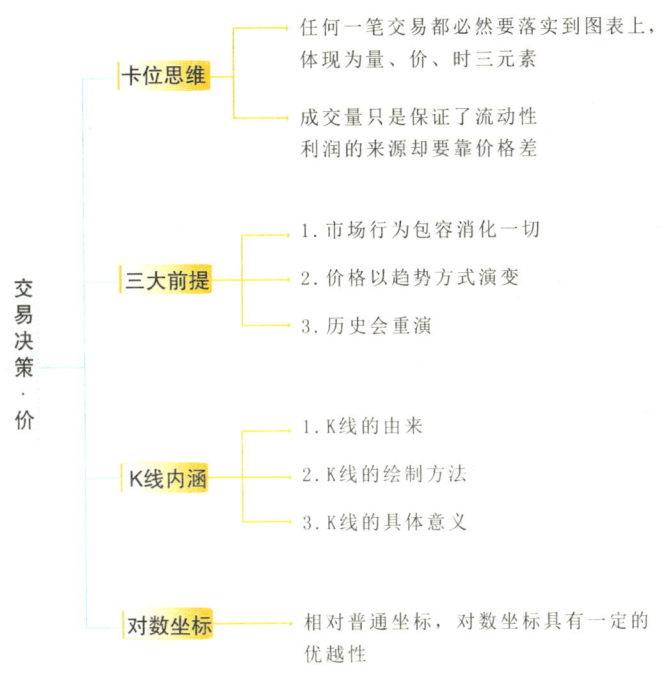

第一节　卡位思维

为了更好地做出交易决策，投资者通常会对价格走势的变动进行分析和预测。分析的方法有"基本分析"和"技术分析"两大类别。

1. 基本分析（Fundamental Analysis），是以传统经济学理论为基础，以企业价值作为主要研究对象，通过对决定企业内在价值和影响股票价格的宏观经济形势、行业发展前景、企业经营状况等进行详尽分析，大概测算上市公司的长期投资价值和安全边际，并与当前的股票价格进行比较，形成相应的投资建议。

2. 技术分析（Technical Analysis），是以传统证券学理论为基础，以市场行为作为主要研究对象，以预测价格波动趋势为主要目的，从历史图表的量、价、时三要素入手，对市场波动规律进行分析的方法。

对于广大投资者来说，由于个人精力、能力有限，比起基本分析，技术分析更具有可行性。

选择技术分析的投资者，其实运用的是一种"卡位"思维。卡位是足球常用战术，双方抢球时，不是先忙着追球，而是先抢占对手的追球位置和路线，从而让自己获取有利位置。从卡位的角度看，不管基本面如何变化，任何一笔交易都必然要落实到图表上，体现为量、价、时三元素（成交数量、成交价格、成交时间），这是交易的必经之路、关卡所在。那么，投资者无须花费太多精力，只需以逸待劳，专门研究量、价、时三元素就可以了。

在上一章有提到，在实际操作过程中，一般认为"价格是第一位的，成交量是第二位的"，成交量只是保证了流动性，便于投资者快速买进卖出，而利润的来源却是要靠价格差。所以，传统技术分析更关注的是价格，研究的也是价格。

第二节　三大前提

传统技术分析有三大理论基础，或称三大前提：市场行为包容消化一切、价格以趋势方式演变、历史会重演。

一、市场行为包容消化一切

"市场行为包容消化一切"，这句话的实际含义是指：价格变化包容消化一切影响价格的因素。

为什么这么说呢？我们知道，供求规律是经济学的基本规律，供求关系决定价格变化。一切影响价格的因素，如政治、经济、社会、心理因素等，不管多么复杂，最终都会形成两种供求关系：供不应求或者供过于求。如果总需求大于总供给，那么价格必然上涨；如果总供给大于总需求，那么价格必然下跌。也就是说，一切影响价格的因素形成了供求关系，而供求关系决定了价格变化。

所以，技术分析派认为：一切影响价格的任何因素，都体现在了价格变化之中，价格变化包容消化一切影响价格的因素，即市场行为包容消化一切。

同时我们知道，价格变化可以反映供求关系。如果价格上涨，不管是因为什么具体原因，总需求一定超过了总供给，从经济基础上来说后市看好；如果价格下跌，不管是因为什么具体原因，总供给一定超过了总需求，从经济基础上来说后市看淡。

也就是说，既然市场行为包容消化一切，那么抛开那些复杂因素，只研究市场行为本身，即价格变化，就可以很好地把握供求关系，从而形成对后市的判断。

从这里我们可以看出，基本分析和技术分析的差别：为了把握供求关系，形成对后市的判断，前者研究各种复杂因素，后者只研究市场行为本身，即价格变化，后者体现了一种化繁为简、直达本质的思想。这也是那句话"市场永远是对的"的本质含义。

二、价格以趋势方式演变

"趋势"理念是技术分析的核心。只有相信趋势存在，我们才有可能采取追随趋势的交易策略。这里面有一个简单的道理支持我们相信趋势的存在：既然供不应求将导致价格上涨、供过于求将导致价格下跌，而供求状况要从供不应求转变为供过于求，一定需要一个相对较长的时间（这个时间足够人们增加供应或减缓需求），那么，在这段时间里，价格就一定有一个持续上升的过程，这就是上升趋势，反过来也是如此。

既然供求关系不是一朝一夕就可以改变的，也不是朝三暮四经常变化的，那么，价格趋势一定具有持续的稳定性。随便打开一张K线图，我们都会发现无论是股票、期货，其大部分时间的价格变动都是运行在趋势之中。研究价格图表的全部意义，就是要在一个趋势的运行初期，及时准确地介入，从而达到顺着趋势交易的目的。

三、历史会重演

历史会重演，这句话的意思是说：历史总是惊人的相似，但不会简单地重复。

1. 为何历史总是惊人的相似

因为供求规律永恒不变，供求关系决定价格变化，所以，当需求大于供给的时候,价格将会上涨;当供给大于需求的时候,价格将会下跌。这一规律既是过去价格现象的原因,也是现在价格现象的原因,同样,还会是将来价格现象的原因。所以,价格变化的现象总是惊人的相似。

"已发生的,还将发生;已做的,还将做;同一个太阳下,没有新的东西。""过去即是现在,现在过去已有。"重视历史,并努力发现我们正处在什么样的循环中,据此指出其未来的轨迹,未来不过是市场运动的再现。

——威廉·江恩(William D. Gann,1878—1955)

华尔街没有新事物,因为投机就像山岳般古老。股市今天发生的事情以前发生过,以后也会再度发生。

——杰西·利弗莫尔(Jesse Lauriston Livermore,1877—1940)

2. 为何历史不会简单地重复

价格变化不仅和供求规律有关系,还和金融行为学、交易心理学有关系。买卖操作是由人来执行的,而人又处在社会群体中,会受到周围人们的影响,具有羊群效应。当一个事件发生的时候,信息在人群中传播,人们会相互影响,形成正反馈机制(Positive Feedback Loop),不断自我强化,经常会出现群众性的陶醉或绝望现象,同时行情也创出新高或新低。这种对历史高、低点的破坏,导致了行情不会简单地重复过去的走势,而这也正是投资交易的魅力所在。

第三节 K线内涵

K线,区别与最早的点线图(收盘价连线)和美国线(也称竹节线），是一种直接反映多空对决的价格记录图表，被广泛应用于股票、期货、外汇等交易市场。如图4-3-1所示。

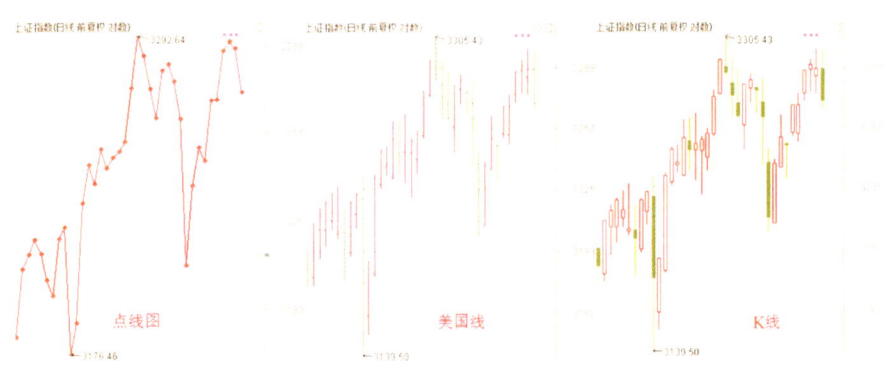

图4-3-1　点线图、美国线和K线

一、K线的由来

K线又称为日本蜡烛线，起源于18世纪的大阪，被米商用于米市交易。K线是柱状的线条，由影线和实体组成。由于其图形形状貌似蜡烛，所以被称为蜡烛图，而蜡烛的英文为"Candle"，其字头音译为汉语发音"K"，即K线称谓的由来。

二、K线的绘制方法

标准的K线是一支柱状线，分为实体和影线两部分。如图4-3-2所示，中间矩形部分就叫作K线的实体，向上、向下伸出的两条细线分别称为上影线和下影线。如果收盘价高于开盘价，用红色表示，称之为阳线；如果收盘价低于开盘价，用绿色表示，称之为阴线，以此区别涨跌。

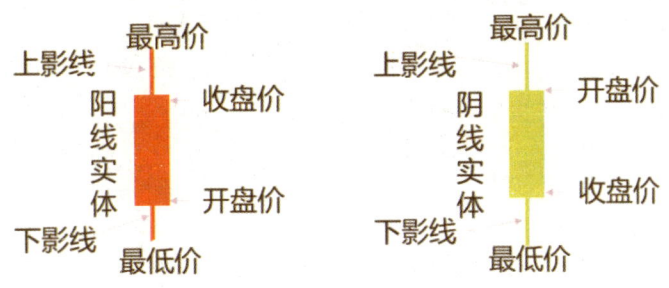

图 4-3-2　K 线

通过记录一个交易日中的四个主要价格，即开盘价、最高价、最低价和收盘价，可以确定一根 K 线在图表上的位置。如图 4-3-3 所示。

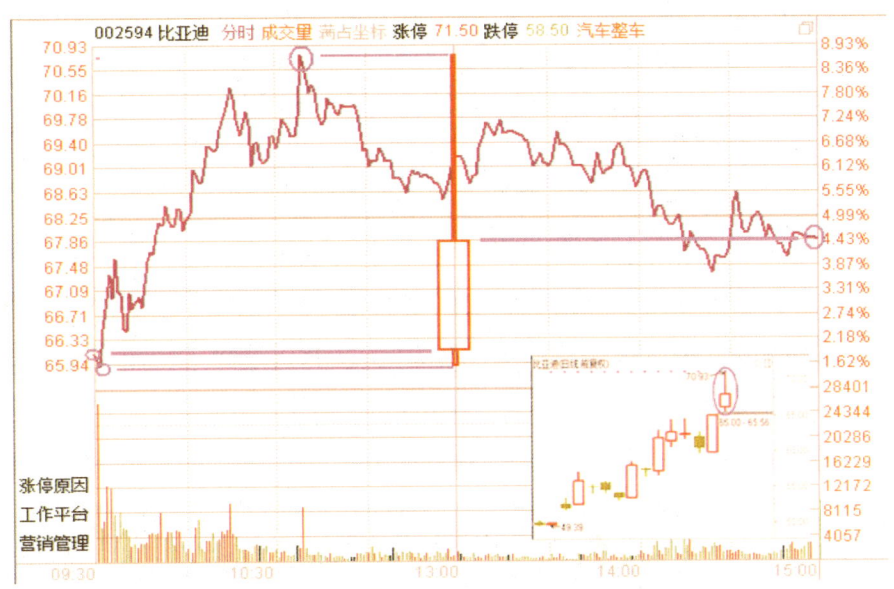

图 4-3-3　K 线的四个价格

一根日 K 线记录的是某一只股票一日内的价格变动情况，将每天的 K 线按时间顺序排列，就组成了这只股票的日 K 线走势图。用同样的方法，如果用一分钟价格数据来绘制K线图，就称为1分钟K线图。如果用一个月的数据绘制K线图，就称为月K线图。如果用一年的数据绘制K线图，就称为年K线图。绘图周期可以根据需要灵活选择，在一些专业行情软件中还可以看到30秒钟、2分钟、3分钟等任意周期的K线图。

三、K线的具体意义

1. 阴阳代表方向

K线的开盘价和收盘价的比较，确立的是单根K线的阴阳。阳线代表多头强势，阴线代表空头强势，阶段时间内K线的阴阳数量代表了股价的总体趋势。

在一轮健康的上升趋势里，最明显的特征莫过于阳线的数量要远远多于阴线的数量，而下降趋势中阴线的数量会多于阳线的数量。所以，连续走高的阳线中出现的阴线一般都是较好的介入点。反之，如果下降趋势已经形成，阴线中的阳线反而是出逃机会。

2. 实体代表强弱

K线实体的大小代表了做多或者做空的内在动力大或者小。从小阳线到中阳线，再到大阳线，表明多方力量增强。同理，从小阴线到中阴线，再到大阴线，表明空方力量增强。

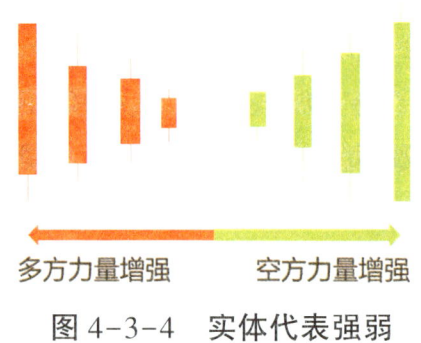

图 4-3-4　实体代表强弱

3. 影线代表转折

K线的上影线和下影线的长短直观反映了多空转折的意愿。上影线越长说明上方的抛压越重，下影线越长说明下方的承接盘越多。

同一根K线既有上影线也有下影线，应该参考较长的那条影线，它代表主要的转折方向。那么具体到单根K线上应该怎样分析呢？这里需要一分为二地看K线，具体如下：在K线最高价与最低价二分之一处画一根水平线，当收盘价超过这根水平线，则为强势，等于这根水平线则为平衡势，小于这根水平线则为弱势。如图4-3-5所示。

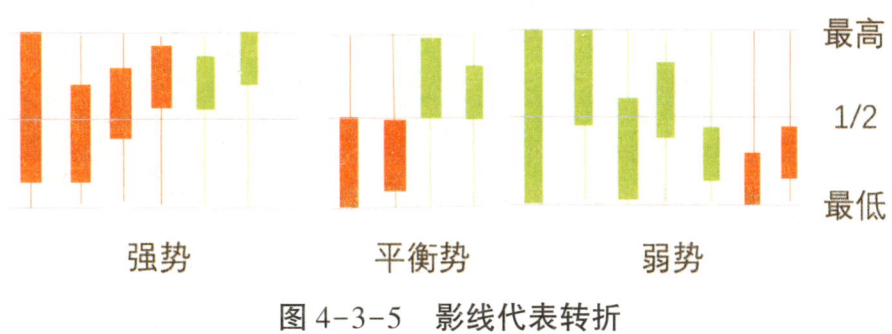

图4-3-5　影线代表转折

上下影线超过实体的比例越多，转折的意愿也就越浓。如图4-3-6所示。对于具体K线上下影线的应用会在后面章节K线形态中进行讲解。

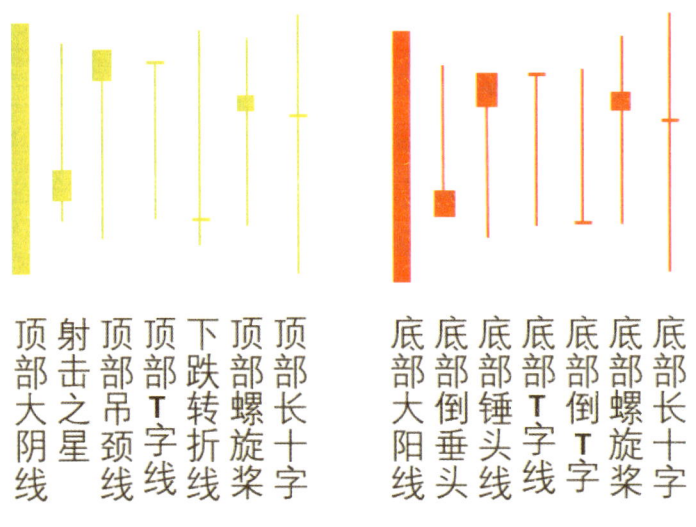

图 4-3-6　常见的顶部、底部转折 K 线

第四节　对数坐标

股票行情软件一般都会提供坐标系的选择，常见的有普通坐标、对数坐标。

大部分投资者在看行情时通常使用的是普通坐标，坐标纵轴上相同的长度代表相同的价格差。这种坐标的好处是直观，涨了多少一目了然。但这种坐标有一个缺点，就是对于相同的涨幅或跌幅，在高价位和低价位上的 K 线长度是不一样的。例如，一只股票在 2.00 元时涨 10% 到了 2.20 元，后来又在 10 元时涨 10% 到了 11 元，同是涨 10% 的大阳线，在普通坐标上，后者却比前者长的多，而在对数坐标上，就没有这种差异。

（1）普通坐标：坐标纵轴刻度之间的间隔距离与价格成正比。例如，从 10 元到 100 元的距离是从 1 元到 10 元的距离的 9 倍。

（2）对数坐标：坐标纵轴刻度之间的间隔距离与价格的对数成正比。例如，从 10 元到 100 元的距离和从 1 元到 10 元的距离相等。

如果把纵轴等分成相同的高度，普通坐标形成一个等差数列，而对数坐标则形成一个等比数列。在对数坐标上，无论是在高价位还是在低价位，相同涨幅或跌幅的K线，它们的长度是相等的。如图4-4-1和图4-4-2所示。

图4-4-1　上证指数（季线）普通坐标图

图4-4-2　上证指数（季线）对数坐标图

为何对数坐标相比普通坐标具有一定优越性呢？有以下几方面原因：

（1）在对数坐标下，低价区的股价波动可以较好地体现出来。在普通坐标下，如果曾经有过高股价，那么低价区的K线都会被压平。

（2）对于市场分析而言，估值采用的是比率（倍数），所以价格涨跌的百分比或倍数比绝对数值更有意义。

（3）对于投资者而言，计算回报率也是采用百分比。比如说，重要的是你在某只股票上赚了百分之多少的利润，而不是几块钱利润，因为你在10块时入场赚5块和20块时入场赚5块是截然不同的。

既然整个市场是以百分比或倍数的方式来运作的，那么我们在分析价格走势的时候显然有必要使用对数坐标。不过，当价格变动幅度不大时（比如短期走势），普通坐标与对数坐标并没有太大的区别。

扫一扫，和我一起学《超简交易》

回复"价格"，获取本章思维导图及PPT讲义。

回复"第四章视频"，获取本章精讲视频。

第五章　交易决策·时

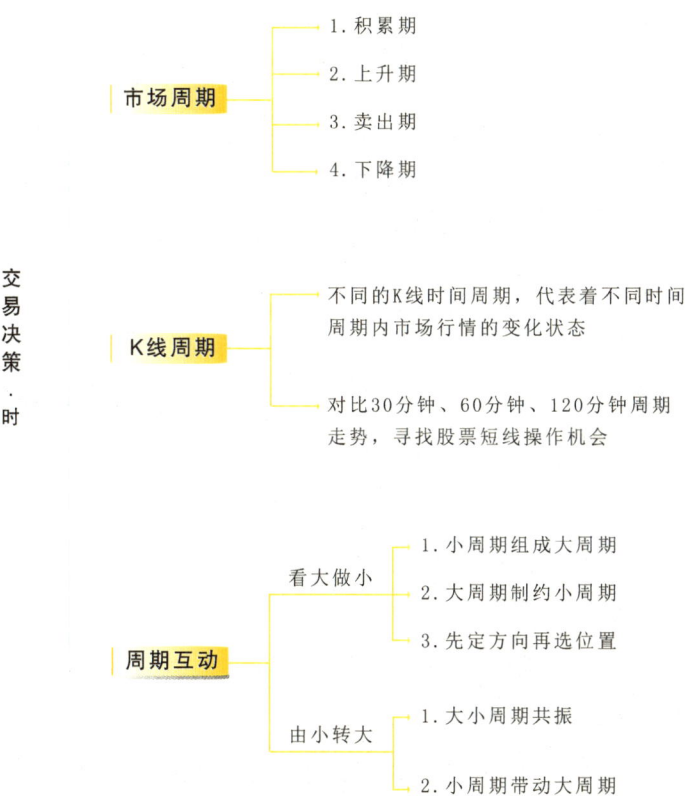

第一节　市场周期

每种生物都有生命周期，金融市场亦不例外。了解市场周期的划分以及每个阶段的特点，可以帮助投资者抓住资本市场时机，赢取财富。一般来说，市场周期分为四个阶段：积累期、上升期、卖出期以及下降期。

1. 积累期

这个阶段发生在市场衰退后，投资者经历了漫长的熊市，还没有从悲观失望中解脱出来，但专业的投资者却开始进行购买，因为他们预计市场最坏的情况已经结束，而价格将会进入另一升浪。虽然这些专业投资者有自己入市的背后依据，但不可否定的是市场情绪仍然处于消极状态，媒体的评论依旧是关于熊市的持续，而那些长期在熊市低谷期的人开始放弃和卖掉他们所持有的股份，但事实上在积累期，价格已开始趋于平和。整个市场情绪开始从消极转为中性。这时，投资者需要考虑的是：在控制风险的前提下，积极调整心态，研究适应市场新环境的投资策略。

2. 上升期

在这个阶段，市场已经稳定了一段时间，逐渐认识到基本面即将好转，开始走高。早期大多数人（这些人包括技术分析人员）开始跟风，他们看到市场已经开始走高，认识到市场的走向和情绪已经开始变化。这时，媒体开始谈论最坏的时期可能已经结束。

在这阶段的最后，行动比较晚的多数人开始进入市场，市场的容量开始大规模地增加。但同时，很多的憧憬开始盛行，甚至有可能广为流传着关于经济高速增长的"新时期"和永无止境的繁荣言论。这时，估价开始攀升至超越历史的标准，很多投资行为表现极为贪婪，然而聪明的专业投资者，却认为所有的好事情都会有一个终点，包括价格的上升，因此当所有人看好的时候，他们开始逐批抛售。这时价格开始趋于稳定，或者上升的趋势开始变慢，但是仍有不少投资者却认为这是买进的好时机，并大量购买。这时就是技术分析中的在最高点处卖出的最佳时机，因为周期已经接近泡沫的顶点。在这个阶段，市场情绪从中性转为看涨再到过于乐观。

3. 卖出期

在市场周期的第三个阶段，卖方开始占据主导地位。周期的这个部分被认为是由前一阶段看涨的情绪转变成混合情绪的阶段。价格经常被锁定在一定的交易范围内，并且可以持续几个星期甚至几个月。

卖出期对于市场来说是很情绪化的时期，因为投资者很容易被恐惧所抓牢，他们甚至贪婪地认为市场会不时走高，因此他们在很多事件面前估价会比较极端。情绪虽然变化缓慢但是一定发生变化，而且这种转变会被一次极其消极的政治事件或者极其不好的经济事件所加速，以致更快地发生。那些不能在最佳时刻卖出的投资者将来大有可能会有损失。

4. 下降期

第四个也就是最后一个周期阶段，经济基本面显著恶化，而且前景黯淡。这个阶段对那些持仓的人来说是最为痛苦的。他们迟迟不能做出决定是因为他们的投资已经处于损失状态。事实上，当价格缓缓向下，这些已亏损的投资者鲜会止损卖出他们的投资，只有当市场暴跌50%或者更多时，这些在发行期或者下降期购买的后来者才会放弃。但遗憾的是，一些聪明的投资者将会在下个积累期购买这些已经贬值的投资，并且期待下个时期价格升高带来的收益。

第二节　K 线周期

K 线首先是一个时间周期的概念：一分钟、一小时、一天、一个星期、一个月、一年……任何一个时间段都可以被用来作为一个 K 线的时间周期单位，这也是 K 线存在的基本前提。

打开行情软件，默认的 K 线时间周期为日线，同时还有 1 分钟、5 分钟、15 分钟、30 分钟、60 分钟、周线、月线、年线等供投资者切换。

投资者一定要理解时间周期对于交易的重要意义。任何对 K 线走势的讨论，都需要指明时间周期。周期也可以称为级别（Degree）。脱离级别讨论行情是没有意义的。比如，如果说目前行情在上涨，那么这个上涨到底是指日 K 线，还是哪个级别的 K 线？实际情况可能是：日 K 线属于上涨走势，30 分钟处于下跌走势，而 5 分钟处于上涨走势，1 分钟 K 线处于下跌走势。

不同的 K 线时间周期代表着不同时间周期内市场行情的变化状态。使用不同的时间周期去观察市场会发现市场会呈现给我们完全不同的面貌。于是有人问：到底哪一个时间周期反映的才是真实的市场行情呢？答案是：都是真实的。

一般来说，日 K 线最为重要。因为它是以交易日为单位进行划分 K 线的，反映了一日的开盘价、最高价、最低价、收盘价，所以各种行情软件的默认 K 线图都是日 K 线。人们在讨论行情走势的时候，如果没有特别说明，一般也都默认为是在讨论日 K 线。

对于商品期货、股指期货、权证等交易品种，因为可以 T+0 交易，日内价格走势较为迅速，振幅也大，许多日内交易者经常使用 3 分钟 K 线、1 分钟 K 线，甚至 10 秒钟 K 线。

对于股票来说，由于融资融券门槛限制，大部分投资者只能做多不能做空，如果选择日线以上周期，一旦做错，时间成本会比较高，所以需要选择更小周期。同时，因为股票是 T+1 交易制度，如果选择 15 分钟以下周期，一个交易日就有超过 16 根 K 线，行情很可能在一个交易日内就结束，投资者当日买入后无法当日卖出，也不适合操作。所以，如果要进行股票波段交易，最适合的周期是日线以下、15 分钟以上的周期，即 60 分钟、30 分钟。

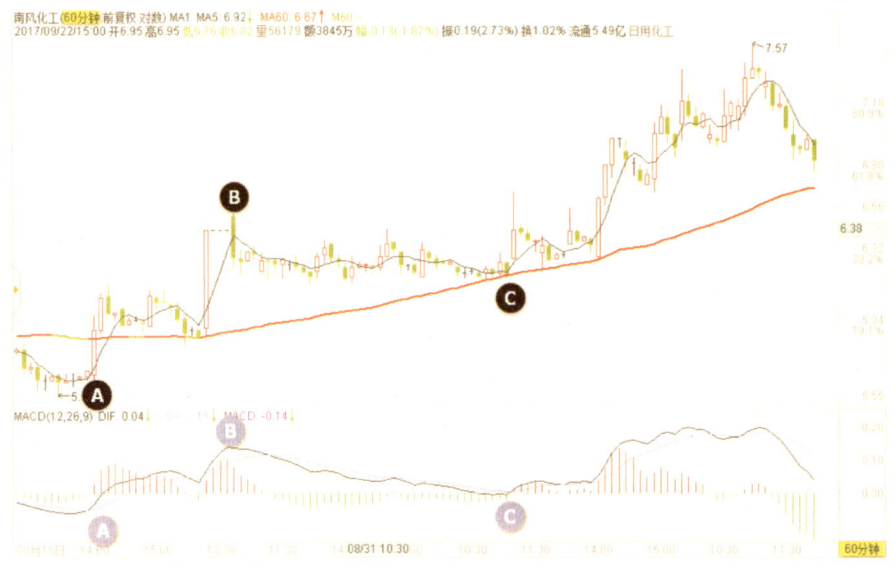

图 5-2-1　南风化工 60 分钟 K 线图

如图 5-2-1 所示，南风化工 60 分钟 K 线图，第一波上涨自 A 点（2017 年 8 月 18 日 10 点 30 分）启动，然后上涨到 B 点（2017 年 8 月 25 日 10 点 30 分），随后行情开始回调。2017 年 9 月 7 日 11 点 30 分，K 线回调到 60 均线附近，MACD 的 DIF 线也回调到 0 轴附近，这里形成了金叉买点 C，然后未来 4 天走出了一波近20%的上涨行情。

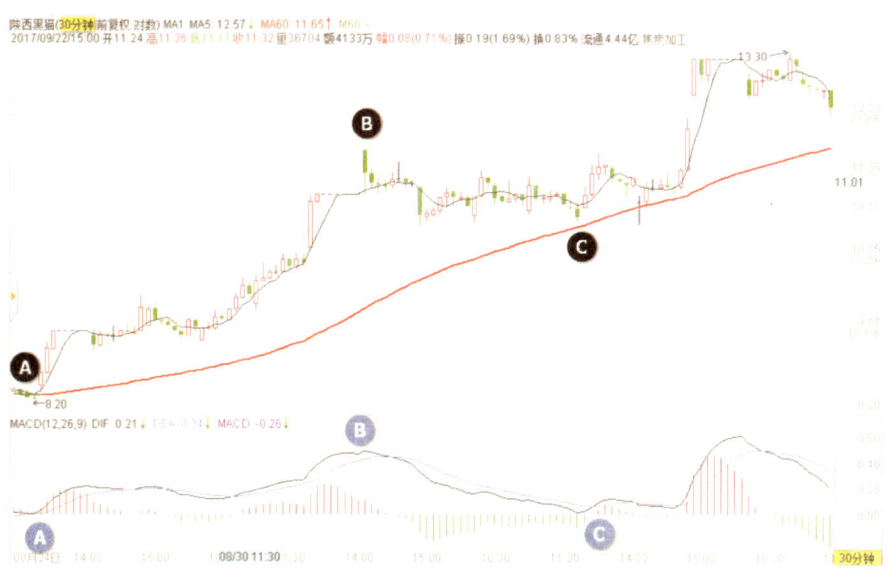

图 5-2-2　陕西黑猫 30 分钟 K 线图

如图 5-2-2 所示，陕西黑猫 30 分钟 K 线图，第一波行情自 A 点（2017 年 8 月 25 日 10 点）启动，然后上涨到 B 点（2017 年 9 月 4 日 10 点），随后行情开始回调。2017 年 9 月 7 日 15 点，K 线回调到 60 均线附近，MACD 的 DIF 线也回调到 0 轴附近，这里形成了金叉买点 C，然后未来 5 天走出了一波 20% 的上涨行情。

除了 60 分钟、30 分钟，投资者还可以考虑 120 分钟周期。基于 A 股每两个小时休息一次的规律，120 分钟是 A 股天然形成的周期，正好处于日线和 60 分钟中间。很多时候，如果 60 分钟、30 分钟的行情走势不够流畅，不容易找到买点，这时投资者去观察 120 分钟的行情走势，往往能够找到更好的波段操作机会。（注意：一般的行情软件默认没有 120 分钟 K 线，需要投资

者自己手动调用）

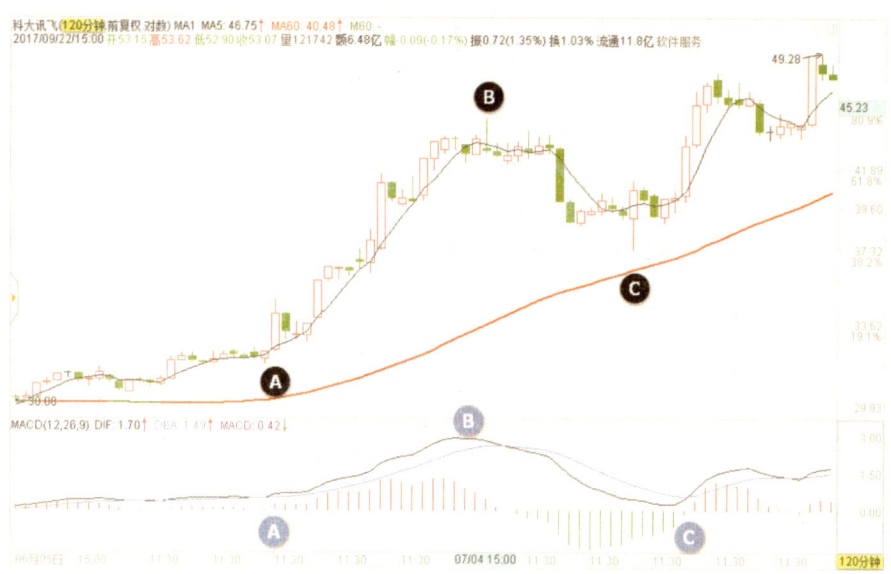

图 5-2-3　科大讯飞 120 分钟 K 线图

如图 5-2-3 所示，科大讯飞 120 分钟 K 线图，第一波上涨自 A 点（2017 年 6 月 22 日 11 点 30 分）启动，然后上涨到 B 点（2017 年 7 月 6 日 11 点 30 分），随后行情开始回调。2017 年 7 月 17 日 11 点 30 分，K 线回调到 60 均线附近，MACD 的 DIF 线也回调到 0 轴附近，这里形成了金叉买点 C，然后未来 7 天走出了一波近 20% 的上涨行情。

通过以上几个例子我们可以知道，在 120 分钟、60 分钟、30 分钟周期上，许多股票经过第一波上涨，经常出现回调后的买点，此时胜率、赔率都比较高，买入后一般持仓 3~7 天就可以卖出，走势流畅，操作简单，获利可观。

第三节　周期互动

一、大小周期的关系

1. 小周期组成大周期

小周期与大周期是局部与整体的关系。

（1）降低级别，大周期可以可分解成小周期的多个趋势。

（2）放大级别，小周期的多个趋势就组成了大周期的某种趋势。

（3）特别的，当级别放到最大时，可以认为所有的行情都处于震荡之中。

2. 大周期制约小周期

大周期制约小周期，是指大周期对小周期具有促进或者阻碍作用。

（1）如果大周期向上、小周期向上，那么两者同向，大周期促进小周期，小周期的上涨幅度就会比较大。

（2）如果大周期向下、小周期向上，那么两者反向，大周期阻碍小周期，小周期的上涨幅度就会比较小。

二、看大做小

关于方向和位置，许多投资者应该都认同这两条：

（1）方向：方向对了，事半功倍，方向不对，努力白费。

（2）位置：只有拿到更低的买点、更高的卖点，才能低买高卖，利润最大化。

可是，即便如此，许多投资者仍然会经常进入三大误区：

（1）方向对了，位置很差。属于高胜率、低赔率，看对行情却赚不到钱，空欢喜一场。

（2）方向不对，位置很好。属于低胜率、高赔率，逆势而为，虽然有浮盈，一旦止盈不及时，就有可能变为大幅亏损。

（3）方向不对，位置很差。属于低胜率、低赔率，典型的必然亏损，一点挽救的办法也没有。

那么，如何避免上述误区呢？

方法就是看大做小，先看大周期定方向，再看小周期选位置。前者可以保证高胜率，后者可以保证高赔率，有了高胜率、高赔率，才能保证利润率。

三、由小转大

1. 大小周期共振

大周期与小周期是有共振买点的。看大做小，不断缩小考察级别，大级别的买点可以精确、细化到小级别的买点。在这个买点上，看大周期的投资者、看小周期的投资者，都会选择入场，从而形成资金合力，促使行情发生。

2. 小周期带动大周期

当投资者在小周期的精确买点入场后，因为是共振买点，行情经常会迅速脱离成本区，投资者马上就有了浮盈。有了浮盈做基础，同时大周期向好，投资者就可以大胆地增加持仓时间，从小周期转换到大周期，不断移动止盈，以期待大周期能走出更大的行情，也就是所谓的"让利润奔跑"。

扫一扫，和我一起学《超简交易》

回复"时间"，获取本章思维导图及PPT讲义。

回复"第五章视频"，获取本章精讲视频。

第六章 交易决策·形

形态分析是技术分析的重要组成部分，它通过对市场横向运动时形成的各种价格形态进行分析，并且配合成交量的变化，推断出市场现存的趋势将会延续或反转。

价格形态可分为反转形态（Reversal）和持续形态（Continuation 或 Momentum，动量、惯性）。反转形态表示市场经过一段时期的酝酿后，决定改变原有趋势，而采取相反的发展方向；持续形态则表示市场将顺着原有趋势的方向发展。形态理论是通过研究股价所走过的轨迹，分析和挖掘出曲线的一些多空双方力量的对比结果，进行行动。

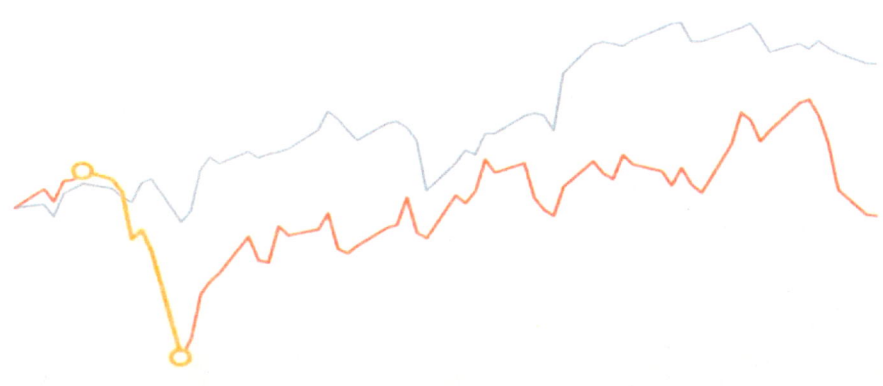

超简交易
交易高手速成手册

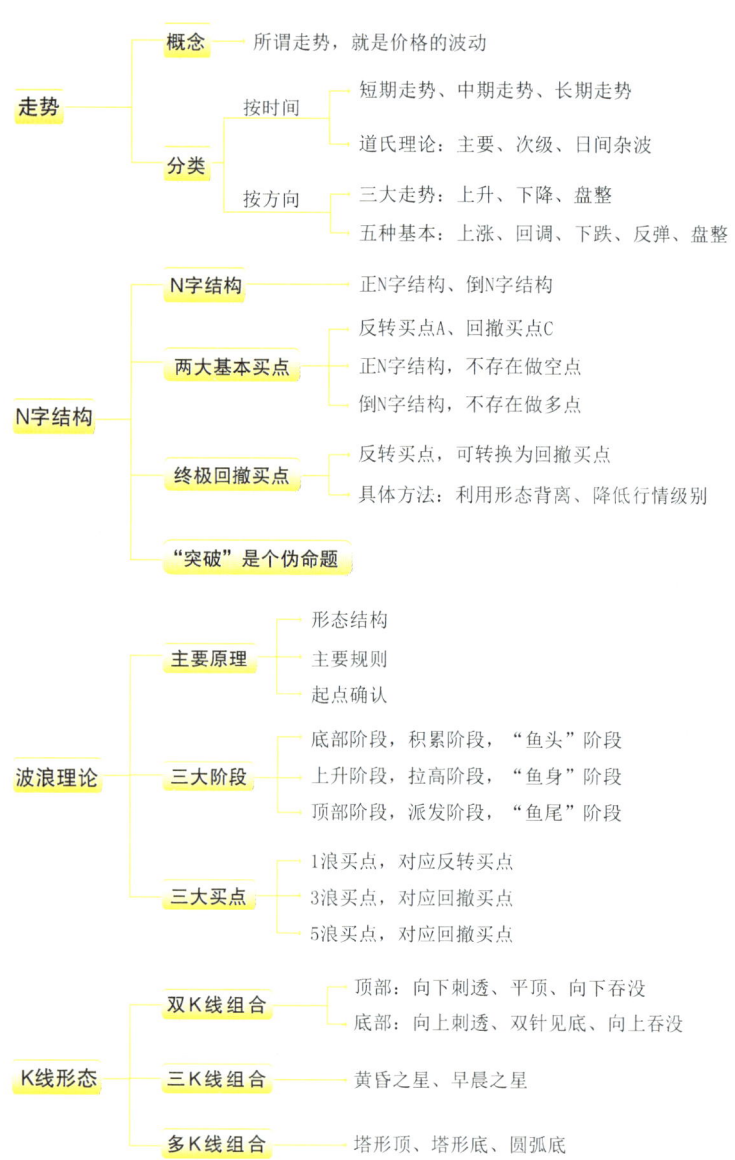

第一节　走势

一、走势的概念

所谓走势，就是价格的波动。所谓走势图，就是把股票市场或期货市场等交易信息用曲线或K线在坐标图上加以显示的技术图形。坐标的横轴是固定的时间周期，纵轴的上半部分是该时间周期的股价或指数，下半部分显示的是成交量。

根据定义，走势图又可以分为曲线走势图和K线走势图两种。而曲线可以视为1分钟K线收盘价的连线，所以，只需要研究K线走势图即可。

二、走势的划分

对走势的划分，有两种方式：一种是按照时间，可以分为短期、中期、长期三种走势；一种是按照方向，可以分为上升、下降、盘整三种走势。

（一）短中长

按照时间，道氏理论对市场走势进行了三种划分：短期走势、中期走势、长期走势。

道氏理论（Dow Theory）是股票市场技术分析的基础，这套理论最早是由查尔斯·道（Charles Henry Dow，1851—1902）发展而来，查尔斯·道是道琼斯指数和《华尔街日报》的创始人之一。

查尔斯·道最初的论述只是较为分散地发表在报纸上、杂志上，并没有真正的形成体系。1902年，查尔斯·道去世以后，威廉·彼得·汉密尔顿（William Peter Hamilton）和罗伯特·罗亚（Robert Rhea）继任《华尔街日报》的编辑工作，同时在发表关于股市的评论中，逐步整理、归纳这套理论。最后，威廉·彼得·汉密尔顿在 1922 年出版《股市晴雨表》一书，罗伯特·罗亚在 1932 年出版《道氏理论》，至此，道氏理论才有了完整的理论结构。可以说，现在我们所称的"道氏理论"，是三人共同的研究结果。

在道氏理论中，股票市场中的价格走势可以划分为三个级别：

1. 主要走势

主要走势（Primary Movement）是一种长期走势，是指代表市场整体方向的基本趋势。持续时间较长，一般在 1 年左右，有时可达数年甚至数十年之久，被称为多头市场或空头市场。

正确判断主要走势方向，是投资者投资是否成功的关键要素。

2. 次级折返走势

次级折返走势（Secondary Reaction）也叫修正走势，是一种重要的中期趋势，它是逆于主要走势的重大折返走势，是主要多头市场中的重要下跌走势，或主要空头市场中的重要反弹走势。其持续时间一般在几个星期到几个月不等，回档幅度一般为之前主要走势的幅度的 33%～66%。

次级折返走势经常被误以为是主要走势的改变，因为多头市场的初期走势，显然可能仅是空头市场的次级折返走势，相反的情况则会发生在多头市场出现顶部后。判断何者是逆于主要走势的"重要"中期走势，这是"道氏理论"中最微妙与困难的一环。

3. 日间杂波

日间杂波（Minor Movement）也叫短期走势，持续的时间为1~2周。对长期投资者来说，它的预测价值不大。短期走势在某种程度上会受到人为因素的操控，但次级折返走势和主要走势则不易被人操控。

（二）上下盘

按照走势的方向，走势分为三大类型：上升、下降、盘整。盘整走势，也称为振荡走势。如图6-1-1所示。

任何股票的走势，都可以分解成上升、下降、盘整这三种走势的连接。同时，根据趋势的定义，趋势就是走势的总体方向，所以这三种走势也可以称为三种趋势：上升趋势、下降趋势、盘整趋势（横向趋势）。

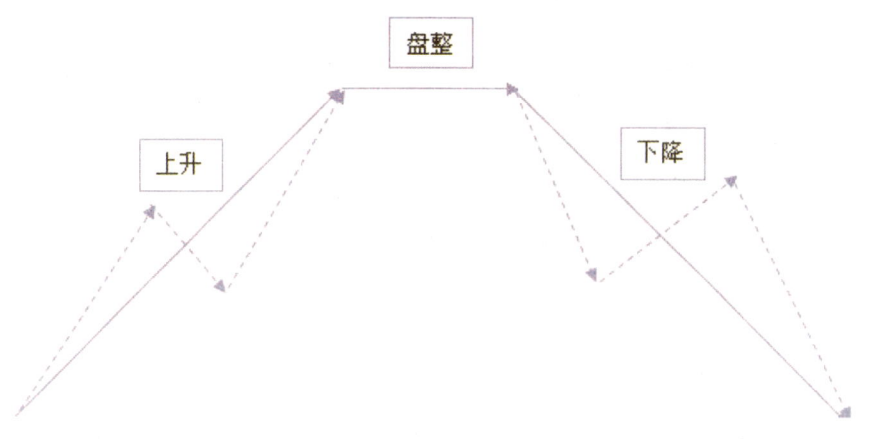

图6-1-1 走势的方向

在上升趋势中，向上的走势称为上涨，局部短暂回落的走势称为回调；在下降趋势中，向下的走势称为下跌，局部短暂回升的走势称为反弹。

所以，上升、下降、盘整这三大走势（或三大趋势）又可以细分为五种基本走势：上涨、回调、下跌、反弹、盘整。如图6-1-2所示。

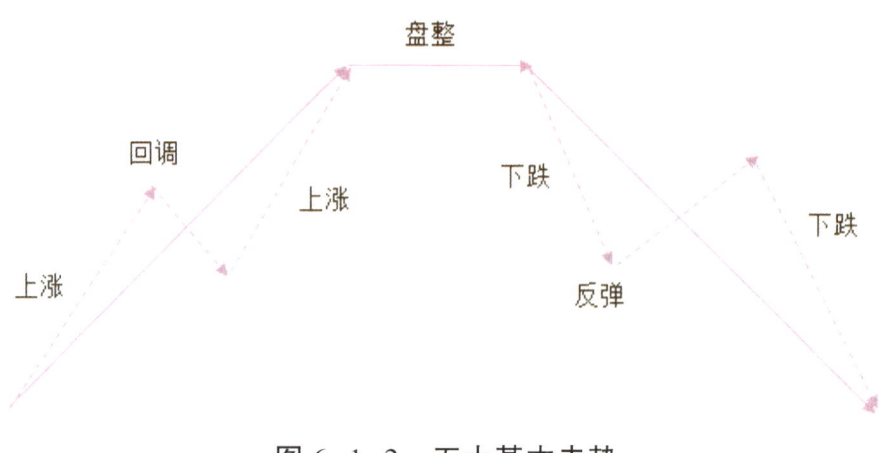

图 6-1-2　五大基本走势

第二节　N 字结构

一、什么是 N 字结构

根据上一节对走势的理解，观察市场中 K 线走势的变化，有一种形态最为常见，也最为基本，即 N 字结构，分为正 N 字结构和倒 N 字结构。如图 6-2-1 所示。

对于上升趋势来说，属于正 N 字结构，AB 上涨，BC 回调，CD 上涨；

对于下降趋势来说，属于倒 N 字结构，AB 下跌，BC 反弹，CD 下跌。

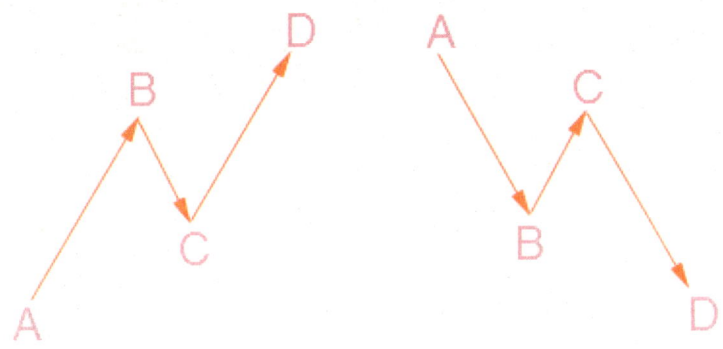

图 6-2-1　N 字结构

同时，N 字结构存在变体，BC 回调、BC 反弹比较大，可以视为盘整趋势。如图 6-2-2 所示。

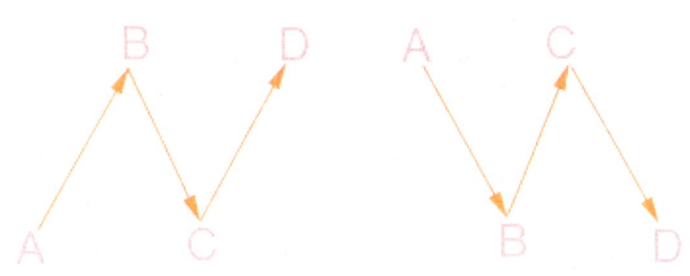

图 6-2-2　N 字结构变体

在技术分析中，N 字结构形态是最简单、最基本的形态。你可以用"吸筹—洗筹—拉升"来看待这一结构，也可以用"推动—调整—推动"来解读，更可以从辩证法"肯定—否定—否定之否定"来理解它，或者可以从"呼—吸—呼"的自然节奏来体会它，它也是"发散—收敛—发散"模式的体现。

N 字结构形态可以在各个市场和时间结构中找到。如果交易者愿意花时间学习这种结构形态，那么所花费的时间将是非常超值的。如图 6-2-3 所示。

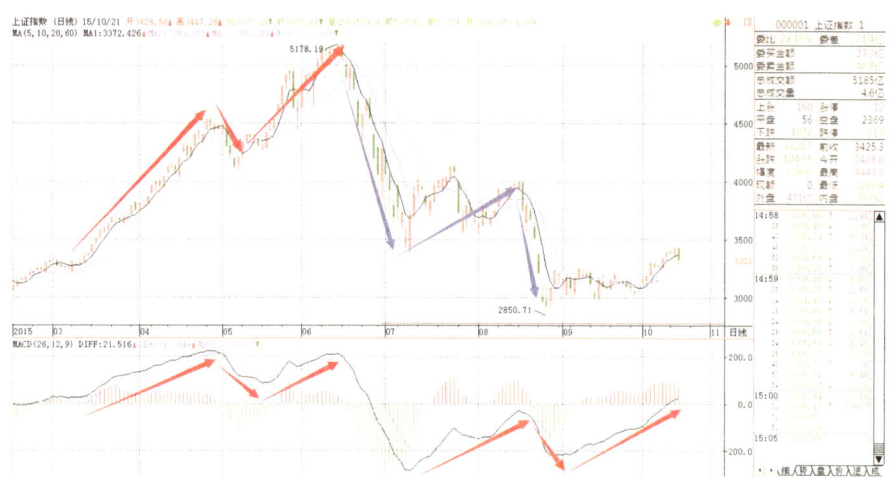

图 6-2-3　N 字结构

二、两大基本买点

对于 N 字结构来说，入场买点有两大基本买点：反转买点 A（Reversal）、回撤买点 C（Retracement，也叫折返买点 Reaction）。

（1）对于正 N 字结构，如果要做多，买点为反转买点 A、回撤买点 C，这两个买点胜率高、赔率高，利润率有保证。

注意：正 N 字结构不存在做空点，因为属于逆势操作。也就是说，B 点、D 点可以作为多头止盈点，但不可以做空。

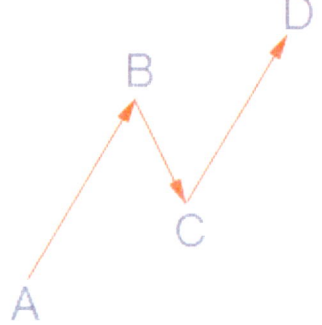

图 6-2-4　正 N 字结构

（2）对于倒 N 字结构，如果要做空，买点为反转买点 A、回撤买点 C，这两个买点胜率高、赔率高、利润率有保证。

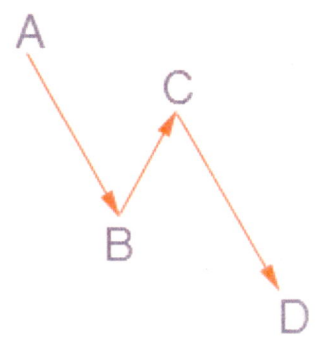

图 6-2-5　倒 N 字结构

注意：倒 N 字结构不存在做多点，因为属于逆势操作。也就是说，B 点、D 点可以作为空头止盈点，但不可以做多。

三、终极回撤买点

反转买点 A，通过一定的方法，是可以转化为回撤买点的。具体的转化方法有两种。

（一）利用形态背离

图 6-2-6 为 2015 年 10 月 21 日的上证指数日 K 线图。前期 8 月 26 日上证指数跌到 2850.71 点，单纯看 K 线走势，是不容易把握这个反转买点 A 的。但对比 MACD 指标，做多的"反转买点 A"正好对应于正 N 字结构"回撤买点 C"。也就是说，反转买点 A 转化成了回撤买点 C。

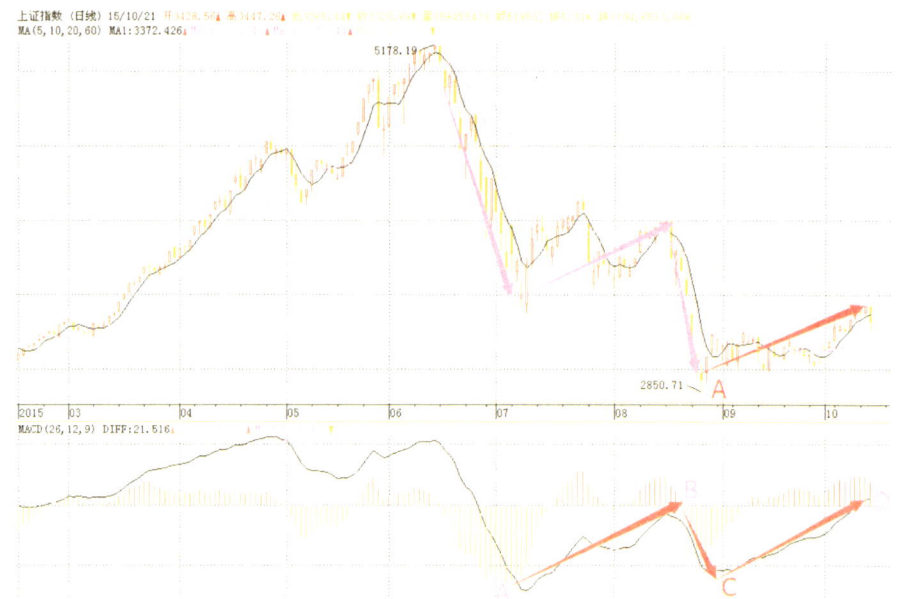

图 6-2-6 N 字结构回撤买点

(二) 降低行情级别

图 6-2-7 为 2015 年 10 月 21 日的上证指数 15 分钟 K 线图，观察前面的上证指数日 K 线图，是不容易把握 3447.09 这个做空的"反转买点 A"的，只能参考图中绿色均线，即 60 均线的位置作为阻力位。

如果降低行情级别，观察现在的上证指数 15 分钟 K 线图，对比 MACD 指标，做空的"反转买点 A"正好对应于倒 N 字结构的"回撤买点 C"。也就是说，反转买点 A 转化成了回撤买点 C。

由此可见，N 字结构的两大基本买点——反转买点、回撤买点，可以归为一种买点，即回撤买点。回撤买点是一种终极买点，做交易就是要选择回撤买点。

回撤是为了更好地进攻！只有掌握了回撤买点，才能更高效、更安全地去获取利润。

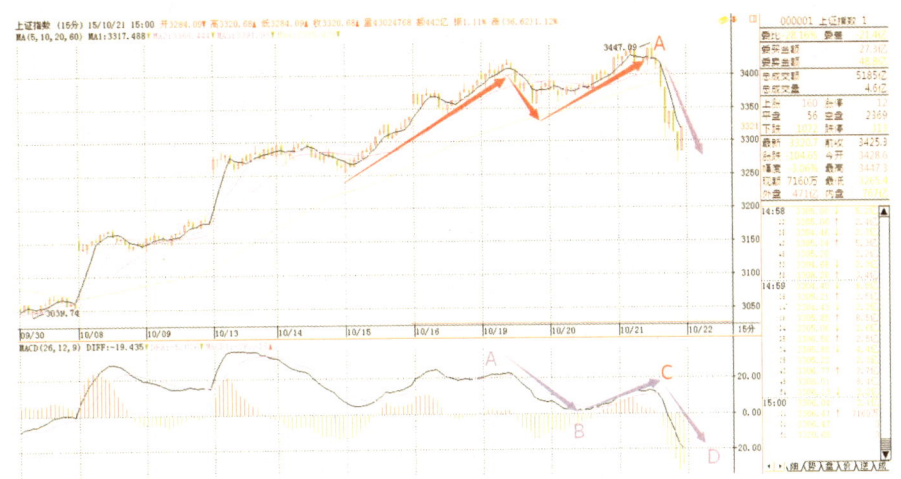

图 6-2-7　N 字结构回撤买点

四、"突破"是个伪命题

在交易实践当中，如何判断有效突破（或真突破），一直是一个难以把握的问题。

为了过滤假突破（Whipsaws）信号，人们经常设置各种"过滤器"。例如，有的人说突破幅度应该为1%，有的人主张3%稳妥些，还有的人要求突破3%且站稳3天以上，更有人认为要等到过了10%才觉得放心。到底以哪个为准？没有一个准确说法，大都带有明显的主观性、不确定性，突破幅度的设置往往以浪费大段行情为代价。

在 N 字结构中，"真假突破"这个问题可以很好地得到解决。

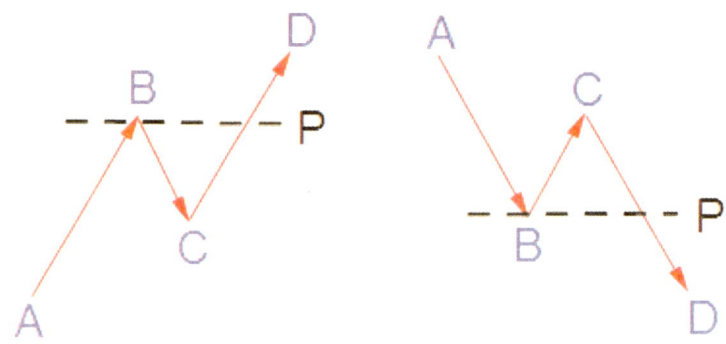

图 6-2-8 N 字结构的"突破"

如图 6-2-8 所示，我们知道，N 字结构具有两大基本买点：反转买点 A、回撤买点 C。也就是说，我们要么在 A 点入场，要么在 C 点入场。

如果我们选择突破点 P 入场，即价格突破 B 创新高时的做多点 P，或者价格突破 B 创新低时的做空点 P，相对于 C 点来说：

（1）P 点和 C 点的胜率是一样的，两者都属于顺势交易。

（2）P 点赔率比 C 点低。因为行情已经走了一大截了，P 点的后期利润肯定比 C 点少。

我们知道，做交易要求选择高胜率、高赔率的买点，如果我们能够看懂行情，就应该选择在 C 点入场，而不是推迟到 P 点入场。推迟入场并没有提高胜率，反而降低了赔率，利润减少。

也就是说，这里所谓的"突破买点 P"其实是不存在的，所以也就不存在真假突破的识别、判断问题，即"突破"是个伪命题。

第三节　波浪理论

波浪理论（Wave Theory），全称是艾略特波浪理论，是以美国人拉尔夫·尼尔森·艾略特（Ralph Nelson Elliott，1871—1948）的名字命名的一种技术分析理论。

波浪理论的形成经历了一个较为复杂的过程。最初由艾略特首先发现并应用于证券市场，但是他的这些研究成果没有形成完整的体系，在他在世的时候没有得到社会的广泛承认。直到20世纪70年代，柯林斯的专著《波浪理论》出版后，波浪理论才正式确立。

一、波浪理论的主要原理

艾略特最初提出波浪理论是受到股价上涨下跌现象不断重复的启发，力图找出其上升和下降的规律。艾略特认为，由于证券市场是经济的晴雨表，而经济发展具有周期性，所以股价的上涨和下跌也应该遵循周期发展的规律。不过股价波动的周期规律比经济发展的周期要复杂得多。

（一）波浪的形态结构

波浪理论认为价格波动同波浪一样，共有8浪，先5浪上升，再3浪下降。如图6-3-1所示。

（1）在上升阶段，1浪、3浪、5浪为上升浪，浪的方向与上升趋势相同，称为推动浪（Impulse Waves）；2浪、4浪方向与上升趋势相反，对1浪、3浪起调整作用，称为调整浪（Corrective Waves）。

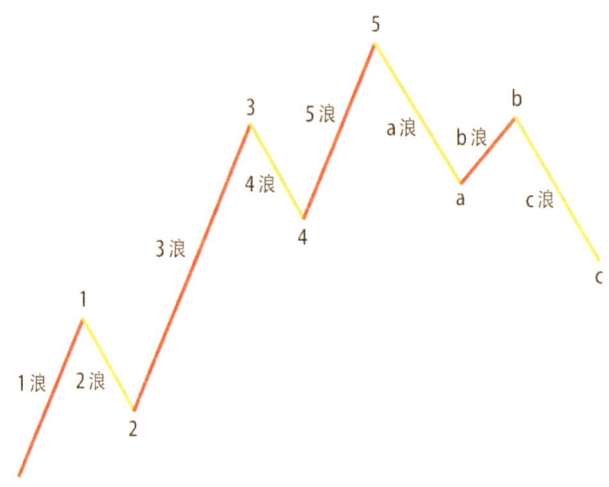

图 6-3-1　波浪理论——八浪循环

（2）在下降阶段，a 浪、c 浪为下降浪，方向与下降趋势相同。b 浪方向与下降趋势相反，对 a 浪起调整作用，故称为调整浪。

在理解波浪理论的时候必须注意：理论上的八浪循环在实际走势中不会那么标准和完美，或者说几乎见不到那么标准的八浪形态。

在这八个浪中，上升趋势的第 3 浪、下降趋势的第 c 浪值得重点关注：

（1）第 3 浪是上升趋势的主升浪，是最具有爆炸性的一浪，其持续力度大、持续时间长，可以大幅度地推升股市。第 3 浪在大多数时候会发展成为一涨再涨的延升浪，在图形上常常会以势不可挡的跳空缺口向上突破，给人一种突破向上的强烈信号。

（2）下降趋势中的第 c 浪最具杀伤力。c 浪持续时间长并且跌幅巨大，股市中几乎全线个股都会在 c 浪的带动下出现较深的跌幅。经过这一浪之后，个股在牛市中的上涨成果会损耗大半，一些没有业绩支撑的垃圾股则有可能跌回到牛市的起涨点附近。

c浪的典型特点：持续的缩量下跌，虽然期间偶有放量，但整体缩量格局不变，只要这种"缩量形态持续下跌"的格局不被打破，就说明空方仍旧占据主导，买盘依然无意入场，是下降趋势仍将延续下去的表现。

（二）波浪的主要规则

1. 上升趋势中的主升浪——第3浪，不能是三个上升浪（第1浪、第3浪、第5浪）中最短的一个。

在实际走势中，第3浪往往是最具爆炸性的一浪，其持续时间最长、累计涨幅也最大。这一原则有助于我们识别第3浪。

（1）3浪>1浪。1浪属于趋势刚开始扭转，力度较弱。3浪趋势已经形成，均线一般多头排列，形成助涨的作用（趋势扭转、均线排列等内容会在第七章深入讲解）。

（2）3浪>5浪。5浪属于顶部区域，一般伴随着顶背离。要形成顶背离，5浪必然要弱于3浪（顶部背离等内容会在第八章深入讲解）。

2. 第4浪的浪底应高于第1浪的浪顶。这一原则可以帮助我们识别第4浪。原因很简单：如果第4浪的浪底低于第1浪的浪顶，那么第3浪就成为一个震荡走势了，不再是上升浪了。

3. 如果在整个浪型循环中，第2浪以简单的形态出现，则第4浪多数会以较为复杂的形态出现，反之亦然。第2浪和第4浪就性质而言，都属于逆流行走的调整浪，而调整浪的形态有许多种子类型。

4. 在波浪理论的示意图中，可以看到，c浪的浪底要高于1浪的起点。之所以这样，是因为人类社会是不断进步的，这也将体现在经济层面，而股票市场又是经济运行的前沿窗口。这样看来，似乎长线持股是个不错的选择，但具体到实际股票市场，情况绝非如此简单。对于投资者来说，学习波浪理论，我们更应关注它的核心思想之一"价格走势是以波浪形式呈现的"。

（三）波浪的起点确认

在波浪理论中，有一个重大现实难题，就是如何确认波浪的起点。不同的人有不同的数法，而且都有道理，谁也说服不了谁。

例如，一个下跌的浪可以被当作第 2 浪，也可能被当成 a 浪。如果是第 2 浪，那么紧接而来的第 3 浪是很诱人的；如果是 a 浪，那么这之后的下跌可能是很深的。

考虑章节知识安排，为了保持系统性，波浪的起点确认问题将会放在下一章中解决。

二、波浪理论的三大阶段

为了更好地阐述趋势运动的情况，道氏理论结合道琼斯指数的研究成果，将上升趋势、下降趋势各划分为三个环节。上升趋势的三个环节是：筑底环节、上升环节、见顶环节；下降趋势的三个环节是：筑顶环节、持续下跌环节、探底环节。

波浪理论借鉴了道氏的行情三部曲，以熊市末尾、牛市开端为例，将上升趋势划分为三大阶段：底部阶段、上升阶段、顶部阶段，分别对应第 1 浪、第 3 浪、第 5 浪。

1. 底部阶段

底部阶段（Accumulation），又称积累阶段、"鱼头"阶段，对应第 1 浪，为初升浪。

底部阶段通常出现在长期下跌后的低位区，此时，股票人气不旺，但空方力量已不再占据主导地位。在此区域，场外有先见之明的投资者则看到股市的机会，开始不断买入，其买入的筹码被很好地锁定，这为股市随后反转上行积累了能量，因而，底部阶段也可以称为"多方力量积累阶段"。

如果确定了你看好的个股正处于底部阶段，对应的操作策略就是继续观察或分批少量买入。

2. 上升阶段

上升阶段（Advance），又称拉高阶段、"鱼身"阶段，对应第3浪，为主升浪。

在上升阶段，往往既有经济向好、企业盈利能力突出等基本面因素配合，也有旺盛的市场人气推动。在此环节，成交量往往会随着价格的不断上扬而出现同步放大的形态，这说明市场买盘充足、股市气氛持续活跃。一般来说，这一阶段上涨幅度巨大，技巧娴熟的交易者往往会在这一阶段获得最大收益。

如果确定了你看好的个股正处于上升阶段，对应的操作策略就是重仓买入并持股不动。

3. 顶部阶段

顶部阶段（Distribution），又称派发阶段、"鱼尾"阶段，对应第5浪，为末升浪。

物极必反，天下没有不散的宴席。市场经过一段时期的上涨之后，顶部阶段必将出现。在顶部阶段，虽然市场依旧充斥着乐观的情绪，但股票价格早已处于明显的高估点位，股价已经透支了其未来几年内的成长空间。而且，此时的买盘入场力度明显减弱，价格走势开始震荡滞涨，一些有远见的投资者意识到利润已达到了一个反常的高度，从而展开逢高出货的操作，一部分投资者的思维也开始由坚定的多头转变为短期投机或空头思维。随着震荡的持续、上升通道的破坏，空方力量开始渐强，因而，这一阶段也可以称为"空方力量积累阶段"。

如果确定了你看好的个股正处于顶部阶段，对应的操作策略则是逢高卖出。

三、波浪理论的三大买点

根据波浪理论的三个阶段，可以确定波浪的三大买点，即 1 浪买点、3 浪买点、5 浪买点。

同时，根据本章第二节 N 字结构的学习，我们知道价格走势最基本的形态是 N 字结构，所以可以把 N 字结构和波浪结构结合起来看。如图 6-3-2 所示。

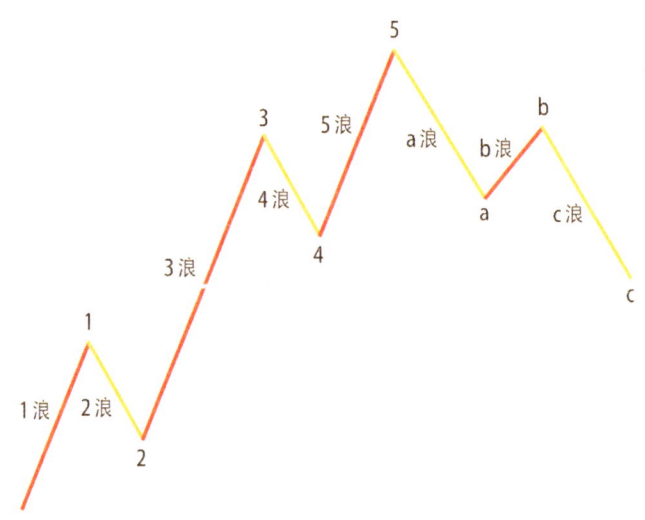

图 6-3-2　N 字结构与波浪理论

通过一根蓝线横切，可以把波浪理论的 8 浪看作：2 个上升的正 N 字结构、1 个下跌的倒 N 字结构，进两步、退一步，体现了趋势的整体向上。

根据 N 字结构两大基本买点的划分，波浪结构的三大买点可以归结为：1 浪买点对应反转买点，3 浪买点对应回撤买点，5 浪买点对应回撤买点。

根据 N 字结构终极买点的定义,反转买点可以转化为回撤买点,则波浪结构的三大买点都可以归结为回撤买点。

第四节　K 线形态

在形态分析中,走势形态偏重宏观、整体,而 K 线形态偏重微观、局部,但这并不代表 K 线形态不重要。相反,一些经典的 K 线形态,经常出现在行情的顶部或底部,对于行情的转折起着重要的警示作用,投资者一定要引起重视,认真学习并熟练掌握。

常见的经典 K 线形态主要包括三种情况:双 K 线组合、三 K 线组合、多 K 线组合。

一、双 K 线组合

(一) 顶部双 K 线组合

顶部双 K 线组合通常出现在上升趋势的末期,根据 K 线结构不同,主要包括三种:向下刺透、平顶和向下吞没。如图 6-4-1 所示。

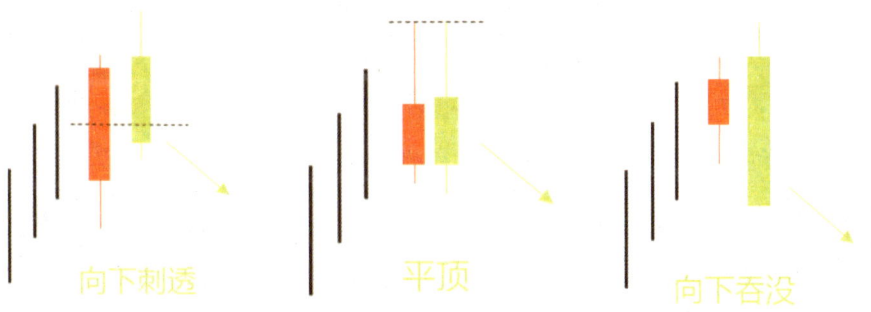

图 6-4-1　顶部双 K 线组合

1. 向下刺透

向下刺透由两根K线组成，第一根K线为阳线，第二根K线为阴线，第二根K线的最高价高于第一根K线的最高价，最低价高于第一根K线的开盘价，且收盘价跌破第一根K线实体的中间价。

向下刺透是短期走弱的一种信号，后期看跌或横盘。如图6-4-2所示。

图 6-4-2　向下刺透

2. 平顶

平顶由两根K线组成，第一根K线为带上影线的阳线，第二根K线为带上影线的阴线，两根K线实体和影线区间相近，若最高价相同，则短期见顶概率更大。

平顶形态的两根K线之间也可以加入1~2根横盘小K线，是多转空的一种信号，后期看跌。如图6-4-3所示。

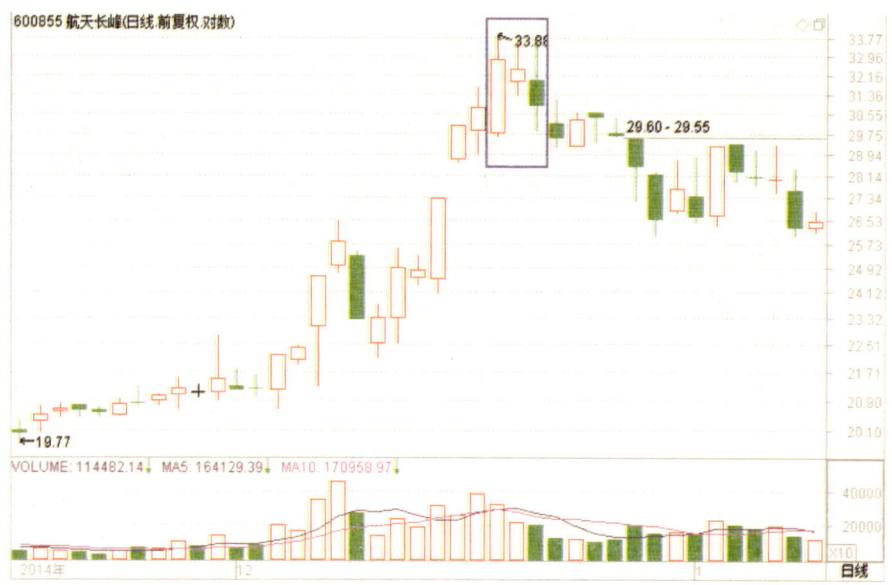

图 6-4-3　平顶

图 6-4-4　向下吞没

3. 向下吞没

向下吞没由两根 K 线组成，第一根 K 线为阳线，第二根 K 线为大阴线，第二根 K 线完全吞噬第一根 K 线，即阴包阳。

向下吞没属于强势转折信号，后期看跌。如图 6-4-4 所示。

（二）底部双 K 线组合

底部双 K 线组合通常出现在下降趋势的末期，根据 K 线结构不同，主要包括三种：向上刺透、双针探底和向上吞没。如图 6-4-5 所示。

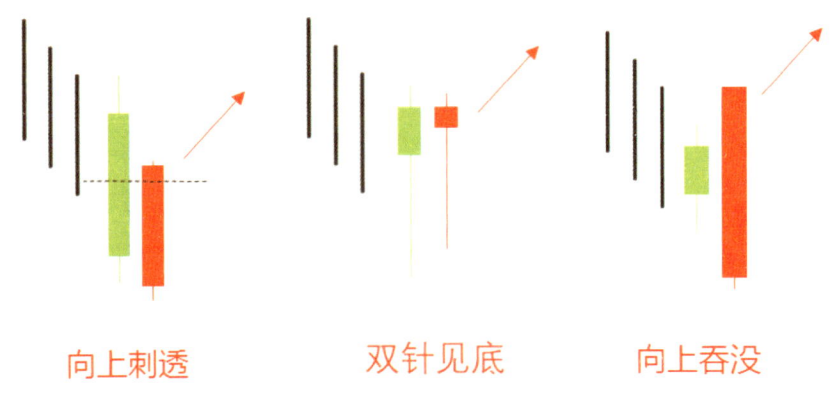

向上刺透　　　双针见底　　　向上吞没

图 6-4-5　底部双 K 线组合

1. 向上刺透

向上刺透由两根 K 线组成，第一根 K 线为阴线，第二根 K 线为阳线，第二根 K 线的最低价低于第一根 K 线的最低价，最高价低于第一根 K 线的开盘价，且收盘价高于第一根 K 线实体的中间价。

向上刺透是短期走强的一种信号，后期看涨或横盘。如图 6-4-6 所示。

第六章 交易决策·形

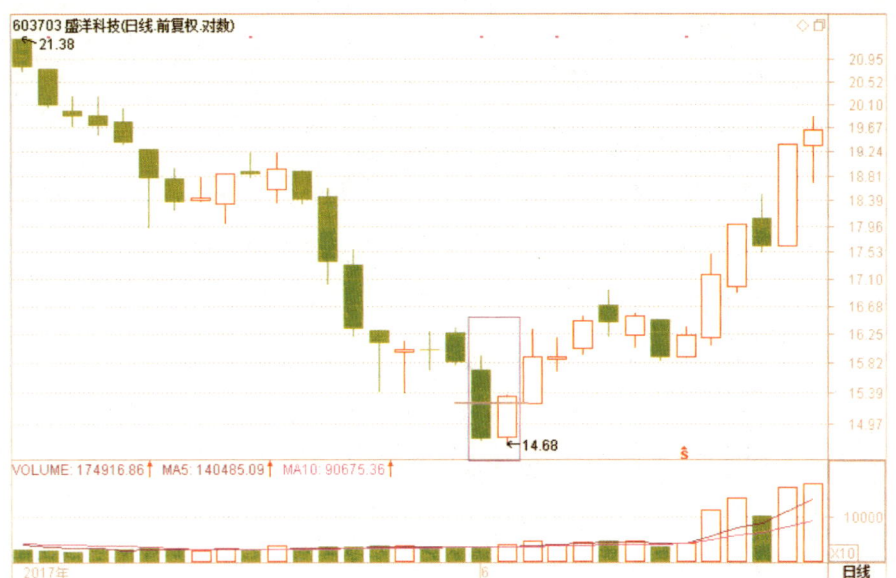

图 6-4-6 向上刺透

图 6-4-7 双针探底

2. 双针探底

双针探底由一阴一阳两根锤头线组成，两根 K 线实体大小相似，第二根 K 线最低价高于前一根 K 线。

双针探底形态的两根 K 线之间也可以加入 1~2 根横盘小 K 线，是空转多的一种信号，后期看涨。如图 6-4-7 所示。

3. 向上吞没

向上吞没由两根 K 线组成，第一根 K 线为阴线，第二根 K 线为大阳线，第二根 K 线完全吞噬第一根 K 线，即阳包阴。

向上吞没属于强势转折信号，后期看涨。如图 6-4-8 所示。

图 6-4-8　向上吞没

二、三 K 线组合

三 K 线组合的最经典形态是黄昏之星和早晨之星。

1. 黄昏之星

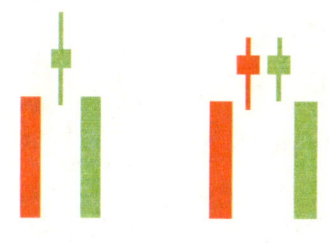

图 6-4-9　黄昏之星

黄昏之星由三根 K 线组成，第一根 K 线为中阳线或者大阳线，第二根 K 线由实体较短的小 K 线组成，阴线或阳线均可，但阴线下跌力度比阳线大，这是黄昏之星的主体，第三根 K 线是一根中阴线或者大阴线，它跌破第一根 K 线的开盘价。

黄昏之星也可以是黄昏双星或者黄昏三星，星的部分是两根或者三根较短的 K 线，如果第二根 K 线为十字星，叫黄昏十字星。

黄昏之星最右边的阴 K 线吞没阳 K 线实体越大，且成交量放大，空头预期越强，未来下跌也就越猛烈。如图 6-4-10 所示。

图 6-4-10　黄昏之星

2. 早晨之星

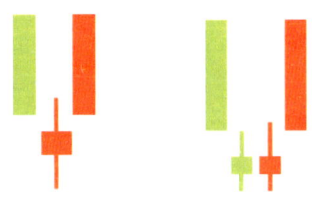

图 6-4-11　早晨之星

早晨之星由三根 K 线组成，第一根 K 线是中阴线或者大阴线，第二根 K 线由实体较短的小 K 线组成，阴线或阳线均可，但阳线上涨力度比阴线大，这是早晨之星的主体，第三根 K 线是一根中阳线或者大阳线，它涨破第一根 K 线的开盘价。

早晨之星也可以是早晨双星或者早晨三星，星的部分是两根或者三根较短的 K 线，如果第二根 K 线为十字星，叫早晨十字星。

早晨之星最右边的阳 K 线吞没阴 K 线实体越大，且成交量放大，多头预期越强，未来上涨也就越猛烈。如图 6-4-12 所示。

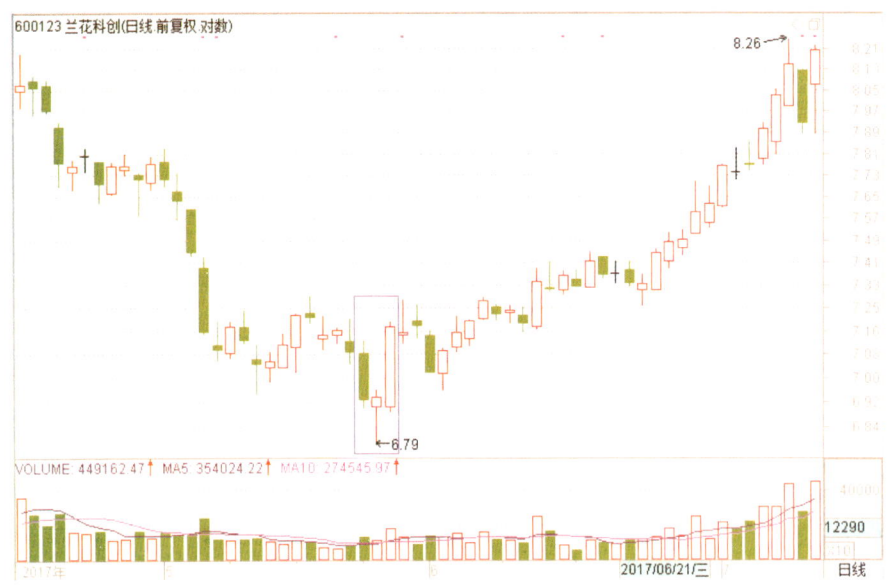

图 6-4-12　早晨之星

三、多 K 线组合

多 K 线组合在顶底转折中的经典形态主要有：塔形顶、塔形底和圆弧底。如图 6-4-13 所示。

图 6-4-13　塔形顶、塔形底和圆弧底

1. 塔形顶

塔形顶的第一根 K 线为大阳线或者中阳线，随后出现一连串向上攀升的小阳线，中间也可夹着几根小阴线。上升速度减缓后，出现一连串的向下倾斜的小阴线，中间可夹着几根小阳线。最后一根 K 线为中阴线或者大阴线。

塔形顶出现在涨势末期，是卖出的信号，后市看跌。如图 6-4-14 所示。

2. 塔形底

塔形底在下跌趋势中出现，先是一根大阴线或中阴线，后为一串小阴小阳线，最后出现一根大阳线或中阳线。

塔形底涨跌的节奏较慢，一般处于上涨行情初期，塔形底出现是短期见底信号，后市看涨。如图 6-4-15 所示。

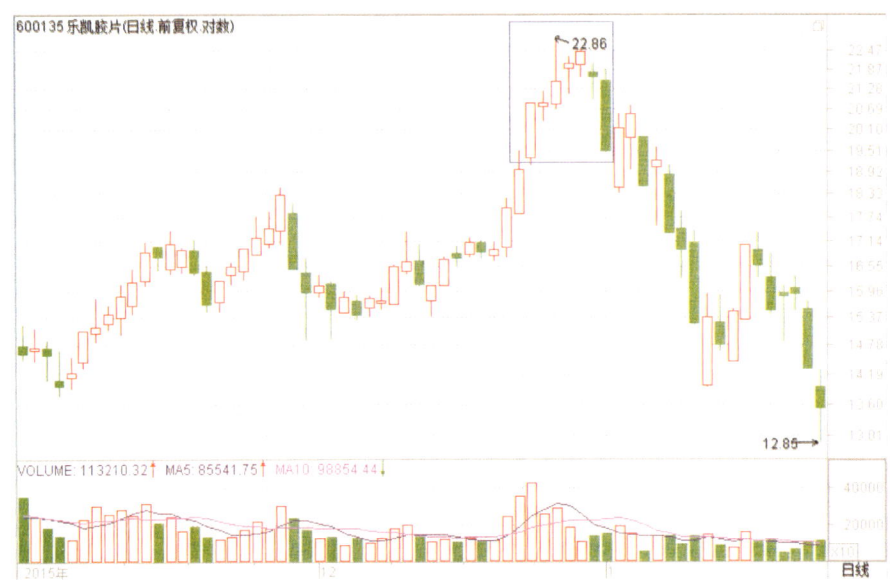

图 6-4-14　塔形顶

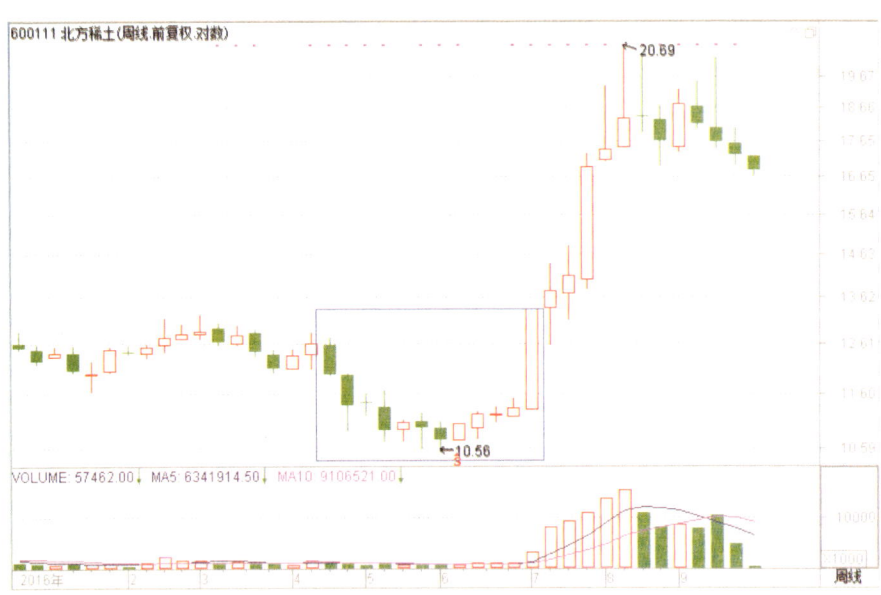

图 6-4-15　塔形底

3. 圆弧底

圆弧底在下跌趋势中出现，股价形成一个圆弧，圆弧内的 K 线多为小阴小阳线，最后以上跳空缺口来确定圆底形态成立。这种多 K 线组合也是短期见底信号，后市看涨。如图 6-4-16 所示。

图 6-4-16　圆弧底

圆弧顶比圆弧底出现的频率少，这里不做具体说明，如果在涨势中出现圆弧顶，同样是一种见顶信号。

扫一扫，和我一起学《超简交易》

回复"形态"，获取本章思维导图及 PPT 讲义。

回复"第六章视频"，获取本章精讲视频。

第七章　交易决策·趋

上一章"交易决策·形"讨论走势的概念时，说到了趋势。所谓趋势就是走势的方向，即价格波动的方向。依据方向的不同，可以把趋势分为三种，即上升趋势、下降趋势、横向趋势（盘整趋势、振荡趋势）。

在技术分析中，趋势是非常重要的核心内容。无论是短线投机者，还是中长线投资者，只有准确判断基本趋势的运行方向才能更好地开展操盘和进行仓位控制。关于如何刻画趋势，方法一般有两种：趋势线、移动平均线。

趋势线（Trendline），又称切线，是沿着图表上的两个低点（谷）或者两个高点（峰）画出的一条直线，是一种边界线，由于需要手动画线，使用十分不便。

移动平均线（Moving Average，MA），简称均线，是指用统计分析的方法，将一定时期内的证券价格（指数）加以平均，并把不同时间的平均值连接起来，形成的一条曲线。

作为一种追踪趋势的工具，移动平均线可以看成是一条动态的、弯曲的趋势线，同时它还具有许多趋势线没有的优点，奥妙无穷。所以，本文主要采用移动平均线来刻画趋势，接下来将会详细讲解。

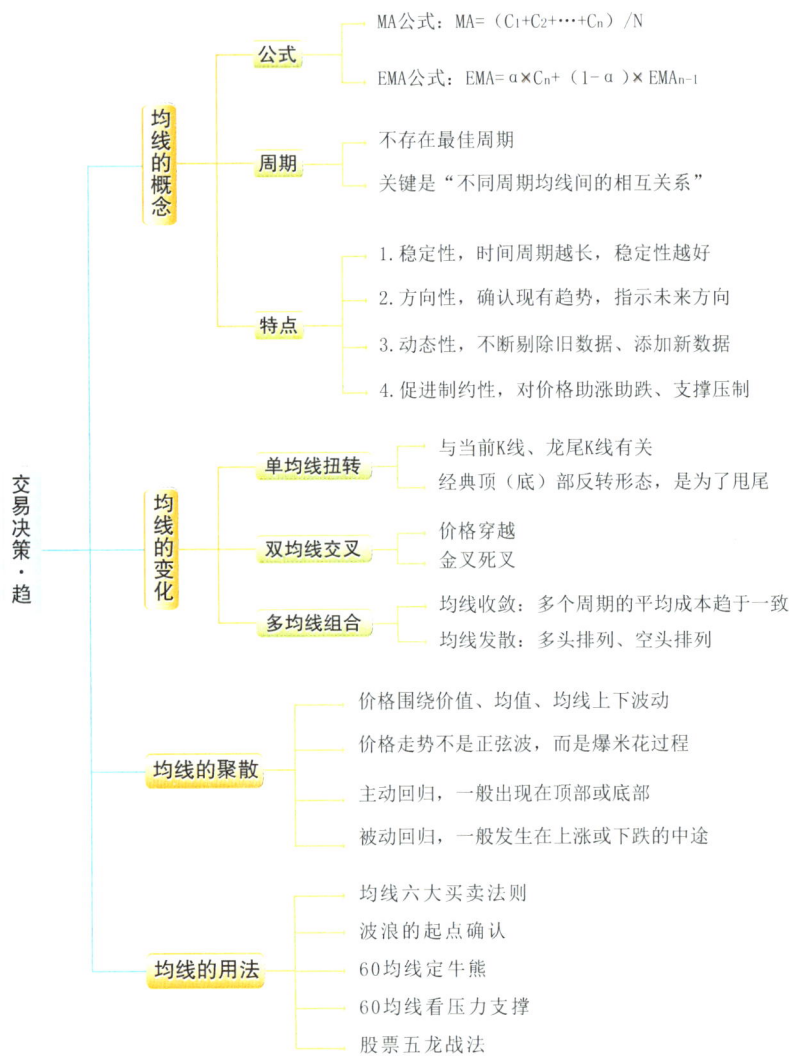

第一节 均线的概念

一、均线的公式

移动平均线是应用范围最广泛的一种技术分析手段，在股票、期货、外汇等各个投资品种、投资市场上都能看到它的身影。

移动平均线的最基本思想是利用"移动平均"算法对数据进行处理，从而消除股价随机波动的影响，使价格运动变得平滑，可以用来显示股价的历史波动情况，进而反映股价未来的发展趋势。

根据对数据处理方法的不同，移动平均线可分为：简单算术移动平均线（SMA）、加权移动平均线（WMA）和指数平滑移动平均线（EMA）。在实际应用中，SMA 和 EMA 最为常用。

（一）简单算术移动平均线

简单算术移动平均线（Simple Mathematic Moving Average，SMA），是最常用的一种移动平均线，大家经常将其简称为移动平均线（Moving Average，MA）或均线。其计算方法是将最近 N 个交易日的收盘价赋予相同的权重，进行简单相加并取平均值，然后将计算得到的一系列平均值以线段的形式相连接。

MA 计算公式为：

$$MA = (C_1 + C_2 + \cdots + C_n) / N$$

其中，C 代表某个时间的收盘价，N 表示移动平均的周期，如 5 日、10 日、20 日、60 日等。

5 日移动平均线可记为 5MA，10 日移动平均线可记为 10MA，

20日移动平均线可记为20MA，60日移动平均线可记为60MA。

下面以5日均线举例说明。

某股连续十个交易日收盘价分别为：8.15元、8.07元、8.84元、8.10元、8.40元、9.10元、9.20元、9.10元、8.95元、8.70元，则它的5日均线值为：

第五天均值＝（8.15+8.07+8.84+8.10+8.40）/5＝8.31

第六天均值＝（8.07+8.84+8.10+8.40+9.10）/5＝8.50

第七天均值＝（8.84+8.10+8.40+9.10+9.20）/5＝8.73

第八天均值＝（8.10+8.40+9.10+9.20+9.10）/5＝8.78

第九天均值＝（8.40+9.10+9.20+9.10+8.95）/5＝8.95

第十天均值＝（9.10+9.20+9.10+8.95+8.70）/5＝9.01

把这些数值连接起来，就形成了一条5日均线，记为5MA。

另外特别说明：1日均线其实就是每日K线的收盘价的连线，也就是价格曲线，所以价格本身可以看作是周期为1的均线。

（二）指数平滑移动平均线

指数平滑移动平均线（Exponential Moving Average，EMA），在计算公式中加大了最近价格的权重。其思想是：离现在越近的收盘价，越容易影响交易者当下的交易心理、交易情绪和交易策略；离现在越远的收盘价，对当下的影响就会越小。

EMA计算公式：

$$EMA = \alpha \times C_n + (1-\alpha) \times EMA_{n-1}$$

其中，C_n：当日收盘价，EMA_{n-1}：昨日的EMA值，α：权重系数（平滑系数，Smoothing Factor），一般取作2/（N+1），则：

$$EMA = [2 \times C_n + (N-1) \times EMA_{n-1}] / (N+1)$$

当公式不断递归，直至 EMA_1 出现，EMA_1 是没有定义的，一般取值为 C_1。

下面以 5 日指数平滑均线举例说明。

$$EMA_5 = [2 \times C_5 + (5-1) \times EMA_4] / (5+1)$$
$$= (2/6) \times C_5 + (4/6) \times EMA_4$$

其中：

$EMA_4 = (2/5) \times C_4 + (3/5) \times EMA_3$

$EMA_3 = (2/4) \times C_3 + (2/4) \times EMA_2$

$EMA_2 = (2/3) \times C_2 + (1/3) \times EMA_1$

$\quad\quad\, = (2/3) \times C_2 + (1/3) \times C_1$

将以上各式代入可得：

$EMA_5 = (1/15) \times C_1 + (2/15) \times C_2 + (3/15) \times C_3 + (4/15) \times C_4 + (5/15) \times C_5$

在上一节中，5MA 的计算公式为：

$5MA = (C_1 + C_2 + \cdots + C_5) / 5$
$\quad\quad\;\, = (1/5) \times C_1 + (1/5) \times C_2 + (1/5) \times C_3 + (1/5) \times C_4 + (1/5) \times C_5$

对比 5MA 和 EMA_5，可以看到：MA 每一个 C 值所乘的分数都是 1/5，也就是说权重是相同的，而 EMA 的每个值所乘的分数都不同，其分配原则是当前的权重大于过去的权重。

二、均线的周期

在行情软件中，默认的均线组合是 5 日、10 日、20 日、60 日、120 日、250 日均线。

有一种观点认为，行情软件上默认的均线周期，常常成为主力机构用来对付公众交易的工具，所以交易者应该修改均线指标的时间周期，以免掉进主力机构设置的陷阱。于是，许多移动平均线的爱好者开始不断地调整周期长度，希望得到一个"最佳时间周期"，形成"最佳移动平均线"，既适合于历史数据，也适合于未来行情。

那么，是否存在一个"最佳时间周期"呢？答案是不存在。

所谓"最佳时间周期"只是一种理想化的境界，就像去寻找绝对真理一样。有一个事实摆在我们面前，历史上的或未来行情中的各个趋势在持续时间、规模大小上是各不相同的，这就决定了不会有一个适合于各个趋势的计算移动平均线的周期长度。

既然这样，难道我们就没有办法了？该如何选择周期呢？

许多人之所以陷在这里出不来，其实只是进入了一个思维误区。只要转化一下角度，就会豁然开朗。我们之前寻找"最佳移动平均线"，不管这个周期是多少，最终是要比较价格与均线的关系。那么，价格是什么？

上一节我们说到，价格本身可以看作是周期为1的均线。所以，这个问题就转化为，我们要寻找的是"不同周期均线间的相互关系"，也就是快速移动平均线与慢速移动平均线之间的相互关系。

既然是比较相互关系，那么，这个问题的重点就在于比较，而不是一定绝对化为某个周期。1周期均线和5周期均线进行比较，可以做出决策；1周期均线和10周期均线进行比较，也可以做出决策。我们知道，决策来源于比较。

那么，1周期均线到底应该跟谁比呢？符合一般规律的办法是，取5、10、20、60等周期。这是大部分行情软件都默认的周期。默认的往往是最好的。

对于日K线而言，这些数字具有特定含义：5代表一星期，10代表半个月，20代表一个月，60代表一个季度，120代表半年，250代表一年。

另外，对于其他周期时段的 K 线系统而言，这些数字同样代表相应的时长。例如，5 在月 K 线中代表 5 月均价，在周 K 线中代表 5 周均价，在 60 分钟 K 线中代表 5 小时均价，在 30 分钟 K 线中代表 5 个 30 分钟均价，在 5 分钟 K 线中代表 5 个 5 分钟均价。

三、均线的四大特点

根据统计与实证的结果，移动平均线可归纳出四大基本特点，分别是：稳定性、方向性、动态性、促进制约性。

（一）稳定性

均线的稳定性是指：均线的时间周期越长，稳定性就越好。

从均线计算和绘制方法可以看出，要一下子改变均线的数值，无论是向上还是向下都比较困难，即使当天股价或指数有很大的波动，均线的变化幅度也远远小于股价或指数的波动幅度。因为均线的波动不是一天的波动，而是几天、十几天、几十天，甚至几百天波动的平均值；一天大的波动被几天、几十天、几百天一分摊，就会变得很小而且不明显。这就是均线稳定性的原因，均线的时间周期越长，稳定性就越好。

不过，凡事有利必有弊。均线具有稳定性，就必然同时具有滞后性。当股价或指数短时间发生剧烈涨跌时，由于均线稳定性的特点，均线的反应往往过于迟缓，转向速度落后于交易趋势。当股价或指数已经掉头转向时，均线还在沿着原来的方向运行。等到均线发出买卖信号时，股价或指数的涨跌幅度已经很大了。这就是均线滞后性的特点。均线的时间周期越长，反应就越滞后。

(二) 方向性

均线的方向性是指：均线可以帮助交易者确认现有趋势，指示未来趋势的方向。

由于均线是稳定的，趋势也是稳定的，所以均线方向可以指示趋势运行的方向，均线方向向下，表示趋势向淡；均线方向向上，表示趋势向好。同时，均线运行的角度代表趋势运行的力度，均线上行或下行的角度越陡峭，表明趋势向上或向下的力度越强。

一般而言，短期均线反映短期趋势的运行方向，中期均线反映中期趋势的运行方向，长期均线反映长期趋势的运行方向。一旦长期趋势的方向确立，价格就会沿着这一趋势持续运行，直到趋势遇到外来因素破坏而改变为止。均线的方向性是我们把握趋势的重要依据，它让"顺势而为"操作成为可能。

(三) 动态性

均线的动态性是指：随着行情的发展，数据观察窗口（Window）不断移动（Moving），不断剔除旧数据、增加新数据，从而不断产生新的均值，这些均值连接起来形成一条曲线，它摆脱了传统趋势线（即切线）需要手工画线的麻烦，所以均线也被称为"动态的趋势线"。

通过不断移动数据观察窗口，群组中所有数据都被采样，结果简洁明了。缺点是少数数值特别大或特别小的样本，会在一定程度上影响移动平均数的准确率，但对于时间周期越长的移动平均数，这种影响越小。

(四) 促进制约性

均线的促进制约性是指：均线对价格具有助涨助跌、支撑压制作用。

（1）如果均线向上、价格向上，那么两者同向，均线对价格具有助涨作用，价格的上涨幅度会比较大；

（2）如果均线向上、价格向下，那么两者反向，均线对价格具有支撑作用，价格的下跌幅度会比较小；

（3）如果均线向下、价格向上，那么两者反向，均线对价格具有压制作用，价格的上涨幅度会比较小；

（4）如果均线向下、价格向下，那么两者同向，均线对价格具有助跌作用，价格的下跌幅度会比较大。

第二节　均线的变化

懂得了如何计算和绘制移动平均线，虽然很重要，但更重要的是，交易者必须深入了解和认识移动平均线的原理和实质，掌握移动平均线的变化特点，才能更好地驾驭它。

一、单均线扭转

通过上一节的学习，我们知道均线具有方向性，均线方向可以指示趋势运行的方向，那么，如果我们能够把握均线方向的变化，自然也就能够把握趋势的变化。

均线方向的变化指的是单根均线从上升转平，再转为下降，或者单根均线从下降转平，再转为上升。考虑到均线具有稳定性，那么均线的转向也应该是慢慢变化的，表现为一定的转弯弧度，而K线却不同，有时会突然转折。这就像火车要实现转向，其转弯半径一定会大于汽车的转弯半径。所以，这里把均线的转向称为均线扭转，而不是均线转折。

下面我们来看单根均线扭转的具体原理。

(一) 龙尾 K 线

假设 K 线的初始数值为 C_1、C_2、C_3、…、C_n，C 为每日收盘价，n 为计算周期，那么，初始均值为：

$$A_1 = (C_1+C_2+\cdots+C_n)/n$$

当出现一个新数值 C_{n+1} 时，新的移动平均值为：

$$A_2 = (C_2+C_3+\cdots+C_n+C_{n+1})/n$$

那么，

A_2-A_1

$= (C_2+C_3+\cdots+C_n+C_{n+1})/n - (C_1+C_2+\cdots+C_n)/n$

$= (C_{n+1}-C_1)/n$

如果 $C_{n+1}>C_1$，那么 $A_2-A_1>0$，即 $A_2>A_1$，均值变大，说明均线开始上升；

如果 $C_{n+1}=C_1$，那么 $A_2-A_1=0$，即 $A_2=A_1$，均值相等，说明均线开始变平；

如果 $C_{n+1}<C_1$，那么 $A_2-A_1<0$，即 $A_2<A_1$，均值变小，说明均线开始下降。

从这里我们可以看出，单根均线的扭转与当前 K 线、n 日前 K 线有关，与中间的其他 K 线无关。

如果把这些 K 线连接起来，就像舞龙一样，当前 K 线可视为龙头，n 日前 K 线可视为龙尾，通过比较龙头 K 线与龙尾 K 线的位置，即可判断这条 n 日移动平均线是否发生扭转。

下面以 60 均线为例进行说明。如图 7-2-1 所示。

（1）设 2015 年 7 月 2 日的 K 线 3912.77 为龙头，则 60 天前的 2015 年 4 月 7 日的 K 线 3961.38 为龙尾，龙头 K 线<龙尾 K 线，说明均值开始变小，即图中 60MA 线由红变绿、开始下降。

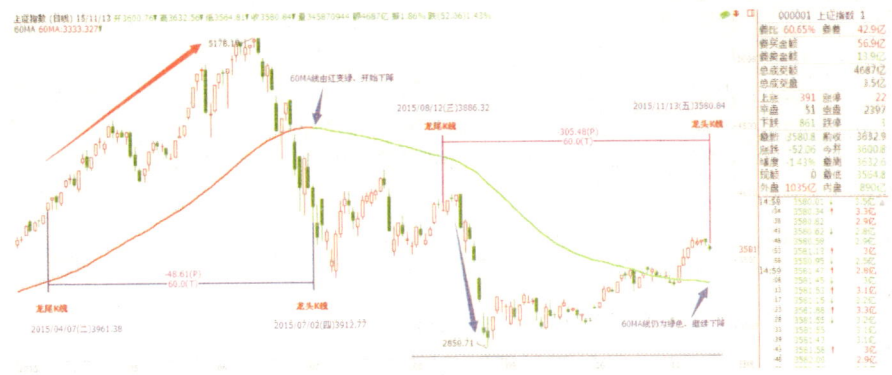

图 7-2-1　龙尾 K 线

（2）设 2015 年 11 月 12 日的 K 线 3580.84 为龙头，则 60 天前的 2015 年 8 月 12 日的 K 线 3886.32 为龙尾，龙头 K 线<龙尾 K 线，说明均值仍然在变小，即图中 60MA 线仍为绿色、继续下降。

注意：通过龙尾 K 线，我们可以预先知道均线的方向是否即将改变。比如：

（1）2015 年 7 月 2 日往后数 4 天，行情跌到局部低点，然后开始上涨，那么行情属于反转还是反弹？

观察龙尾 K 线，从 2015 年 4 月 7 日往后会不断上升，并于第 47 天达到最大值 5178.19。在此过程中，龙头 K 线很难大于龙尾 K 线，60 均线仍然向下，所以行情很可能属于反弹。

（2）2015 年 8 月 12 日往后数 4 天，行情开始暴跌，龙尾 K 线会迅速变小，并于第 10 天达到最小值 2850.71。

如果 2015 年 11 月 13 日后龙头 K 线继续下跌，只要其下跌幅度比龙尾 K 线小，一旦某日其数值大于龙尾 K 线，就能使 60 均线扭转向上。

(二) 甩尾技术

既然均线的扭转与当前K线和龙尾K线有关,而均线又是趋势的代表,那么我们可以认为:趋势的扭转(即趋势的反转)与当前K线和龙尾K线有关。

我们知道,在传统技术分析中,趋势的反转主要是指行情的顶部和底部,并伴随一些经典的技术形态,如:双重顶(底)、三重顶(底)、头肩顶(底)、圆弧顶(底)、菱形顶(底)以及V形反转形态等。如图7-2-2所示。

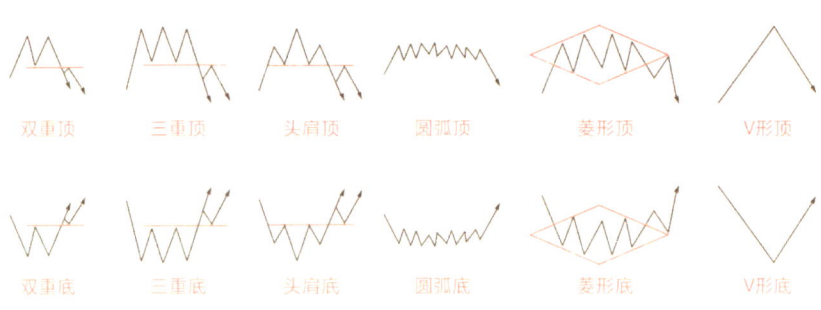

图7-2-2 顶(底)部反转形态

有意思的是,这些经典形态在各种市场和时间结构中一次又一次地重复出现,多年来不曾改变。但是,它们为何有效?背后的原理是什么?却很少有人讨论过,只是笼统地把它们作为顶、底的可能性标志。

只用一样东西,不明白它的道理,实在不高明。我们不仅要使用这些经典形态,还要明白它们为什么有效、何时有效。

下面对以上形态进行分析:

(1) 双重顶(底)形态、三重顶(底)形态、头肩顶(底)

形态、圆弧顶（底）形态、喇叭形态。

以上几种形态，虽然外形不同，但它们背后的原理其实都是一样的，它们都表现出相同的技术特征：龙头 K 线都在走 N 字结构。

如图 7-2-3 所示，正 N 字结构为"上涨、下跌、再上涨"，倒 N 字结构为"下跌、上涨、再下跌"。

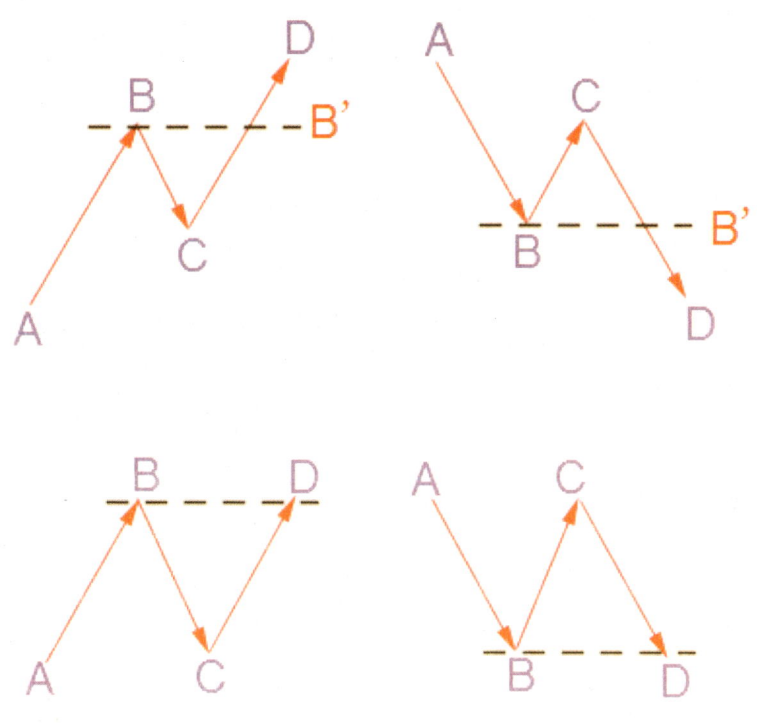

图 7-2-3　龙头 K 线和 N 字结构

在虚线标示的位置，龙头 K 线从 B 点走到 C 点，然后走到 B' 点（与 B 点同水平位置）或者 D 点（图中与 B 点同水平位置的 D 点），龙头 K 线消耗了时间，但空间却没有变化，也就是说龙头 K 线在一个区域内原地踏步、磨蹭时间，就好像在等待什么。

龙头 K 线到底在等待什么呢？

它在以时间换空间，等待龙尾 K 线跟上来。就像舞龙一样，龙头一直在一个区域内舞动，经过一段时间后，龙尾一定会跟着甩过来。

以上升趋势为例，一旦行情上涨到了顶部，龙头 K 线在顶部区域原地踏步，一段时间后龙尾 K 线一定会甩上来，龙头 K 线和龙尾 K 线的距离差会变小。一旦龙头 K 线小于龙尾 K 线，均线就会被扭转，从而造成趋势反转。这就是以上几种反转形态的背后原理——龙尾 K 线的甩尾技术。

（2）V 形反转形态

V 形反转形态比较特殊，龙头 K 线不是在原地等待，而是主动出击，以空间换时间，迅速迎向龙尾 K 线，从而直接强力扭转趋势。

二、双均线交叉

（一）价格穿越

价格穿越（Cross），是指价格曲线与移动平均线的交叉。由于价格曲线可以看作是周期为 1 的均线，所以价格穿越也可以认为是两根均线的交叉。

价格穿越分为两种情况：

（1）当股价从下往上穿越移动平均线，称为向上突破均线；

（2）当股价从上往下穿越移动平均线，称为向下跌破均线。

当价格曲线穿越移动平均线的时候，此时的价格正好与均线值相等，这个价格被称为"穿越价"。

以 5 日均线为例，如果明天的价格曲线要穿越 5 日均线，则穿越价为：

$$X = 5MA = (C_1+C_2+C_3+C_4+X)/5$$

所以，$X = (C_1+C_2+C_3+C_4)/4 = 4MA$，也就是说，明天的 5 日均线穿越价，等于今天的 4 日均线值。

（1）如果明天的价格曲线要向上突破 5 日均线，则明天的收盘价必须大于穿越价，即今天的 4MA；

（2）如果明天的价格曲线要向下突破 5 日均线，则明天的收盘价必须小于穿越价，即今天的 4MA。

参考 5 日均线，如果明天的价格曲线要穿越 N 日均线，则穿越价为：

$$X = NMA = (C_1+C_2+\cdots+C_{n-1}+X)/N$$

所以，

$$X = (C_1+C_2+\cdots+C_{n-1})/(N-1) = (N-1)MA$$

比如，明天的 10 均线穿越价，等于今天的 9 日均线值 9MA；明天的 60 均线穿越价，等于今天的 59 日均线值 59MA。

（二）金叉死叉

均线金叉，全称"黄金交叉"（Golden Cross），是指上升中的短期移动平均线由下而上穿过上升的长期移动平均线，这个时候压力线被向上突破，表示股价将继续上涨，行情看好。

均线死叉，全称"死亡交叉"（Dead Cross），是指下降中的短期移动平均线由上而下穿过下降的长期移动平均线，这个时候支撑线被向下突破，表示股价将继续下跌，行情看淡。

均线金叉、均线死叉，指的是两根均线的特殊交叉情况，即在均线金叉中，长期移动平均线是上升的；在均线死叉中，长期移动平均线是下降的。如果不是以上两种情况，则属于均线的普通交叉。

均线金叉、死叉的有效程度，我们通常可以利用一些简单的法则来分辨。比如说，如果长期均线是向上的，短期均线与之黄金交叉，这样的交叉力道会比较大。如果长期均线是向下的，这样的交叉只是普通交叉，力道会比较小。所以股价必须想办法利用"单均线扭转"的技术，在均线交叉后，让长期均线扭转向上，从而形成黄金交叉，这样才会比较有利。均线死亡交叉也是同样道理。

三、多均线组合

（一）均线收敛

所谓均线收敛，是指股价或指数运行过程中，原本发散的短期、中期、长期各条均线出现收敛聚拢、交叉黏合的现象。

均线代表的是市场在某一周期内的平均持仓成本。均线收敛的技术意义：当行情经过长时间的震荡盘整后，在某个时间及区域内，长、中、短期均线数值趋于接近，也就是说市场多个不同周期的平均成本趋于一致。

（二）均线发散

所谓均线发散，是指股价或指数运行过程中，各周期均线由交叉黏合聚拢开始分离，并呈同向发散的现象。

均线发散分为两种：多头排列、空头排列。

1. 多头排列，是指短期均线在上、中期均线居中、长期均线在下，几根均线同时向上移动的一种排列方式。

一般来说，无论大盘还是个股，均线出现多头排列，表明多头（买盘）力量较强，做多主力正在控制局势。这是一种比较强的做多信号，投资者见此图形应以持股为主。

在均线多头排列没有被破坏之前，由于均线的助涨性、稳定性，价格上涨趋势短期不会突然改变，所以即使出现一些局部的K线形态，比如"十字线""螺旋桨""倒T字线"等，投资者也不能武断地认为它是见顶信号，不能盲目做空。

2. 空头排列，是指短期均线在下、中期均线居中、长期均线在上，几根均线同时向下移动的一种排列方式。

一般来说，无论大盘还是个股，均线出现空头排列表明空头（卖盘）力量较强，做空主力正在控制局势。这是一种比较强的做空信号，投资者见此图形应以空仓或者做空为主。

在均线空头排列没有被破坏之前，由于均线的助跌性、稳定性，价格下跌趋势短期不会突然改变，所以即使出现一些局部的K线形态，比如"十字线""螺旋桨""T字线"等，投资者也不能武断地认为它是见底信号，不能盲目做多。

第三节 均线的聚散

均线的聚散可以说是均线的灵魂，既涉及均线的本质，又涉及均线的变化，由于太过重要，所以单独作为一节，重点阐述。

一、均线即价值

在市场经济的运行中，有三大基本规律：价值规律、竞争规律、供求规律，具体表现为：市场经济中各个不同的利益主体，为了获得最佳的经济效益，互相争取有利的投资场所和销售条件，从而形成不同的供求关系，导致价格围绕价值上下波动。

这里产生了一个问题："价格围绕价值上下波动"作为一条经济学原理，固然是正确的，但基本上不足以实实在在地指导具体的交易行为。人们实际关心的、真正有用的不是这样的"哲学议题"，而是"如何正确地评估价值，从而预测价格的变化"这样的具体问题。尤其对于价值投资者来说，这个问题至关重要。

正确地评估价值是一件很困难的事。那么对于从事实务投资的人们来说，难道就没有解决办法了吗？这里给出一个简单实用的方法。

根据第一章第二节中的"均值回归"原理，股票价格不能总是上涨或下跌，它要么偏离均值，要么回归均值。在一个趋势内，股票价格呈持续上升或下降，我们称之为均值偏离（Mean Aversion，也叫均值回避）。当出现相反趋势时就呈均值回归（Mean Reversion）。也就是说"价格围绕均值上下波动"，对比"价格围绕价值上下波动"，我们可以发现，均值与价值正好对应。

同时，根据本章的学习，我们知道移动平均线，是指用统计分析的方法，将一定时期内的证券价格（指数）加以平均，并把不同时间的平均值连接起来形成的一条曲线。也就是说，移动平均线是动态变化的均值。

"价值→均值→均线"，按照这个逻辑，我们完全可以把移动平均线作为价值的代表，这是均线的本质。

（1）短期平均线代表了短期价值，长期平均线代表了长期价值。

（2）均线向上，代表价值向上、形势变好；均线向下，代表价值向下、形势变坏。

（3）均线具有稳定性，代表价值也具有稳定性，价值的改变就像均线的扭转一样，需要时间，一般很难立刻改变。

（4）均线具有动态性，均线值会不断变动，代表价值也会变动，并不是一成不变的。

二、爆米花过程

为了预测价格的变化，许多投资者借鉴经济学原理"价格围绕价值上下波动",根据字面意思,倾向性地认为价格会在均线上下"系统性"地波动。这种随时间波动的模式,其原型是正弦波(Sine Wave)。

然而实际价格走势,更多的是一种"爆米花过程"(Popcorn Process)。随着一个突然干扰的出现,价格会突然偏离均值,然后慢慢向均值回归。一种情况是:一个向上的动作(偏离均值,向很远的顶点移动),可能返回均值后,然后又向另一个顶点移动。另一种情况是:一个向上的运动随后跟着一个向上的运动,它们之间没有向下的运动。如图7-3-1所示。

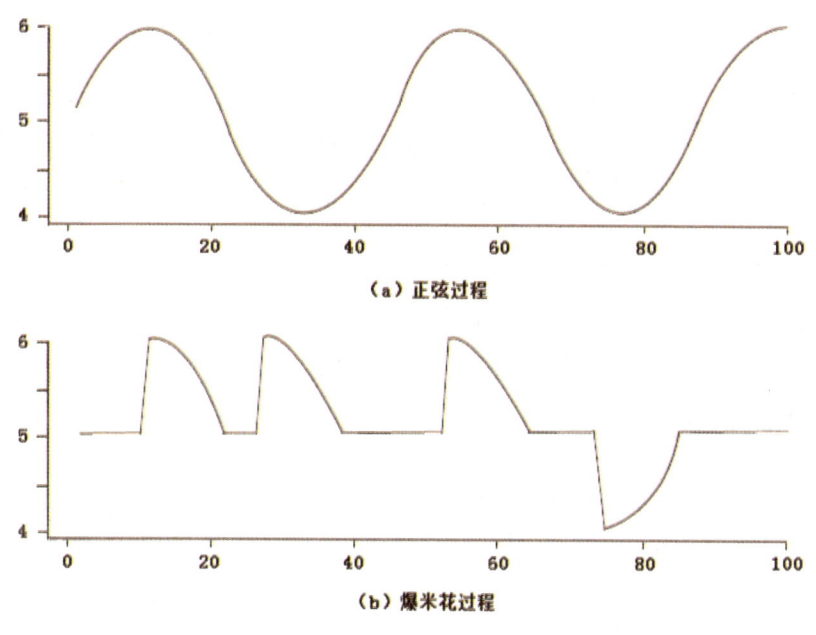

图 7-3-1　正弦过程、爆米花过程

爆米花过程反映了一个重要现象:当价格回归均值(或价值),并不能认定价格一定会穿过均值(或价值)向相反方向移动。相比正弦波,爆米花过程才是对均值回归的更好诠释,更能反映实际的价格走势。

爆米花过程就像遛狗时人和狗的关系。人的行走路线是均线，狗的行走路线是价格，人通常缓步向前，而狗忽左忽右、东走西窜，有时跑在人前，有时跑在人后，但一般不会离人太远，如同价格有时高于价值，有时低于价值，但迟早会回归价值。

三、均线的聚散

通过前面的学习，现在我们已经知道，在市场行情运行过程中，价格要么回归均线、与均线相聚，要么偏离均线、与均线离散，价格与均线之间表现为一种聚散关系。例如，乖离率指标就是通过百分比的形式来表示收盘价格与均线之间的偏离程度。

由于价格又可以视为周期为 1 的均线，所以价格与均线的关系，可以视为短期均线与长期均线的聚散关系。例如，MACD 指标就是一种均线聚散指标，专门研究 12EMA 与 26EMA 的聚散变化。

特别说明，关于"回归均线、与均线相聚"，一般有两种方式：

（1）主动回归，是指当股价偏离均线太远时，出现剧烈波动，并且成交量放大，主动而且快速地向均线回归，这种现象一般出现在顶部或底部。

（2）被动回归，是指当股价偏离均线以后，并没有出现主动回归，而是在原地踏步，被动地等待均线向股价靠近，这种现象一般发生在上涨或下跌的中途，具体表现为强势整理或下跌抵抗。它是市场的一种中继信号，一旦均线跟上来后，股价仍将继续原有的上涨或下跌趋势。

通过上面的讲解，我们已经可以理解均线的"聚散"特性。如果能很好地利用这种特性，我们就可以准确地把握波段走势中的高低点，做好高抛低吸操作。由于均线的聚散太过重要，下一章将会结合 MACD 指标进行更详细、更深入的讲解。

第四节 均线的用法

一、均线六大买卖法则

(一) 葛兰威尔八大法则

在均线的应用上，最常见的是葛兰威尔（Joseph E. Granville）的移动平均线八大买卖法则。历来的移动平均线使用者无不视其为技术分析中的至宝。

葛兰威尔八大法则是以证券价格（指数）与移动平均线之间的偏离关系作为研判的依据，其中有四条是买入法则，另外四条是卖出法则。如图7-4-1所示。

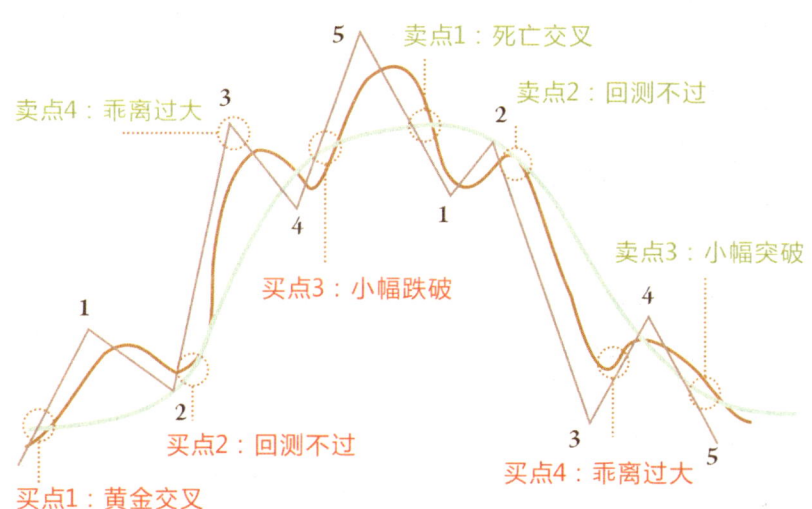

图 7-4-1　葛兰威尔八大法则

1. 买入法则

法则 1：均线从下降逐渐走平且略向上抬头，而股价从均线下方向上方突破均线，为第 1 买点。

这种买点的 K 线最好呈现中阳线或大阳线，而且突破均线前最好有完整的底部形态，例如 W 底、头肩底、圆弧底，或横向三角形、旗形、楔形、矩形整理形态。

法则 2：股价位于均线之上运行，回调时未跌破均线，然后又再度上涨，为第 2 买点。

这个买点可靠度较高，属于高胜率、高赔率，往往是整个上升趋势中的最佳买点。

法则 3：股价位于均线之上运行，回调时跌破均线，但均线仍继续呈上升趋势，为第 3 买点。

法则 4：股价位于均线下方运行，连续数日大跌，偏离均线太远，负乖离率过大，说明近期做空者获利丰厚，随时都会产生获利回吐的买压，股价极有可能向均线回归，形成深跌反弹走势，为第 4 买点。

2. 卖出法则

葛兰威尔的四条卖出法则，与四条买入法则是一一对应的。

法则 5：均线从上升逐渐走平，当股价从均线上方向下跌破均线时说明卖压渐重，为第 1 卖点。

这种卖点的 K 线最好呈现中阴线或大阴线，而且突破均线前最好有完整的头部形态，例如 M 头、头肩顶、圆弧顶，或横向三角形、旗形、楔形、矩形整理形态。

法则 6：股价位于均线下方运行，反弹时未突破均线，然后又继续下跌，为第 2 卖点。

这个卖点可靠度较高，属于高胜率、高赔率，往往是整个下降趋势中的最佳卖点。

法则 7：股价位于均线下方运行，反弹时突破均线，但均线仍继续呈下降趋势，为第 3 卖点。

法则 8：股价位于均线之上运行，连续数日大涨，偏离均线太远，正乖离率过大，说明近期内持仓者获利丰厚，随时都会产生获利回吐的卖压，股价极有可能向均线回归，形成急拉急杀走势，为第 4 卖点。

(二) 均线六大买卖法则

葛兰威尔八大法则发表于葛兰威尔 1960 年所著的《每日股票市场获得最大利益之战略》一书。这些法则是葛兰威尔根据艾略特波浪理论的"股价循环法则"，通过观察美国股价的结构，以 200 日周期为参考，预测股价未来的走势，作为买卖的参考。

根据艾略特波浪理论的循环法则，股价的基本走势就是 5 浪上升和 3 浪下降的基本循环。以熊市末尾、牛市开端为例，上升趋势可划分为三大阶段：底部阶段、上升阶段、顶部阶段，分别对应第 1 浪、第 3 浪、第 5 浪，可以确定波浪的三大买点，即 1 浪买点、3 浪买点、5 浪买点。

将葛兰威尔八大法则与波浪理论对比，可以发现：买点 1、买点 2、买点 3 正好对应 1 浪买点、3 浪买点、5 浪买点。

那么，葛兰威尔买点 4 该如何处理呢？

我们知道，葛兰威尔八大买卖法则，是以均线"方向"作为趋势方向，以股价或指数与均线所处的相对"位置"为买卖依据。根据第一章"交易理念"第一节"交易原则"的学习，方向决定胜率，位置决定赔率，我们来分析一下葛兰威尔买点 4：

(1) "股价位于均线下方运行"，说明趋势方向向下，胜率较低。

(2) "连续数日大跌，偏离均线太远，负乖离率过大，近期做空者获利丰厚，随时都会产生获利回吐的买压，股价极有可能向均线回归，形成深跌反弹走势"，说明位置较好，赔率较高。

也就是说，在当前级别上，葛兰威尔买点4属于"低胜率、高赔率"的买点。买点4经常为许多短线客喜爱，但切忌不可恋战，因为大势依然不妙，一旦止盈不及时，就有可能变为大幅亏损。

再来分析葛兰威尔买点1、买点2、买点3，三者都属于"均线方向向上，股价位于均线附近、准备偏离均线"，说明在当前级别上，这3个买点都是"高胜率、高赔率"的买点。对于投资者来说，如果可以同时追求高胜率、高赔率，那么投资者的获利能力将大幅提高。

根据"看大做小"原则，先看大周期定方向，再看小周期选位置，前者可以保证高胜率，后者可以保证高赔率，从而保证利润率，所以在当前级别上，我们只考虑买点1、买点2、买点3，不考虑买点4。

去掉法则4，葛兰威尔的四条买入法则可以缩减为三条买入法则。同理，四条卖出法则也可以缩减为三条卖出法则。也就是说，葛兰威尔八大法则可以缩减为均线六大买卖法则。如图7-4-2所示。

当然，如果投资者非得要操作买点4，那么可以降低操作周期，将大级别的买点4转换为小级别的买点1，从而成为小级别上"高胜率、高赔率"的买点。

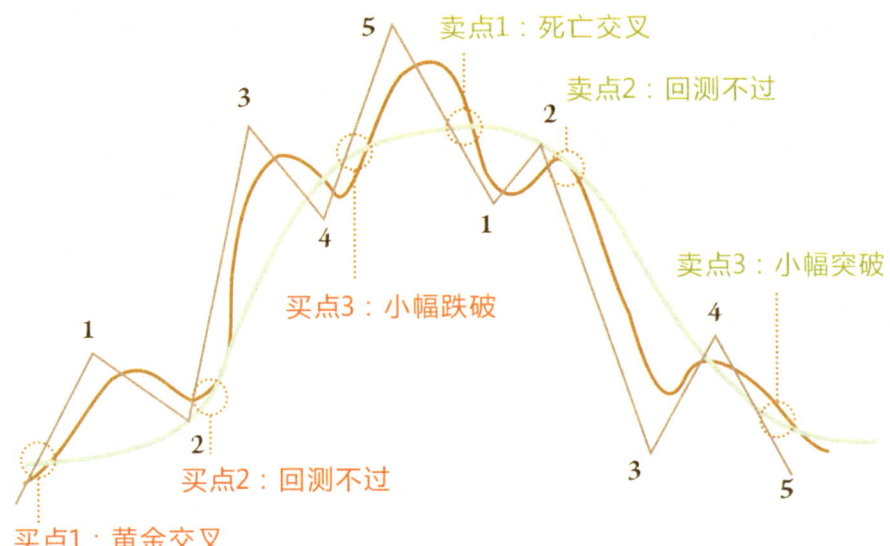

图 7-4-2 均线六大买卖法则

二、波浪的起点确认

在波浪理论中,有一个重大现实问题,就是如何确认波浪的起点,这个问题一直困扰着许多波浪理论爱好者。

经过上一节的学习,我们已经知道了葛兰威尔八大法则与波浪理论的相似关系,那么,聪明的读者这时应该能够隐约猜到,波浪的起点该如何确认了。

以上升趋势为例。既然葛兰威尔八大法则的买点1、买点2、买点3,与1浪买点、3浪买点、5浪买点正好对应,那么确认1浪的关键就是:"买点1,均线从下降逐渐走平且略向上抬头,而股价从均线下方向上方突破均线,为买进信号。"

这句话该如何解读呢?

它的实际意思是说:均线扭转向上,K线与均线走出了黄金交叉。千万注意:在黄金交叉中,均线必须是上升的,否则只是普通交叉。

根据本章第二节的"单均线扭转"技术，均线扭转与均线的周期有关。只要我们能够确定均线的周期，就可以通过比较当前K线（龙头K线）与龙尾K线的位置，提前预判均线扭转是否发生，从而确定黄金交叉的到来，最终确认波浪理论的1浪起点。

下面，我们来研究这根均线的周期。

三、60均线定牛熊

关于葛兰威尔八大法则的应用，读者朋友可能会有一个疑问：八条法则所参照的均线周期是多少？能够问出这个问题，说明你已经开始深入思考。

葛兰威尔八大法则可以运用在任何周期的均线上，葛兰威尔本人使用的是200日均线，200日均线对短线交易者的帮助不大。一般来说，利用60日均线是比较可靠和有效的。

为何是60日均线？这里有两个方面的原因：

1. 60均线代表季线，代表中期趋势

60日均线不像5日、10日均线那样受短期走势影响剧烈，也不像120日、250日均线那样滞后，所以60日均线又被称作是生命线。通过60日均线，可以很好地把握中期趋势。

以图7-4-3大盘日线走势图为例，指数踩上60均线，同时60均线向上，会有助涨作用，从而形成一波中期上升趋势；指数跌破60均线，同时60均线向下，会有助跌作用，从而形成一波中期下降趋势。

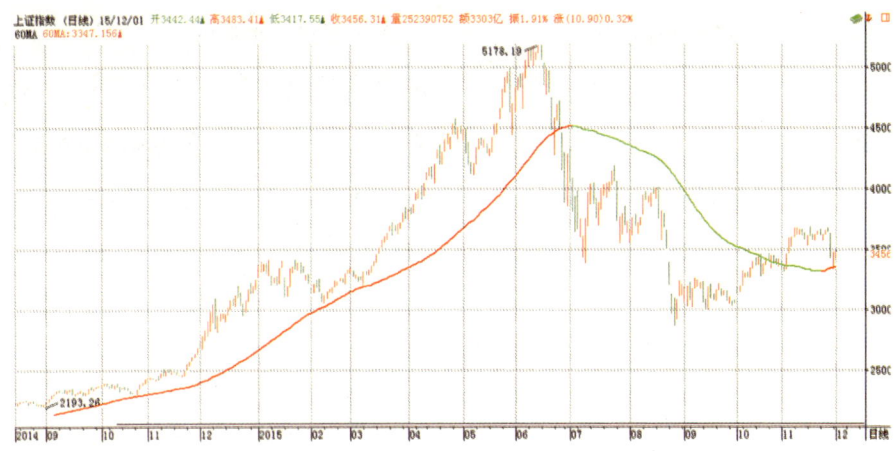

图 7-4-3 60MA 均线的助涨助跌作用

2. 5 浪行情一般需要 60 以上的周期

波浪理论中 5 浪上升，如果每浪都走 10~15 根 K 线，取中值为 12，那么 5 浪就是 60 根 K 线。所以利用 60 均线来刻画波浪理论是比较合理的。当然，55 日均线、57 日均线、62 日均线、67 日均线等等，这些周期的均线也可以，但大部分交易行情软件的均线默认周期都是 60，默认的往往是最好的，考虑大众习惯，所以采用 60 均线。

如图 7-4-4 所示，股价踩上 60 均线，同时 60 均线扭转向上。根据"单均线扭转"技术，60 均线的扭转与龙头 K 线、龙尾 K 线有关。60 日前的龙尾 K 线还在底部，短期内不会"甩"上来，那么 60 均线就会继续保持向上，短期内不会转向，即趋势短期内不会结束，很容易形成 5 浪或者 5 浪以上的行情。

综上所述，利用 60 均线可以简单、有效地判定趋势的大方向。60 均线方向向上，可以判定为牛市；60 均线方向向下，可以判定为熊市，即 60 均线定牛熊，60 均线可以称为"牛熊分界线"。

学习了"牛熊分界线",在下一章中还会详细讲解"多空临界线"。60均线定牛熊,牛熊指的是大方向;临界线定多空,多空指的是具体的位置。利用多空临界线,可以很好地选择具体的买卖位置。

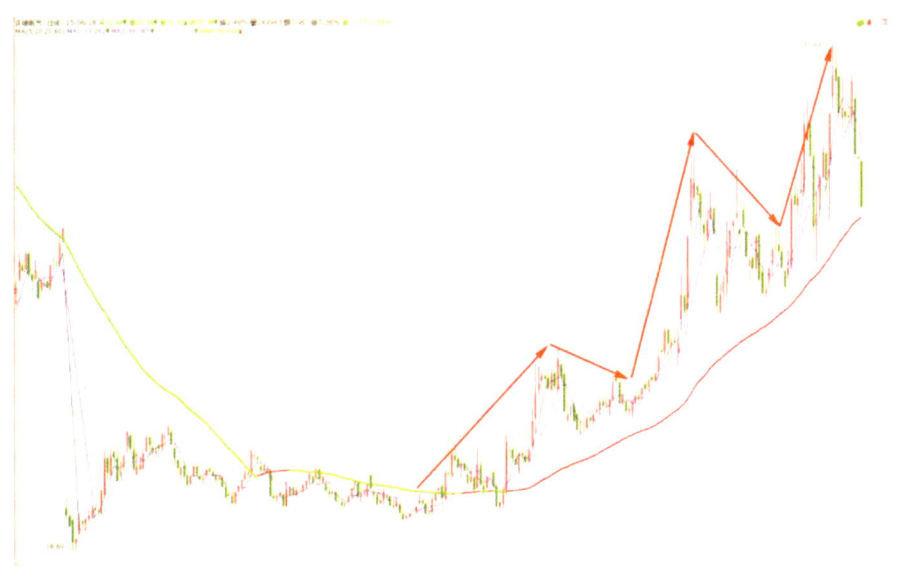

图 7-4-4　5 浪行情与 60MA 均线

四、60 均线看压力支撑

通过前一节的学习,大家应该明白 60 均线的重要性了。我们知道,一个周期相应的有一条 60 均线,那么多个周期就会有多条 60 均线。通过观察多个周期的 60 均线位置,我们可以知道行情走势面临的压力位或支撑位。

如图 7-4-5 所示,它是同一标的的不同周期形态,其中 ABC 与 abc 代表相同时间、不同周期的相同点位。本小节中的图例均如此,不再重复说明。

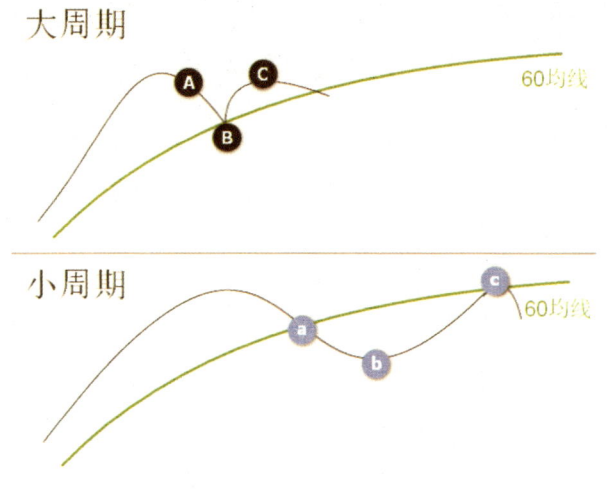

图 7-4-5　60 均线看压力支撑

（1）小周期下跌寻找大周期的 60 均线支撑

当小周期行情行进到图中 a 点的时候，刚好跌破 60 均线，此时我们需要预判它会跌到哪里，即寻找支撑位。

由于大周期的 A 点对应小周期的 a 点，此时大周期行情刚从高点拐头向下，而它的 60 均线却依然保持向上，所以当大周期行情从 A 点下跌到 B 点时会受到 60 均线支撑，然后开始上涨。也就是说，我们可以把大周期的 60 均线支撑位置——B 点，作为小周期的下跌支撑位，即 b 点。

（2）大周期上涨寻找小周期的 60 均线压力

当大周期行情受到 60 均线支撑、从 B 点开始上涨的时候，我们需要预判它会上涨到哪里，即寻找压力位。

由于小周期的 B 点对应大周期的 b，而小周期的 60 均线已经扭转向下，所以当小周期行情从 b 点反弹到 c 点时会受到 60 均线压制，然后开始下跌。也就是说，我们可以把小周期的 60 均线压力位置——c 点，作为大周期的上涨压力位，即 C 点。

下面我们来看看上证指数2017年5月从3016点开始上涨后，是如何遇到压力位、支撑位的。如图7-4-6所示。

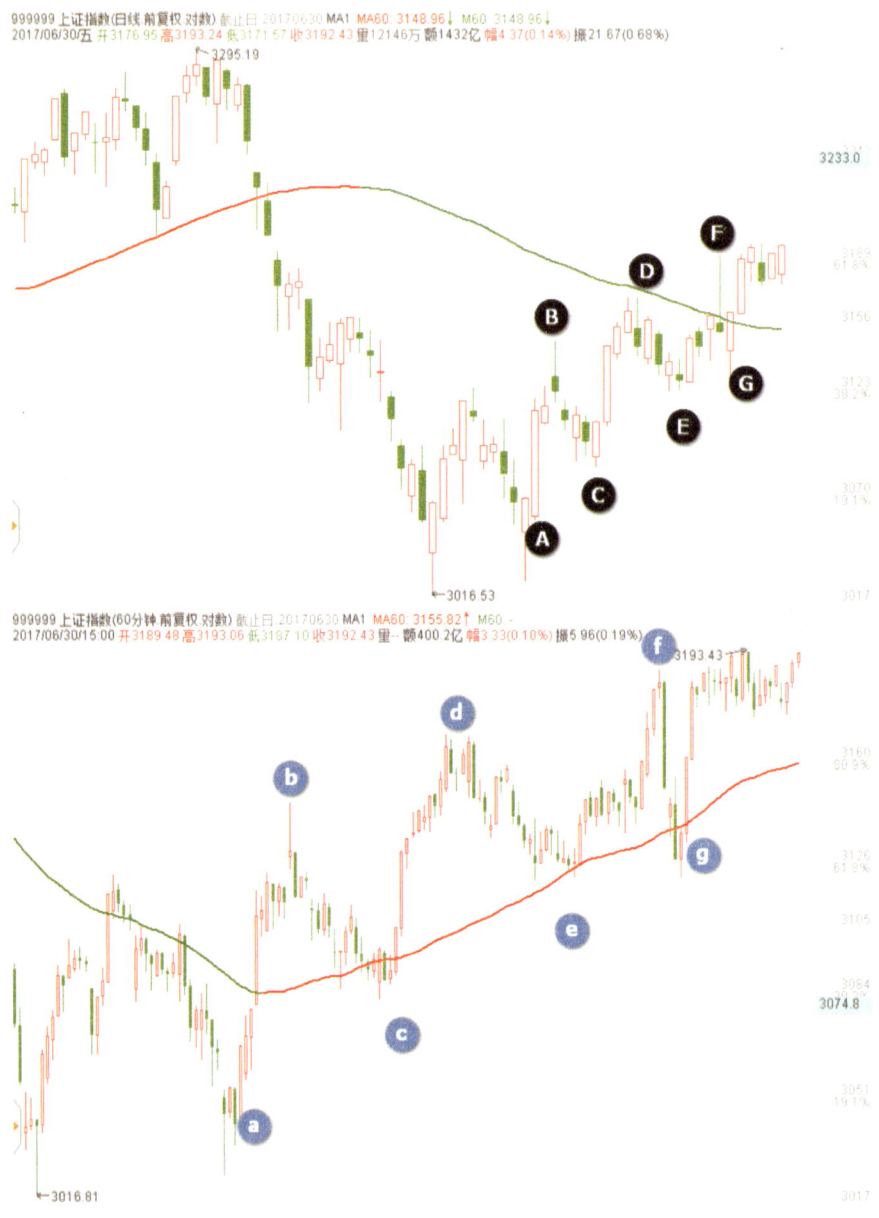

图 7-4-6　上证指数的日 K 线图、60 分钟 K 线图

图 7-4-6 是上证指数的日 K 线图和 60 分钟 K 线图,这是指数由下降趋势扭转为上升趋势的过程。

当日 K 线从 A 点上涨到 B 点后,开始下跌回踩,那么第一支撑位就是 60 分钟 K 线的 60 均线附近,即图中 c 点。

当 60 分钟 K 线从 c 点获得支撑后开始上涨,那么第一压力位就是日 K 线的 60 均线附近,即图中 D 点。

同理,当日 K 线从 D 点下跌后,它的支撑位就是 60 分钟 K 线的 e 点;当 60 分钟 K 线从 e 点上涨后,它的压力位就是日 K 线的 F 点;当日 K 线从 F 点下跌后,它的支撑位就是 60 分钟 K 线的 g 点。

五、股票五龙战法

股票五龙战法的核心原理主要是基于技术面和基本面的五个关键点进行共振。这五个关键点分别为:技术面的日 K 线、60 分钟 K 线、30 分钟 K 线的三条 60 均线,以及基本面的股性和风口两个因素,合称为五条龙。通过五条龙的共振可以使得一段时间内的股票需求大于供给,从而导致股价上涨。

股票五龙战法综合运用了均线的方向性和稳定性、均线聚散、均线金叉、甩尾技术、60 均线定牛熊等多个技术,建议在理解了前面知识的基础上再来学习战法的实际运用。

(一) 技术面三条龙

技术面包括三个关键点,分别是日 K 线的 60 均线、60 分钟 K 线的 60 均线、30 分钟 K 线的 60 均线。这三条 60 均线就是技术面的三条龙。如果这三条 60 均线同时扭转向上或者同时加速向上拐头,股价就会有不错的涨幅,甚至是涨停。

三条 60 均线向上共振爆发上涨有两种情况：一种是共振扭转向上，另一种是共振加速向上。前一种比较困难，一旦形成短期爆发力也很强，后一种则比较容易捕捉。

1. 60 均线共振扭转向上

三条 60 均线共振扭转向上，这种情况观察的重点在于龙尾 K 线。因为 60 均线趋势扭转向上的关键是龙头 K 线大于龙尾 K 线，所以如果龙尾 K 线是向下行或者横盘的，那么上涨共振就很容易发生，这需要根据龙尾 K 线进行一定的提前预判。

如图 7-4-7 所示，汉王科技日 K 线、60 分钟 K 线、30 分钟 K 线共振上涨扭转趋势。当各个周期龙头 K 线在图中所示的位置时，三条 60 均线由下降趋势逐渐走平，而且各龙头 K 线价格均大于龙尾 K 价格。已知各周期龙尾 K 线马上就会进入下行，由此就可以推断 K 线上涨必将保持各周期龙头 K 线大于龙尾 K 线，所以各个周期 60 均线趋势将彻底共振扭转向上。之后的涨幅我们从图中看到相当大。

该股的共振启动点就是 2017 年 8 月 14 日。从大周期（日 K 线）看是介入点，但从小周期（30 分钟 K 线）看，完美的介入点是在一日后，即 2017 年 8 月 15 日 13：30 的 K 线。这正是大周期选股、小周期选时的重要性，正如第五章"交易决策·时"中所说的"看大做小"。

2. 60 均线共振加速向上

三条 60 均线共振加速向上，这种情况观察的重点在于龙头 K 线。因为各周期趋势本来就是向上的，龙头 K 线带领着趋势行进，对趋势有决定性作用，所以如果龙头 K 线爆发强势上涨，那么共振必定发生。

第七章 交易决策·趋

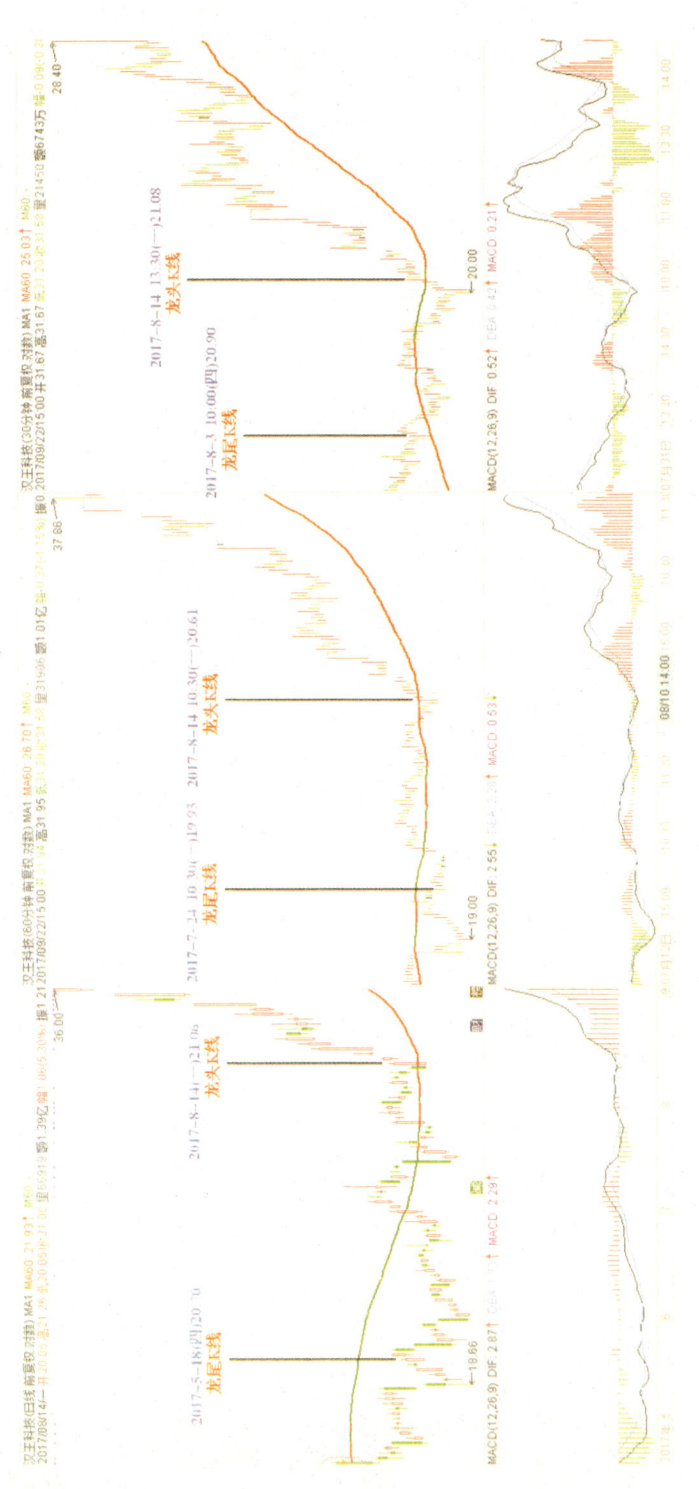

图7-4-7 汉王科技

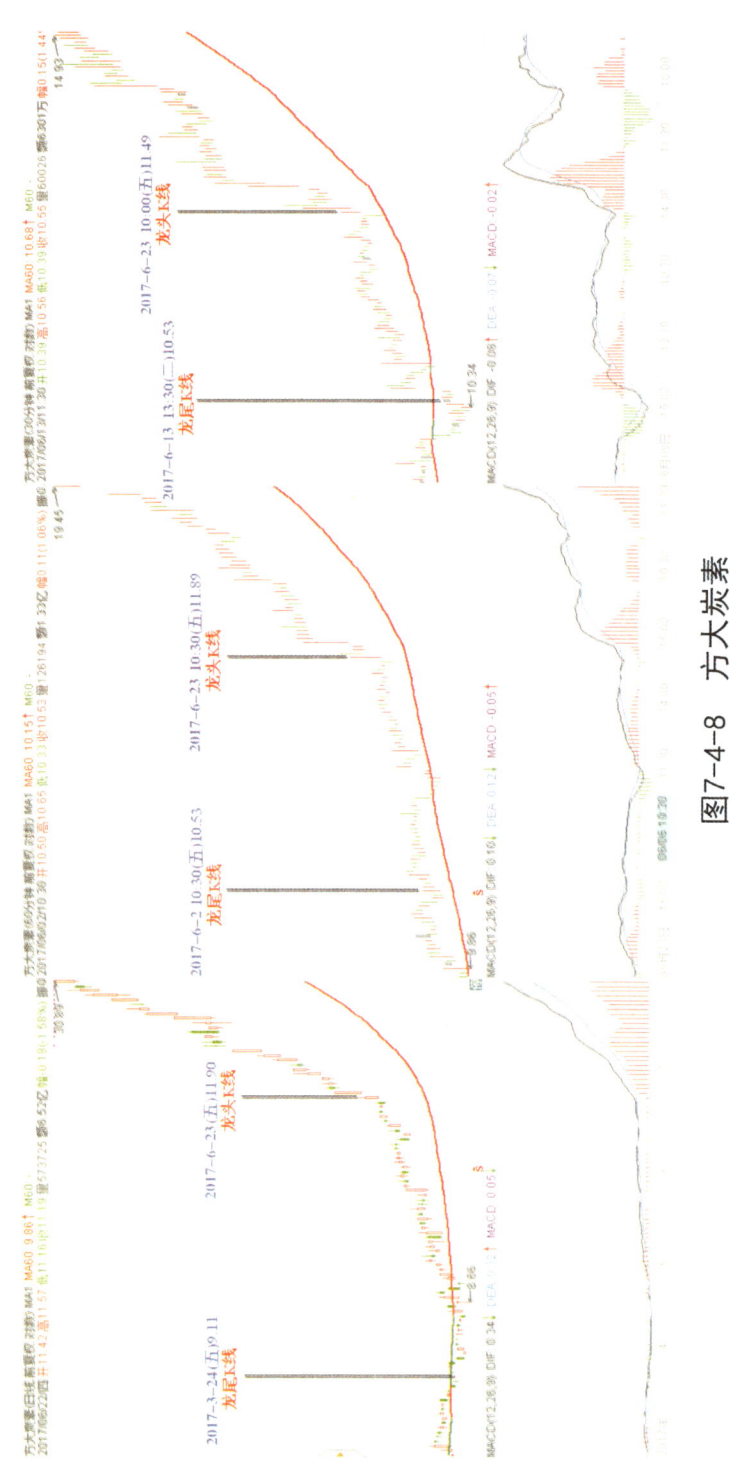

图7-4-8 方大炭素

如图 7-4-8 所示，方大炭素日 K 线、60 分钟 K 线、30 分钟 K 线共振上涨，趋势加速变强。图中各个周期的龙头 K 线本身就保持着大于龙尾 K 线，所以行情的趋势本身就是向上的，只是向上趋势的强度（60 均线的角度）还不是很强，趋势由龙头 K 线带领着缓慢上涨中。

当各个周期龙头 K 线在图中所示的位置时，已知龙头 K 线开始爆发快速上涨，那么趋势强度很可能继续变强，K 线开始加速上涨，之后的涨幅巨大。

该股的正式启动点就是在 30 分钟图中龙头 K 线位置。因为日线级别已经是缓慢上行的趋势，持股者的抛压很小，如果 30 分钟当时不启动上涨就可能引起该级别的趋势向下，所以该级别必须上涨才能保持上涨趋势。

而从 60 分钟与日 K 线来看，龙头 K 线表现为加速上涨，这种稍大周期的共振又进一步推动小周期的持续上涨。技术共振形成正循环，刺激股价不断加速上涨，正如第五章"交易决策·时"中所说的行情"由小转大"。

(二) 基本面两条龙

基本面包括两个关键点，分别是股性与所属概念风口。

1. 股性

股性一般是指该股历史上是否做过相关概念的龙头，还有每次涨停后次日的表现是否高开上涨。

这单独作为五龙中的一条龙是很重要的。因为资金量大的投资者往往对曾经的龙头股具有深刻印象，很容易再次关注龙头并买入，这对于股价的上涨是一股很强的动力。

2. 风口

风口是指当时股票炒作的热点，这代表了短期资金的流向，对股价的推升也具有很强的动力。

我们知道在漫长的股市历史中总是牛短熊长，可是一部分大资金投资者想保持持续的赚钱状态，这就需要打造一些局部板块的牛市，这个板块就被称为热点。当热点风口来临时，市场上大部分资金都会把目光聚焦于此，使得短期需求大于供给，从而成就了热点板块的短期牛市。

以上五龙如果同一时间聚齐，那么个股往往具有很强的上涨爆发力。短线投资者可以查找每日的热点风口，波段投资者可以参考国家政策预期。

比如上面三龙共振扭转向上的汉王科技，该股的股性一直是以人脸识别的龙头自居的。短线风口恰好处于人工智能风口的前端人脸识别，各类媒体关于支付宝刷脸支付的报道也铺天盖地而来。五龙聚齐所吸引的资金量非常庞大，使得股价短期大幅上涨。

再比如上面三龙共振加速向上的方大炭素，该股正处于政策引导股市投机转向投资的主题方向，石墨烯电极价格的持续上涨已经促使该股走向了缓慢的上涨趋势，趋势的加速基本开始于石墨烯电极暴涨风口与原材料针状焦概念的出现，这使得该股由缓慢上涨演变成了趋势的加速暴涨。

扫一扫，和我一起学《超简交易》

回复"趋势"，获取本章思维导图及PPT讲义。

回复"第七章视频"，获取本章精讲视频。

第八章 交易决策·指

技术分析指标五花八门、多种多样,学得多不如学得精,与其掌握繁多的指标,还不如学通学精一两种指标。

在所有的技术指标中,MACD无疑占据着独特地位,它既可以有效地指示趋势运行情况,这源于它继承了移动平均线的趋势性,又可以帮助我们很好地把握短线买卖点,具有趋势和振荡指标的双重属性,是一种综合性指标,被称为"指标之王"。

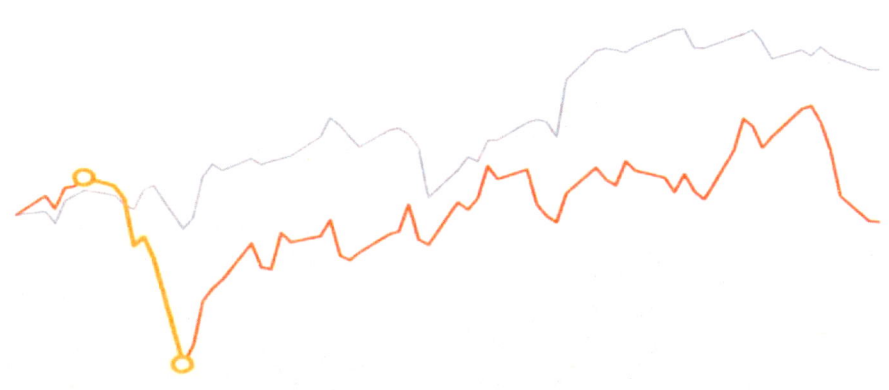

超简交易
交易高手速成手册

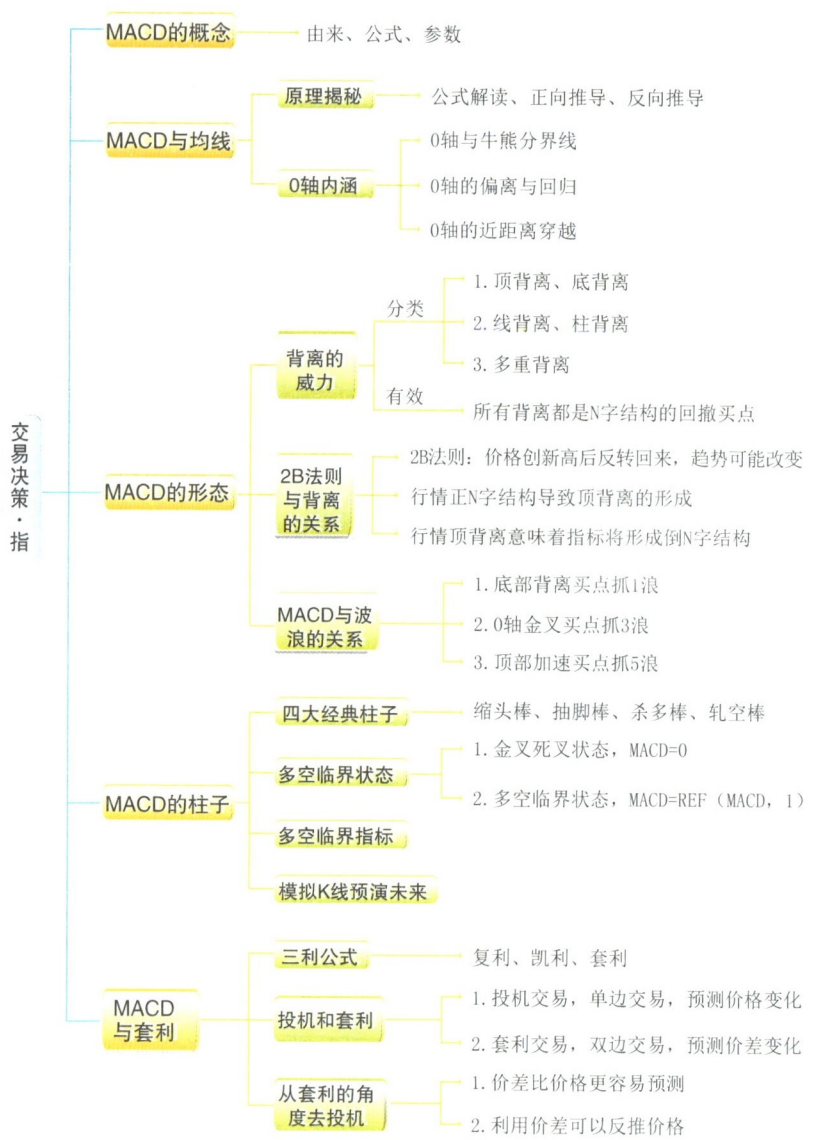

第一节　MACD 的概念

一、MACD 的由来

MACD（Moving Average Convergence and Divergence），全称为"指数平滑异同移动平均线"，是美国人杰拉德·阿佩尔（Gerald Appel）及福雷德·海期尔（W. Fred Hitschler）于1979年提出的，两人的著作是《股市交易系统》（Stock Market Trading System）。1986 年，美国人 Thmos Aspray 加入了柱子（Histogram），成为现在的 MACD 指标。

很多人搞不清 MACD 指标的意思。其实，Moving Average 是移动平均线，Convergence 的意思是聚合、集中、收敛，Divergence 的意思是分歧、分离、发散，所以 MACD 直译成"移动平均线聚散指标"更容易理解和记忆，简称为"均线聚散指标"。

MACD 就是利用短期移动平均线 12EMA 与长期移动平均线 26EMA 之间的聚合与离散状况，对买进、卖出时机做出研判的技术指标。

从图 8-1-1 可以看出，MACD 指标由三部分组成，它们分别是：DIF（快线）、DEA（慢线）和 MACD（柱子）。在图中，DIF 用黑线表示，DEA 用蓝线表示，红、绿色的即为柱子。

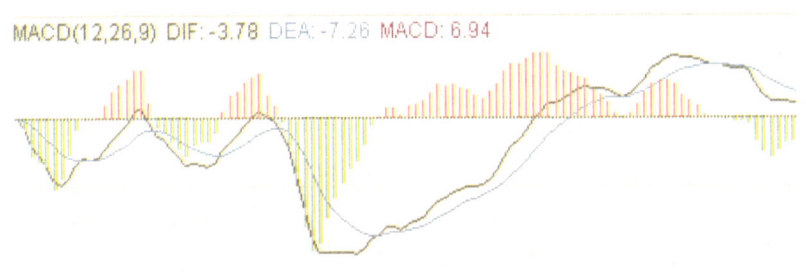

图 8-1-1　MACD

最早的 MACD 指标只有 DIF、DEA 这两条快、慢线，通过两条线的聚合和离散来判读市场情况。后来随着 MACD 的广泛运用，又引入了柱子，俗称"红绿柱"。红绿柱是快慢线的距离的表示，是为了更便于观察和使用指标。MACD 指标如果没有红绿柱，与普通的 KDJ 指标放在一起对比，所产生的买卖信号并没有太大区别，仿佛一下失去了活力，威力会大幅降低。

现在 MACD 指标几乎是所有交易软件的首选默认指标，不管是在股票交易中，还是在期货、外汇等其他投资品种的交易中都被频繁使用。

MACD 指标除了具有振荡指标的特性之外，还有趋势性的内涵，是众多指标中意义最丰富、最实用、适用性最强的指标，具有稳定性、趋势性、振荡性的特点，熟练运用这一个指标就能对趋势和振荡行情都有良好的判断和把握。同样的方法技巧，适用于长、中、短各个周期，具有广泛的指导意义。所以 MACD 指标被投资者称为"指标之王"。

二、MACD 的公式

MACD 指标由 DIF（Difference）、DEA（Difference Exponential Average）、MACD 三部分构成，计算过程如下：

DIF = 12EMA − 26EMA

DEA = EMA（DIF，9）

MACD = 2×（DIF−DEA），或者 BAR = 2×（DIF−DEA）

（一）DIF 快线

DIF 是快速平滑移动平均线 12EMA 与慢速平滑移动平均线 26EMA 的差，DIF 对于市场价格的反应比较快，因此被称为"快线"。

DIF 值的正负,反映了两条指数平滑移动平均线的上下位置关系。12 日 EMA 线在 26 日 EMA 线之上,DIF 为正值;12 日 EMA 线在 26 日 EMA 线之下,DIF 为负值。

根据第七章"交易决策·趋"中对指数平滑移动平均线的学习,

$EMA = EMA(C,N) = [2 \times C_n + (N-1) \times EMA_{n-1}]/(N+1)$

其中,C_n:当日收盘价,EMA_{n-1}:昨日的 EMA 值,$2/(N+1)$:权重系数(平滑系数)。所以:

$12EMA = EMA(C,12) = [2 \times C_{12} + (12-1) \times EMA_{11}]/(12+1)$

EMA_{11} 为昨日的 12EMA 值。

$26EMA = EMA(C,26) = [2 \times C_{26} + (26-1) \times EMA_{25}]/(26+1)$

EMA_{25} 为昨日的 26EMA 值。

(二)DEA 慢线

$DEA = EMA(DIF,9) = [2 \times DIF_9 + (9-1) \times DEA_8]/(9+1)$

DEA_8 为昨日的 DEA 值。

DEA 是 DIF 的 9 日平滑移动平均线,这是将 DIF 值进行平滑处理。这种平滑处理有两个好处,一是可以让曲线消除偶性的噪声,使其更稳定;二是可以结合 DIF 曲线,以金叉死叉等来指导实战。

(三)MACD 柱子

MACD 是 DIF 与 DEA 差值的两倍,并以柱状线的形式输出。当 MACD 大于 0 时,绘制成阳线的颜色(一般用红色);当 MACD 小于 0 时,绘制成阴线颜色(一般用绿色)。

MACD 数值之所以这样设计,是因为柱状线的变化更加立体化、形象化,有助于我们研判 DIF 线与 DEA 线的分离聚合情况。

三、MACD 的参数

MACD 指标中包括三个参数，多数软件默认的是（12，26，9）。在早期的国外股市，每周交易 6 天，两周交易 12 天，每月交易大约 26 天（30-4×1）。因此 MACD 指标中的 DIF 线就相当于最近两周平均股价减去最近一月平均股价，而 DEA 线的计算参数 9，则是投资者经过实践得出的经验。

MACD 指标的参数设定是在几十年时间里，经过无数投资者反复验证的。即使现在已经每周交易 5 天，每月交易大约 22 天（30-4×2），这个设定还是被延续下来。

根据均线的稳定性，"时间周期越长，均线稳定性越好"，MACD 指标采用大周期（12，26，9）产生的买卖信号，相比小周期（5，22，7.5）或者（5，22，8），会更加稳定。

另外，MACD 还可以采用各种不同时间周期形成 MACD 组合。杰拉德·阿佩尔（Gerald Appel）是这种方法的主要倡导者，他建议买入信号采用"12/26"的组合，卖出信号采用"19/39"的组合。这一点非常有趣，选择短期 MACD 发出的买入信号以及长期 MACD 发出的卖出信号作为决策依据。这可以验证一个观点：市场的上涨过程通常比较缓慢而下跌过程比较快速，为了防止提前下车，比较长的时间周期可以有效延后卖出信号。

不过为了保持一致性，同时因为（12，26，9）与 60 均线有着密切的关系（后面将会详细讲解），我们建议采用默认的参数（12，26，9），默认的往往是最好的。

第二节　MACD 与均线的关系

一、MACD 的原理揭秘

（一）MACD 的公式解读

MACD 指标的公式如下：

DIF = 12EMA − 26EMA

DEA = EMA（DIF，9）

MACD = 2×（DIF−DEA）

DIF（Difference）是短期快速平滑移动平均线 12EMA 与长期慢速平滑移动平均线 26EMA 之间的差值。

如图 8-2-1 所示，当 12EMA 向下跌破 26EMA 时，DIF 向下穿越 0 轴；当 12EMA 向上突破 26EMA 时，DIF 向上穿越 0 轴。相应地，当 DIF 小于 0 时，表示 12EMA 在 26EMA 之下运行；当 DIF 大于 0 时，表示 12EMA 在 26EMA 之上运行。

DEA（Difference Exponential Average）是 DIF 的 9 日指数平滑移动平均线。MACD 柱子是 DIF 快线与 DEA 慢线之间的差值。为了显示更明显，MACD 柱子值为差值的 2 倍。

如图 8-2-2 所示，当 DIF 与 DEA 交叉时，MACD 柱子为 0；当 DIF 小于 DEA 时，MACD 柱子小于 0，为绿色；当 DIF 大于 DEA 时，MACD 柱子大于 0，为红色。

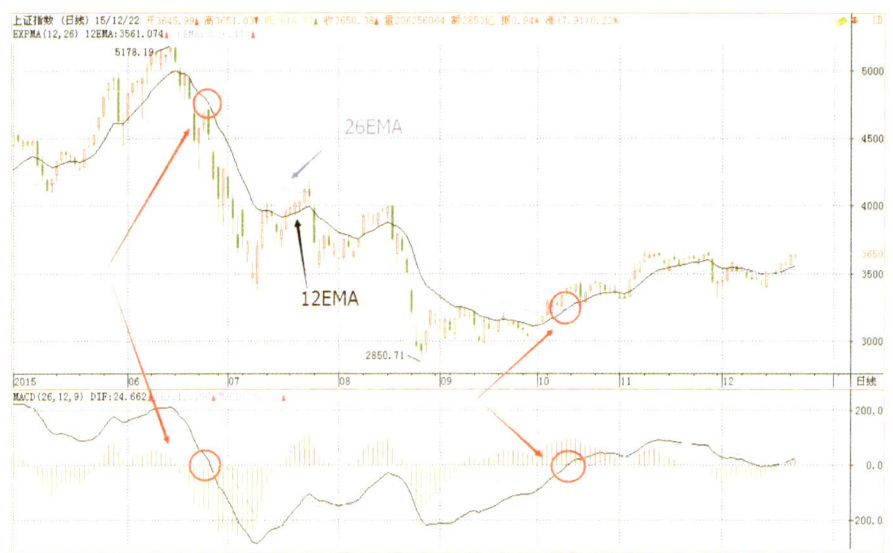

图 8-2-1　12EMA 与 26EMA

图 8-2-2　DIF、DEA

(二) MACD 的正向推导

MACD 公式很简单，关键是要理解公式背后的思路。思路分析如下：

1. 先对杂乱的 K 线进行均值处理，求得 12 日均线、26 日均线。均线的优点是相对 K 线变化稳定，缺点是相对 K 线变化滞后。

2. 那么如何改进呢？可以用短期均线减去或者除以长期均

线，比较两根均线的相对变化。也就是说有两种计算方法：减法和除法。一般来说，除法是优先的选择，因为它更能反映比例的变化（可以参考第四章关于对数坐标的讨论）。不过，当价格变动幅度不大时（比如短期走势），减法和除法并没有太大的区别。为了计算简单，这里采用减法。

对短期均线 12EMA、长期均线 26EMA 进行差值处理，求得均线差 DIF。均线差 DIF 可以快速反映两根稳定均线的相互关系，从而具有又稳又快的特点。

3. 再次重复上述 1、2 过程。

（1）对 DIF 进行均值处理，求得 DIF 的 9 日均线 DEA。

（2）对短期均线 DIF（可以看作 DIF 自身的 1 日均线）、长期均线 DEA（DIF 的 9 日均线）进行差值处理，求得均线差 MACD 柱子。MACD 柱子可以快速反映两根稳定均线的相互关系，从而具有又稳又快的特点。

整个过程如图 8-2-3 所示。

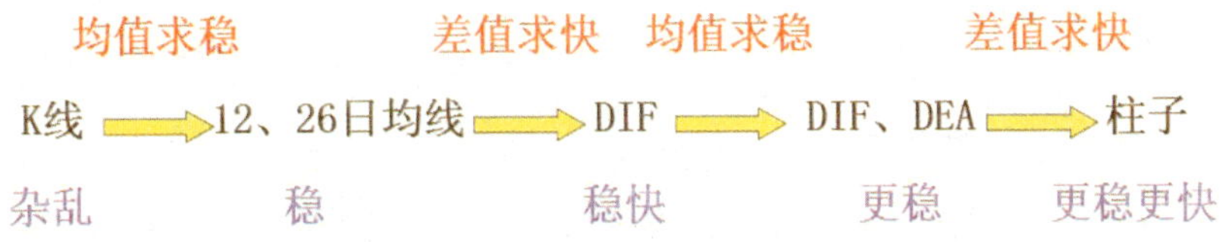

均值求稳　　　差值求快　　均值求稳　　　差值求快

K线 ⟹ 12、26日均线 ⟹ DIF ⟹ DIF、DEA ⟹ 柱子

杂乱　　　　　稳　　　　　稳快　　　　　更稳　　　更稳更快

图 8-2-3　MACD 的正向推导

总结一下上述过程：MACD 指标先计算 12 日均线、26 日均线的差值，即 DIF。再计算 DIF 均线、DEA 均线的差值，即柱子。其实就是："'均线差'的'均线差'"，进行了 2 次"求稳

求快"处理。

与杂乱的 K 线相比，MACD 指标的柱子形态稳定、不滞后，具有又稳又快的特点。许多人认为指标滞后，大多是基于"指标来源于 K 线，必然滞后"的简单推断，带有想当然的成分。

（三）MACD 的反向推导

既然柱子形态具有又稳又快的特点，那么如何利用呢？方法就是利用稳定、快速的柱子变化，反推稳定、快速的 DIF 变化，再反推杂乱的 K 线变化。整个过程如图 8-2-4 所示。

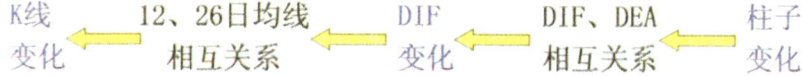

图 8-2-4　MACD 的反向推导

下面举例说明，如图 8-2-5 所示：

（1）2015 年 7 月初，经过了前期的大幅下跌，MACD 柱子开始快速缩短、奔向 0 轴，说明 DIF 与 DEA 的距离变小，DIF 即将上穿 DEA 产生金叉（Golden Cross）。

因为均线的稳定性，金叉之后有一定的延长性，所以 DIF 还会继续上涨，奔向 0 轴，也就是说 12EMA 与 26EMA 的距离将会缩小，趋向于 0。为了实现这个目的，在当前 26EMA 趋势向下的情况下，12EMA 要么横盘、原地等待 26EMA 跌下来，要么上涨、主动迎向 26EMA。实际结果是：K 线选择了上涨，主动迎向 26EMA，从而形成一波反弹，涨到了 4000 点附近。

(2) 2015年8月中旬，DIF 到达 0 轴附近，MACD 柱子开始快速缩短，奔向 0 轴，说明 DIF 与 DEA 的距离变小，DIF 即将下穿 DEA 产生死叉（Dead Cross）。

因为均线的稳定性，死叉之后有一定的延长性，所以 DIF 还会继续下跌，远离 0 轴，也就是说 12EMA 与 26EMA 的距离将会放大。为了实现这个目的，在当前 26EMA 趋势向下的情况下，12EMA 只能加速下跌，才能拉开与 26EMA 的距离，所以 K 线只能加速下跌，从而形成一波新的大跌行情，最终跌到了 2850.71 点。

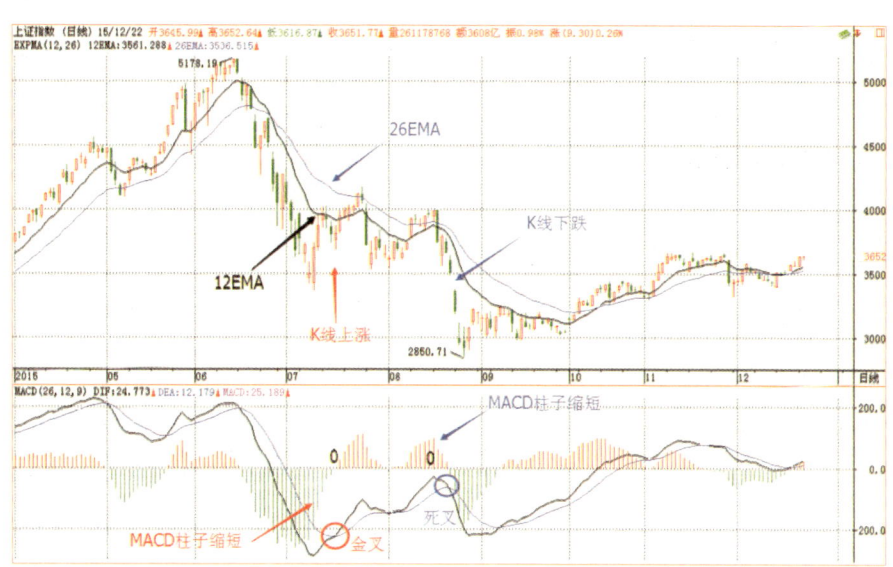

图 8-2-5　MACD 反向推导

二、MACD 的 0 轴内涵

（一）0 轴与牛熊分界线

MACD 指标是以 0 轴为中心而上下摆动的，如图 8-2-6 所示，MACD指标利用一条水平0线（Zero Line）将横向区间分割成上下两个部分，快线DIF、慢线DEA、红绿柱子围绕着0轴上下翻滚舞动，不断重复，这也是MACD指标被称为"振荡指标"的原因。

图8-2-6　MACD以0轴为中心上下摆动

在图8-2-6中，第二个指标图也是MACD指标，只不过是去掉了0轴，柱子显示成了线条。将上、下两个指标图进行对比，我们可以发现，第一个指标图形态分明、动中有静；第二个指标图杂乱无章、难以着手。没有了0轴的MACD指标，就像被抽去了灵魂，显得黯然失色、活力全无。可以说，0轴就是MACD的定海神针，对于0轴的重要性，再怎么强调都不过分，务必引起高度重视。

既然0轴对于MACD如此重要，那么我们应该如何学习呢？

具体来说，MACD的0轴对应于60MA均线。如图8-2-7

所示：

（1）在位置 1、2，DIF 回到 0 轴，K 线也正好回到 60MA 均线。

（2）在位置 3、4，DIF 穿越 0 轴，K 线也正好穿越 60MA 均线。

（3）在位置 5，DIF 离 0 轴还有一点距离，K 线离 60MA 均线也有一点距离。

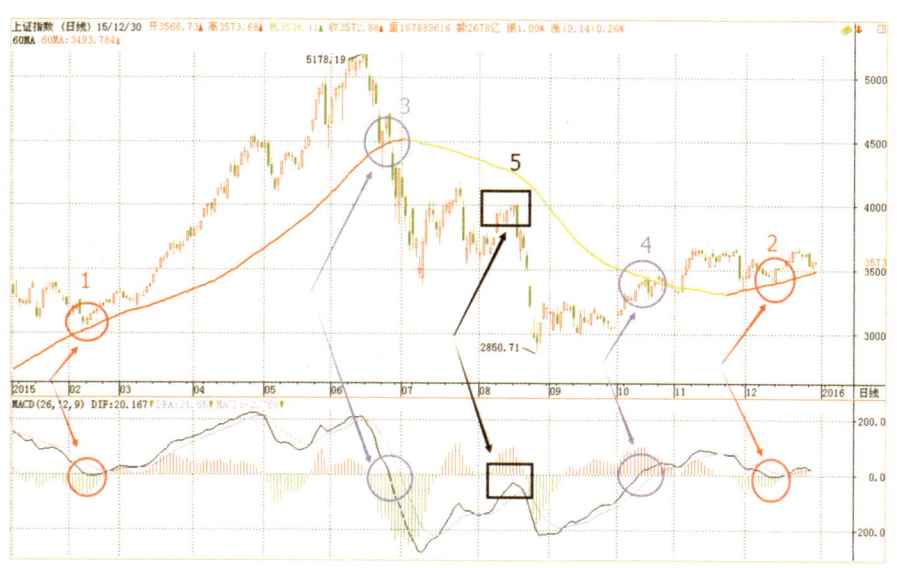

图 8-2-7　0 轴与 60MA 均线

在第七章"交易决策·趋"第四节"均线的用法"中，曾经讲到 60MA 均线可以称为"牛熊分界线"，60MA 均线方向向上，可以判定为牛市；60MA 均线方向向下，可以判定为熊市。利用 60MA 均线可以简单、有效地判定趋势的大方向。

既然 MACD 的 0 轴与 60MA 均线对应，那么 MACD 的 0 轴也可以被称为"牛熊分界线"。如图 8-2-7 所示：

（1）从位置1到位置3，DIF位于0轴之上，K线位于60MA均线之上，60MA均线方向向上，可以称为"牛市"。

（2）从位置3到位置4，DIF位于0轴之下，K线位于60MA均线之下，60MA均线方向向下，可以称为"熊市"。

运用MACD指标的一个重要目的，就是分清当前的市场行情是处于上升趋势中，还是处于下降趋势中。利用MACD的0轴，可以轻松判断趋势的方向，这就是MACD指标被称为"趋势指标"的原因。

当然，MACD的0轴和60MA并不是精确对应的关系，而是大致对应。但对于判断趋势方向来说，这已经足够了，这里并不需要精确计算。

（二）0轴的偏离与回归

既然MACD指标是以0轴为中心而上下摆动的"振荡指标"，那么，MACD指标的快线DIF、慢线DEA、红绿柱子必然表现出这样的特征：要么偏离0轴，要么回归0轴。

根据"均值回归"原理，在一个趋势内，价格呈持续上升或下降，我们称之为均值偏离（Mean Aversion，也叫均值回避）。当出现相反趋势时就呈均值回归（Mean Reversion）。

因为MACD指标的0轴对应60MA均线，所以MACD指标的"0轴偏离与回归"，和K线价格的"均值偏离与回归"，是一一对应的。如图8-2-8所示，红色线段表示偏离，蓝色线段表示回归。

根据"0轴偏离与回归""均值偏离与回归"，MACD指标与K线之间的关系，可以细分为以下四种：同离、背离、同回、盘回。

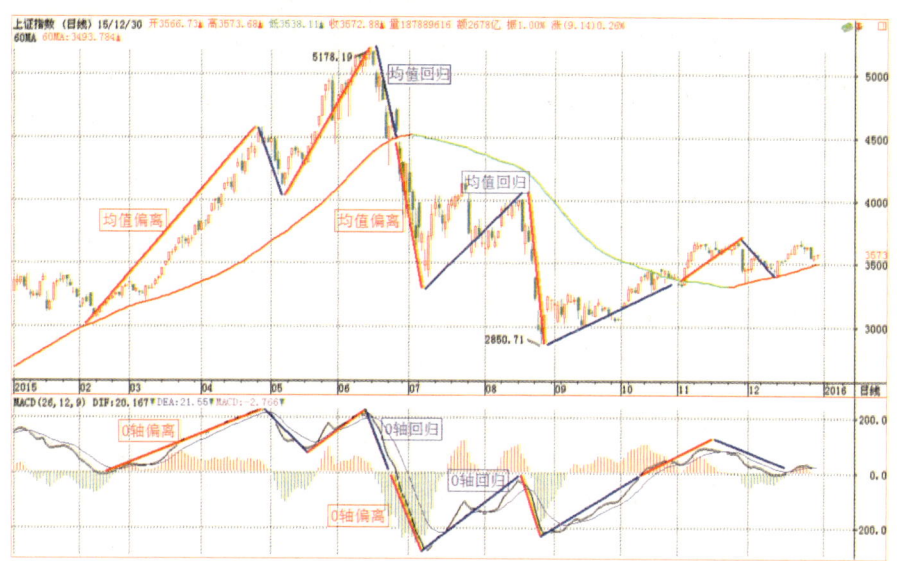

图 8-2-8　0 轴的偏离与回归

以上升趋势为例,如图 8-2-9 所示:

(1) 同离,是指 K 线 CD 上涨创新高、指标 cd 上涨创新高,两者同步偏离。

(2) 背离,是指 K 线 CD 上涨创新高、指标 cd 上涨却没有创新高,两者异步偏离。

(3) 同回,是指 K 线 BC 下跌、指标 bc 回调,两者同步回归。

(4) 盘回,是指 K 线 BC 盘整、指标 bc 回调,两者异步回归。

同离和同回属于正常的同步关系,背离和盘回属于非正常的异步关系,两者在 MACD 指标的应用中具有非常重要的作用。"背离"走势将会在下一节"MACD 的形态要领"中详细讲解,这里先简单学习下"盘回"走势。

盘回走势的实际含义是：K 线与指标一同上涨，一段时间后指标需要回调，这时 K 线并没有下跌，而是原地盘整。K 线等待指标回调完成后，再一起同步上涨。

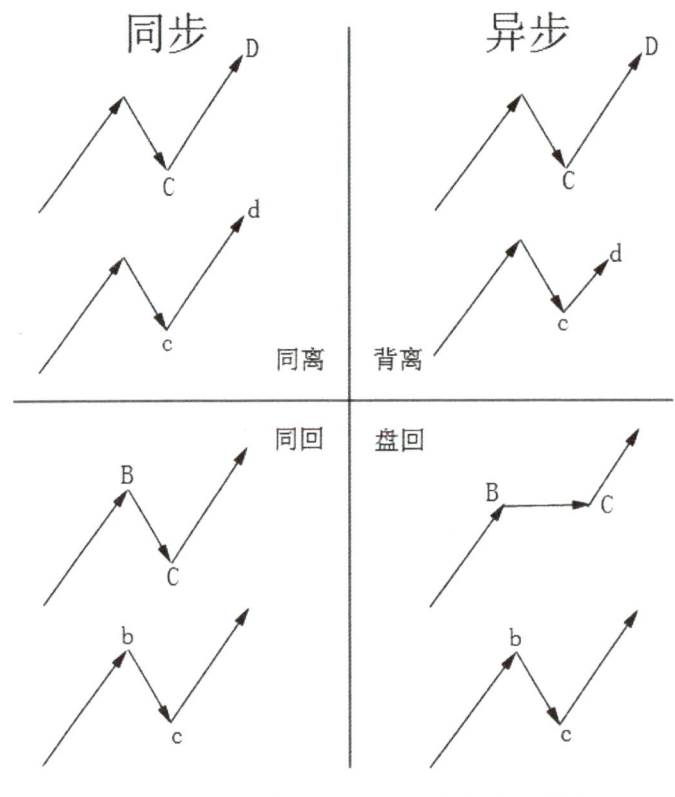

图 8-2-9　同离、背离、同回、盘回

这就像两个人 A 和 B 一同赶路，一段时间后，体力差的人 B 需要休息调整。这时，体力好的人 A 就停下来，等待体力差的人 B 休息调整完成后，A 和 B 再一起同步前进。

图 8-2-10 是同离、背离、同回、盘回四种走势的示意图。

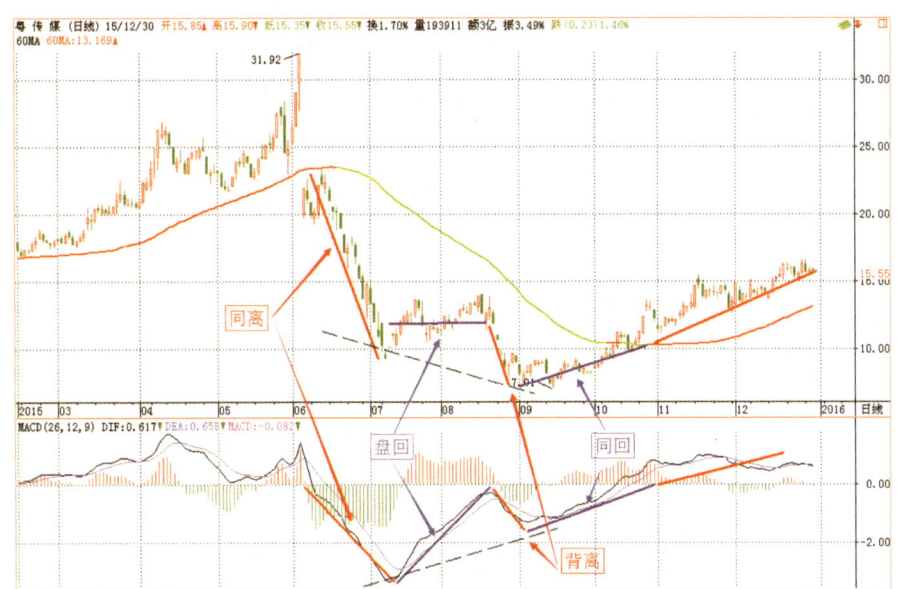

图 8-2-10　同离、背离、同回、盘回走势图

(三) 0 轴的近距离穿越

上一节学习了 0 轴的偏离与回归，这一节接着学习 0 轴的近距离穿越。如图 8-2-11 所示：

(1) AB 回归 0 轴后，并没有穿越 0 轴，而是逆着 AB 的方向，走出了 BC 段，逆向偏离 0 轴。

(2) CD 回归 0 轴后，继续穿越 0 轴，顺着 CD 的方向，走出了 DE 段，顺向偏离 0 轴。

我们知道，MACD 的 0 轴代表"牛熊分界线"，如果双线可以穿越 0 轴，说明会走出"牛市"，行情走势力度大；如果双线不可以穿越 0 轴，说明仍然处于"熊市"，行情走势力度有限。那么这里产生了一个问题：A 点、C 点都是在回归零轴，为何一个可以穿越 0 轴，另一个却不行？

原因有两个：

1. MACD 的 0 轴穿越，与距离 0 轴远近有关。

从图形上来说，A 点属于远 0 轴点，C 点属于近 0 轴点，在回归 0 轴的过程中，C 点比 A 点距离 0 轴更近，自然更容易穿越 0 轴。这就像战场上对敌方阵地发起冲锋，距离敌方阵地越近，就越容易攻克阵地。

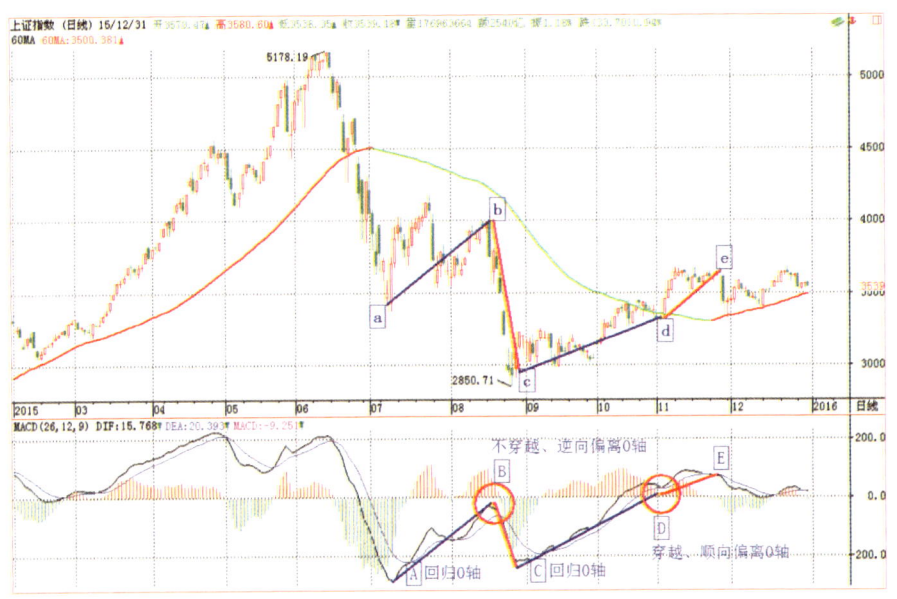

图 8-2-11　0 轴的近距离穿越

2. MACD 的 0 轴穿越，还与 60MA 均线有关。

我们知道 MACD 的 0 轴与 60MA 均线对应，MACD 双线穿越 0 轴，对应 K 线穿越 60MA 均线。如图 8-2-12 所示。

（1）在 b 处，龙头 K 线、龙尾 K 线相差 1065.6，两者差值较大、距离较远，60MA 均线的方向向下，短期内很难扭转向上，所以 K 线很难上穿 60MA 均线。也就是说，B 处很难发生 0 轴穿越。

（2）在 d 处，龙头 K 线、龙尾 K 线相差 347.03，两者差值变小、距离较近，尤其 2015 年 8 月 18 日以后龙尾 K 线会迅速下跌，龙头 K 线与龙尾 K 线的距离会更近。虽然目前 60MA 均线的方向仍然向下，但 60MA 均线将会迅速变缓、走平，直至扭转向上，所以 K 线很容易上穿 60MA 均线。也就是说 D 处容易发生 0 轴穿越。

总之，要发生 0 轴穿越，关键在于"近距离"。通过"0 轴的近距离穿越"技术，我们可以提前预判发生 0 轴穿越的可能性，从而可以更好地把握行情走势。

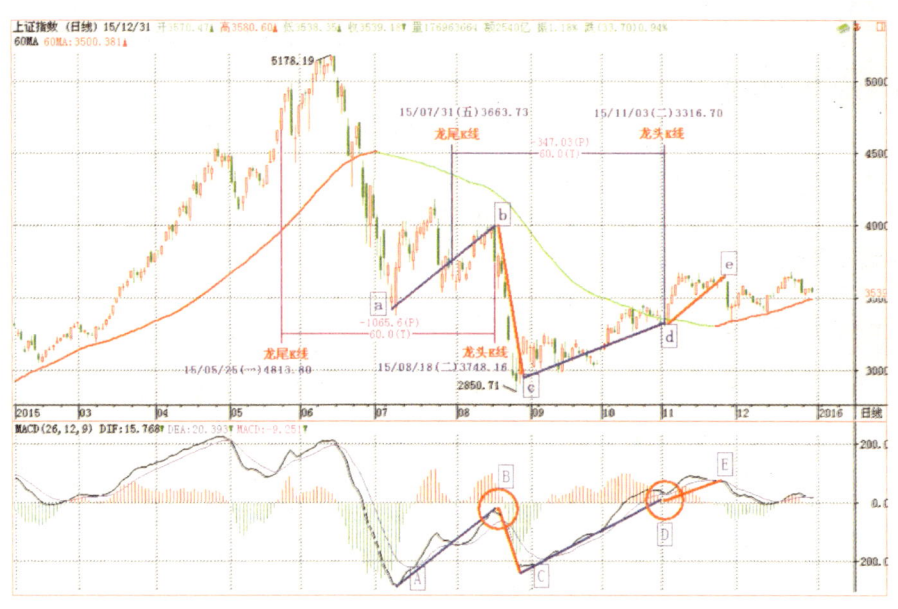

图 8-2-12　MACD 的 0 轴穿越与 60MA 均线

第三节 MACD 的形态要领

一、背离的威力

（一）背离的分类

1. 顶背离、底背离

所谓顶背离，是指当股价持续创下新高点时，其对应的指标却无法持续创下新高点，暗示股价上涨力道减缓，股价有机会进入高档反转或是多头修正行情。如图 8-3-1 所示。

所谓底背离，是指当股价持续创下新低点时，其对应的指标却无法持续创下新低点，暗示股价下跌力道减缓，股价有机会进入低档反转或是空头修正行情。如图 8-3-1 所示。

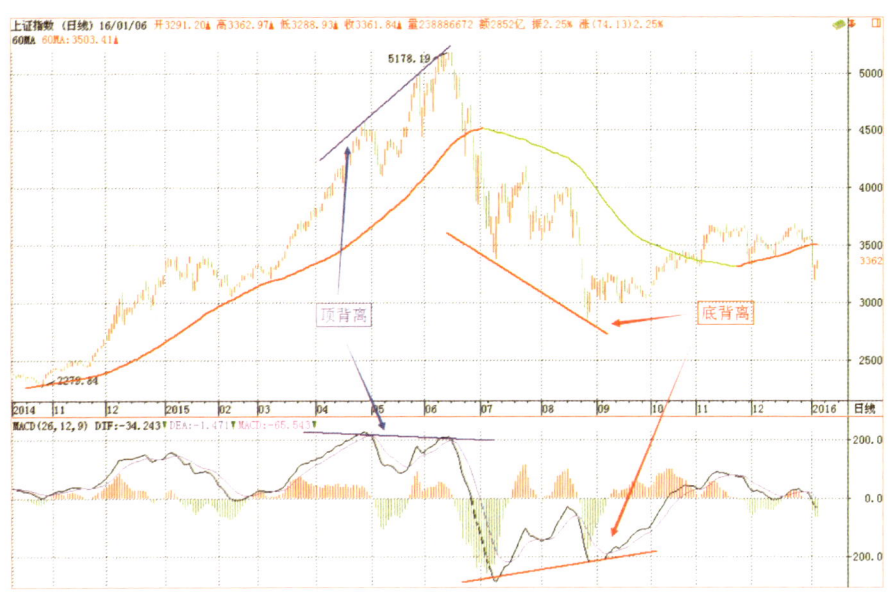

图 8-3-1　顶背离、底背离

2. 线背离、柱背离

所谓线背离，是指当股价持续创下新高点（或新低点）时，MACD 指标的快线 DIF、慢线 DEA 却无法持续创下新高点（或新低点）。如图 8-3-1 所示，图中的顶背离、底背离都属于线背离，可以称为"线顶背离""线底背离"。

所谓柱背离，是指当股价持续创下新高点（或新低点）时，MACD 指标的柱子却无法持续创下新高点（或新低点）。如图 8-3-2 所示，分别为"柱顶背离""柱底背离"。

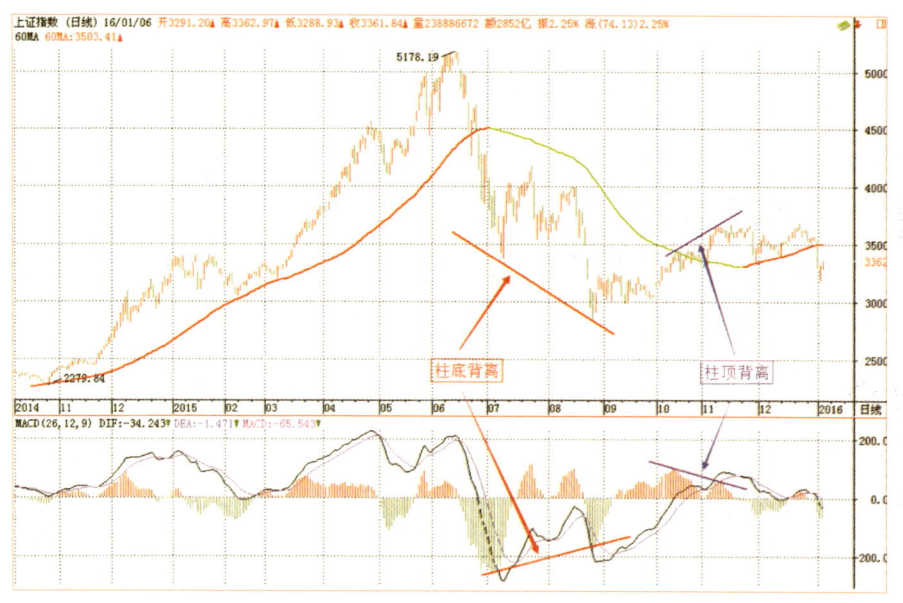

图 8-3-2　柱顶背离、柱底背离

3. 多重背离

多重背离，可以指同时出现线背离、柱背离。如图 8-3-3 所示，线底背离、柱底背离出现后，形成了双重底背离，从而导致行情出现强烈上涨。

多重背离，还可以指在多个周期级别上出现背离，从而形成多重共振。如图 8-3-4、8-3-5 所示，在 1 分钟 K 线图上出现了线底背离，在 5 分钟 K 线图上出现了线底背离、柱底背离，在 15 分钟 K 线图上出现了线底背离、柱底背离，从而形成了多重底背离。同时 30 分钟 K 线图正在形成金叉，1 分钟、5 分钟、15 分钟、30 分钟四个周期的买点形成了共振，所以行情出现了强烈上涨。

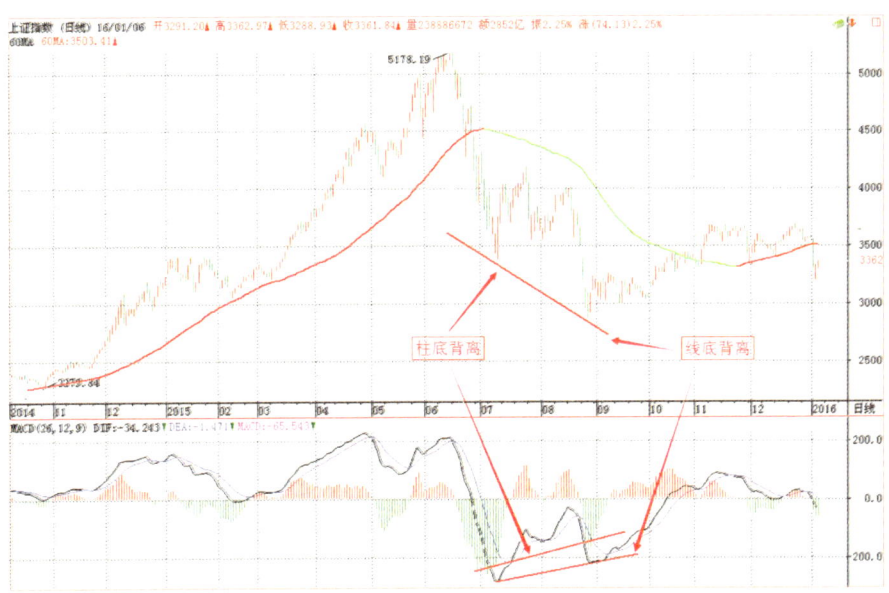

图 8-3-3　线底背离、柱底背离

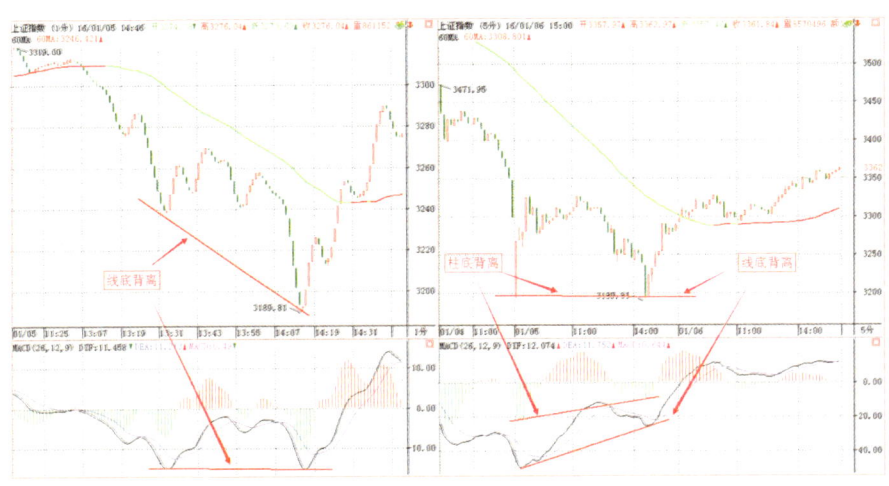

图 8-3-4　多重背离共振（一）

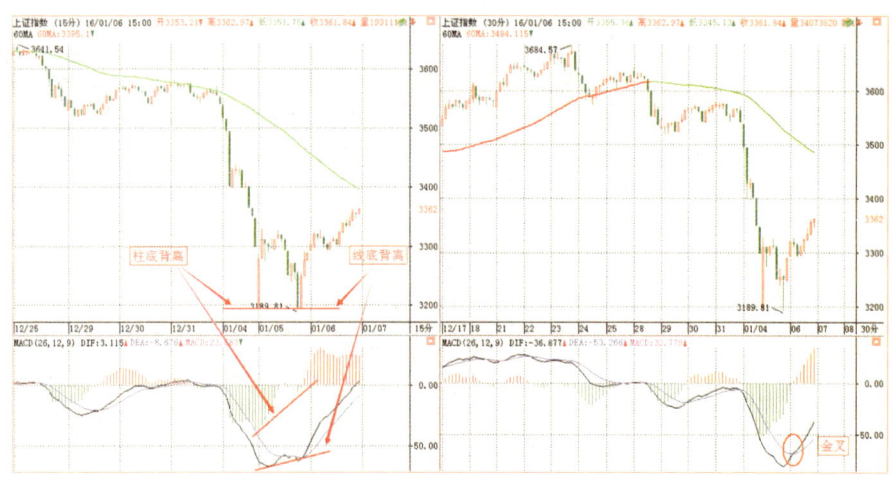

图 8-3-5　多重背离共振（二）

（二）背离为何有效

前一节中通过各个图形示例，展示了背离的效果，那么背离为何有效呢？

这里我们以"底背离"来进行研究（顶背离也是同样原理）。所谓底背离，是指 K 线上涨创新低，指标上涨却没有创新低。对于 MACD 指标来说，就是柱子没有创新低，形成柱底背离，快线 DIF、慢线 DEA 没有创新低，形成线底背离。

1. 柱底背离

图 8-3-6 为大盘的 5 分钟 K 线图。1 月 5 日大盘低开，K 线创新低，MACD 指标的柱子却没有创新低，表现为柱底背离。在 MACD 公式中，柱子代表的是 DIF 与 DEA 的距离差，柱子不创新低说明 DIF 与 DEA 之间的距离在变小。一旦柱子缩短向上，DIF 向上穿越 DEA 将更加容易，从而形成金叉。均线 DIF 与 DEA 金叉具有一定的稳定性，将会持续一段时间，也就是说行情上涨

将会持续一段时间。

图 8-3-6　柱底背离

2. 线底背离

图 8-3-7 为大盘的 5 分钟 K 线图。1 月 5 日下午 14：20，K 线创新低，MACD 指标的柱子却没有创新低，表现为柱底背离；MACD 指标的快线 DIF、慢线 DEA 也没有创新低，表现为线底背离。

（1）柱底背离，代表 DIF 与 DEA 之间的距离变小，金叉更加容易，并具有一定的稳定性，说明行情上涨将会持续一段时间。

（2）线底背离，DIF 不创新低，代表 12EMA 与 26EMA 之间的距离变小。一旦 12EMA 扭转向上，12EMA 向上穿越 26EMA 将更加容易，从而形成金叉。均线 12EMA 与 26EMA 金叉具有一定的稳定性，将会持续一段时间，也就是说行情上涨将会持续一段时间。

（3）线底背离，DIF、DEA 不创新低，相比前期距离 0 轴更近了，更容易回归 0 轴。如果距离 0 轴较近，按照前面讲过的"0 轴的近距离穿越"技术，DIF、DEA 将更容易上穿 0 轴，即"牛熊分界线"、60MA 均线。

这里需要注意的是，背离很多时候引发的仅仅是原趋势短期的调整，并不一定引发原趋势的反转。原趋势的反转与 60MA 均线的扭转有关，与龙尾 K 线有关。如果把背离形态与 60MA 均线结合起来，背离将会更有威力。

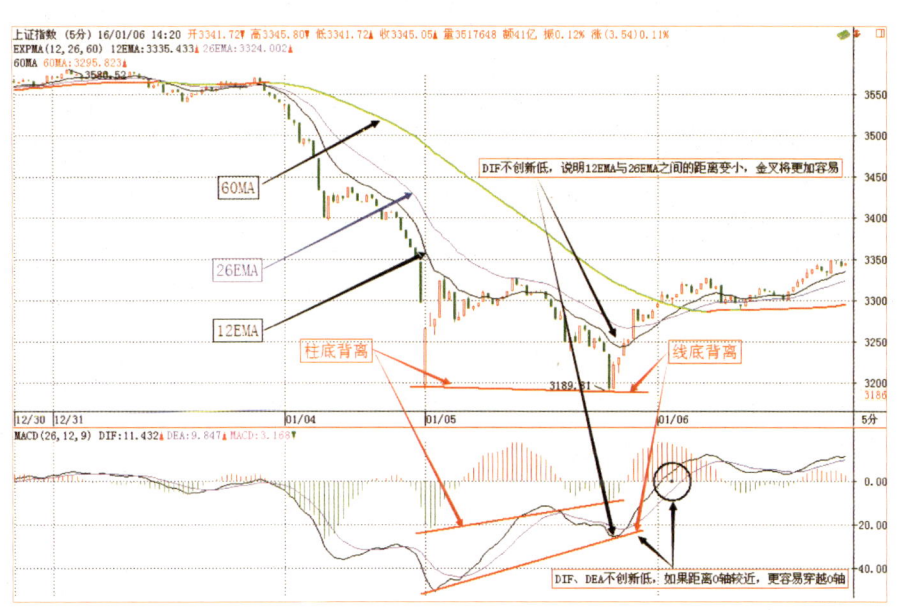

图 8-3-7　线底背离、柱底背离

3. N 字结构回撤买点

如图 8-3-8 所示，所有的背离都是 N 字结构的回撤买点。

（1）K 线走出下跌的倒 N 字结构 A1—B1—C1—D1，D1 创新低。对应的 MACD 指标走出柱底背离、c1 没有创新低。根据第六章"交易决策·形"中 N 字结构回撤买点的学习,行情一旦开始上涨,c1 就成为上升的正 N 字结构 a1—b1—c1—d1 的回撤买点。

回撤买点属于高胜率、高赔率的买点,看似危险的 D1 转换成了相对安全的买点 c1。

(2) K 线走出下跌的倒 N 字结构 A2—B2—C2—D2,D2 创新低。对应的 MACD 指标走出双重底背离:①柱底背离,c2 没有创新低;②线底背离,c3 没有创新低。根据第六章"交易决策·形"中 N 字结构回撤买点的学习,行情一旦开始上涨,c2 就成为上升的正 N 字结构 a2—b2—c2—d2 的回撤买点,c3 就成为上升的正 N 字结构 a3—b3—c3—d3 的回撤买点。

回撤买点属于高胜率、高赔率的买点,看似危险的 D2 转换成了相对安全的买点 c2、c3。同时 c2、c3 两大买点形成共振,比起前期的买点 c1,更加安全,上涨幅度也更大。

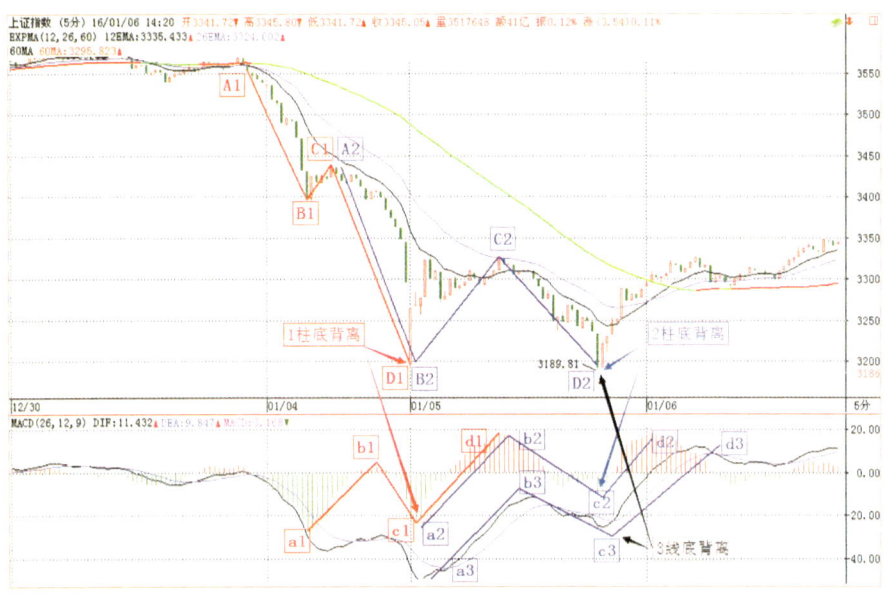

图 8-3-8　N 字结构回撤买点与背离

二、2B 法则与背离的关系

（一）123 法则

要了解 2B 法则，首先要懂得 123 法则。123 法则出自维克多·斯波朗迪（Victor Sperandeo）的《专业投机原理》，定义如下：

（1）趋势线被突破；

（2）上升趋势不再创新高，或下降趋势不再创新低；

（3）在上升趋势中，价格向下穿越先前的短期回档低点，或在下降趋势中，价格向上突破前期反弹高点。如图 8-3-9 所示。

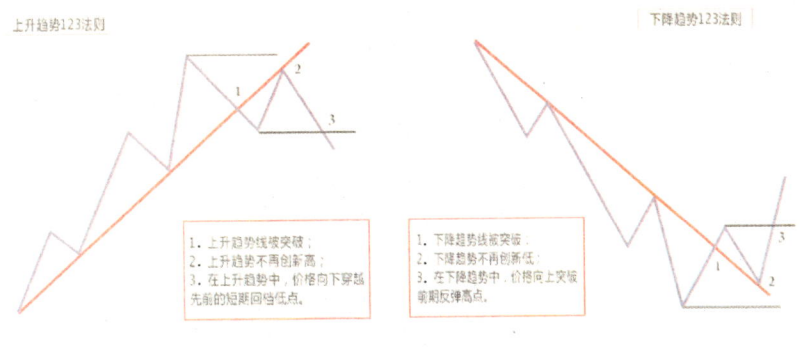

图 8-3-9　123 法则

在使用 123 法则时，强调至少满足以上 2 条要求。如果 3 条要求同时满足表示趋势已经发生变化。图 8-3-10 是 123 法则的拓展图形。

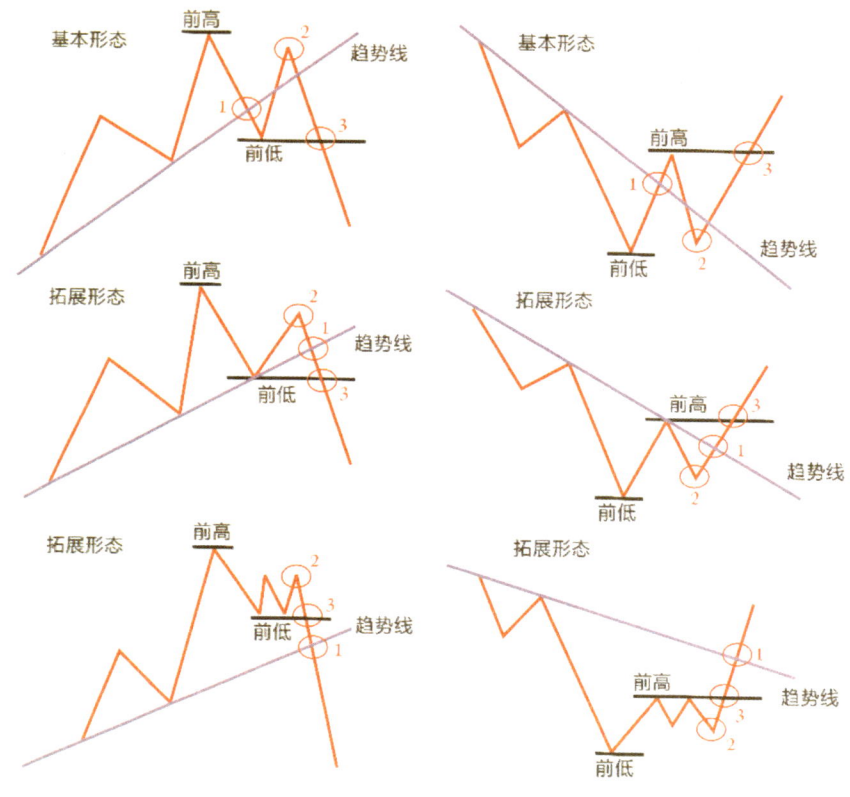

图 8-3-10　123 法则拓展形态

（二）2B 法则

123 法则相当于道氏理论对趋势发生转变的定义，注意其中第 2 点，有的时候价格会出现短暂的假突破（新高或新低），但很快会回到前高以下（或前低以上）。针对这种假突破现象，维克多·斯波朗迪进一步提出了 2B 法则。

2B 法则的定义如下：

（1）在上升趋势中，如果价格已经穿越先前的高价而未能持续上涨，稍后又跌破先前的高点，则趋势很可能会发生反转。

（2）在下降趋势中，如果价格已经穿越先前的低价而未能持续下跌，稍后又涨破先前的低点，则趋势很可能会发生反转。如

图 8-3-11 所示。

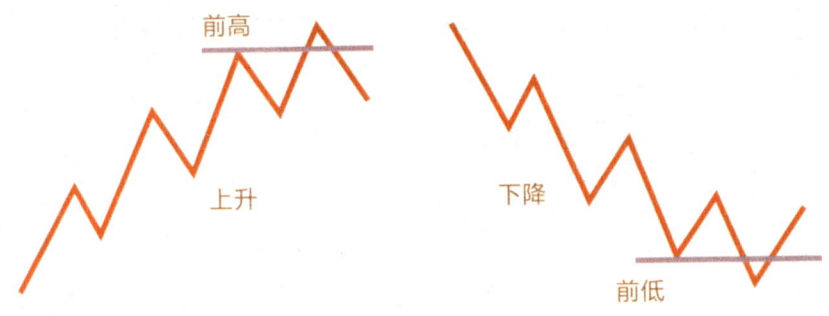

图 8-3-11 2B 法则

2B 法则是 123 法则的一种特殊形态,是对 123 法则中"2"的补充,弥补了价格已经穿越先前的高价或低价而未能持续延伸的情形。

2B 法则的缺憾:

(1) 2B 法则只是描述了"价格创新高后又反转回来,趋势很可能已经发生变化"这种现象,但对于趋势反转的内部原因,却没有说明。

(2) 入场时机比较晚,需要等"价格创新高而后又反转回来"才能入场。如果创新高的幅度比较大,等价格反转回来,已经走了很大一段距离了,错失了一大段利润。

(三) 透过背离看 2B 法则

既然 2B 法则有着两大缺憾,那么我们就需要解决它,才能更好地为投资操作服务。

以上升趋势为例,如图 8-3-12 所示,K 线上涨到 D 点,创出新高,但 MACD 指标却没有创新高,与 K 线形成顶背离。

1. 行情正 N 字结构导致顶背离的形成,这是 2B 法则"趋势很可能已经发生变化"的原因。

K线从B点走到C点，然后走到B'点，K线高度没有变化，但却在BC水平区域内消耗了时间，这会产生两个结果：

（1）拉高均值，使K线距离均线更近，导致顶背离，增大了回归均线的可能。

在BC水平区域内，K线来回走动，会使均值向水平区域靠近，从而拉高了均值。60MA均线在B点处均值为M，在D点处均值上升到了N，DN小于BM，D点与60MA均线的距离更近了。如果K线从D点处开始下跌，回归到60MA均线的可能性增大。

（2）K线消耗了时间，龙尾K线会跟上来，从而导致龙头K线与龙尾K线距离变小，增加了均线扭转的可能。

在图8-3-12中，当龙头K线到了D点处，龙尾K线已经超过了A点，马上进入BC区域。如果龙头K线从D点再下跌，就会与龙尾K线在BC区域附近相会。一旦龙头K线小于龙尾K线，60MA均线就会发生扭转，也就是说趋势将会发生转向。

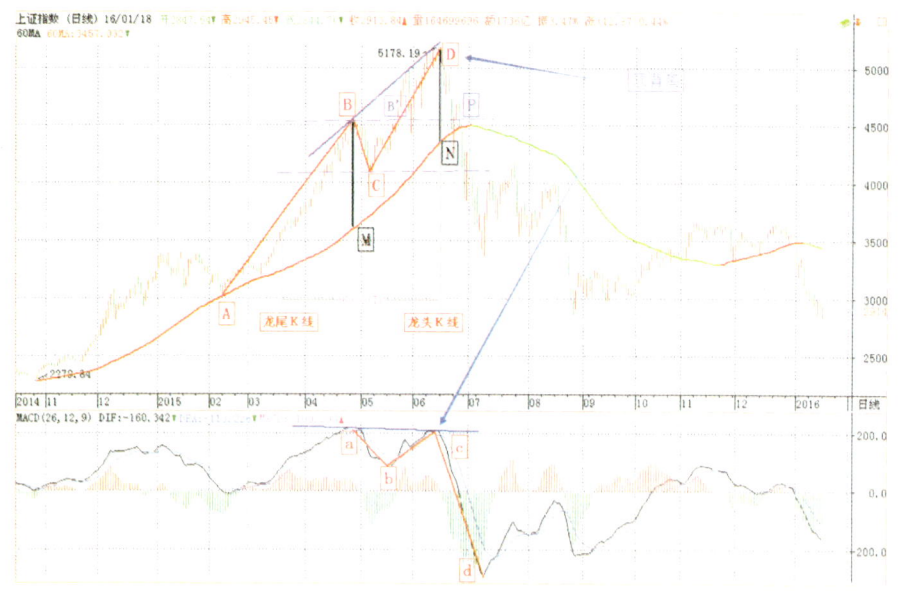

图8-3-12　背离与2B法则

2. 行情顶背离意味着指标倒 N 字结构将要形成，从而可以作为回撤买点尽早入场，弥补 2B 法则错失利润的缺憾。

在图 8-3-12 中，K 线在 D 点创出新高，MACD 指标在对应的 c 点却没有创出新高，换句话说，c 比 a 距离 0 轴更近。如果 K 线从 D 处开始下跌，MACD 指标将会形成倒 N 字结构 abcd，c 点将会成为回撤类买点，安全性有保证。

同时，由于前期 ab 的下跌幅度都已经接近了 0 轴，c 比 a 距离 0 轴更近，那么可以预判即将形成的 cd 很可能会跌到 0 轴，甚至跌穿 0 轴。因为 0 轴对应 60MA 均线，所以 K 线从 D 点跌下来很可能会跌到 60MA 均线，甚至跌穿 60MA 均线，这远大于前期 BC 的跌幅，利润空间较大。

根据上面的分析，在 D 点做空，其实就是在 c 点做空，胜率高、赔率高，并不需要等到 K 线价格跌破前高 B，在 P 点处才迟迟入场，白白损失了 DP 这段的利润。

三、MACD 与波浪的关系

学习 MACD 指标的形态，除了需要关注背离、2B 法则，更重要的是研究 MACD 指标与波浪的关系。通过 MACD 指标，投资者可以踏准波浪节奏，成功抓住 1 浪、3 浪和 5 浪的涨幅。下面以上升趋势为例进行说明（下降趋势同理）。

（一）底部背离买点抓 1 浪

要抓住 1 浪，首先要明确 1 浪的形态特征。在第七章"交易决策·趋"第四节"均线的用法"中，讲到了波浪的起点确认："60MA 均线从下降逐渐走平且略向上抬头，而股价从均线下方向上方突破均线，为买进信号。"

这里有两点需要注意：（1）股价突破60MA均线；（2）60MA均线扭转向上。

我们知道，60MA均线是"牛熊分界线"，股价要想从熊市进入牛市，必须实现60MA均线的扭转向上。而要实现60MA均线的扭转向上，股价一般会在下跌过程中走倒N字结构。如图8-3-13所示。

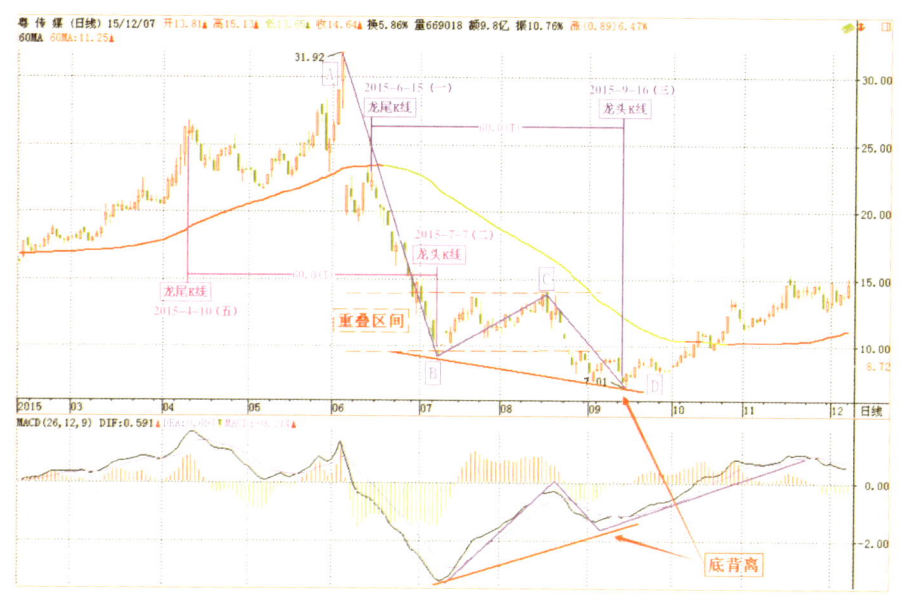

图 8-3-13　底部背离买点

股价在倒N字结构的重叠区间内来回折返，有两个作用：

（1）拉低60MA均值

股价在倒N字结构的重叠区间内来回折返，K线数量多且数值接近，会导致60MA均线的值不断向重叠区间靠近。也就是说，股价与60MA均线之间的距离会缩短，相应地，MACD指标会走出底背离形态。距离越短，股价就越容易突破60MA均线，

DIF、DEA 线就越容易突破 0 轴（0 轴对应 60MA 均线）。

（2）拉低龙尾 K 线

股价在倒 N 字结构的重叠区间内来回折返，空间上变化不大，但消耗了时间，在这段时间内前期处于高位的龙尾 K 线会逐渐跌下来，股价（即龙头 K 线）与龙尾 K 线的距离会逐渐缩短。

如图 8-3-13 所示，当股价（即龙头 K 线）跌到 2015 年 7 月 7 日 B 点，此时龙尾 K 线位于 2015 年 4 月 10 日，未来一段时间龙尾 K 线将上升到最高价 31.92，也就说短期内龙头 K 线很难大于龙尾 K 线，60MA 均线很难扭转向上。所以股价开始走出倒 N 字结构消耗时间，等到了 2015 年 9 月 16 日 D 点，龙尾 K 线已经位于 2015 年 6 月 15 日，并且未来 15 天龙尾 K 线将面临大幅度下跌，这就为龙头 K 线大于龙尾 K 线创造了机会，60MA 均线有可能扭转向上。果然，股价从 D 点处开始上涨到 60MA 均线处准备突破时，大于龙尾 K 线，60MA 均线被扭转向上。

所以，MACD 与 1 浪的关系可以描述为：在持续下跌行情的末端，股价与 MACD 指标形成底背离形态，60MA 均线从下降逐渐走平，然后股价开始上涨并上穿 60MA 均线，同时 DIF、DEA 双线上穿 0 轴，此时 60MA 均线也略微抬头向上，这就是 1 浪上涨行情，1 浪买点可以称为底部背离买点。

不过需要补充说明的是：图 8-3-13 是一个失败的 1 浪，为什么呢？作为日线来说，股价突破了 60MA 均线，形成黄金交叉，属于良好走势。但是如果我们再观察周线走势，如图 8-3-14 右侧所示，周线图中的 60MA 均线保持下降趋势，股价反弹后受到 60MA 均线的压制，然后再次下跌。

这也提醒我们，即使当前走势走出了标准的 1 浪，也不能盲目认为一定会走出标准的 5 浪，因为当前周期的行情，还受到其他周期行情的影响，需要综合考虑。

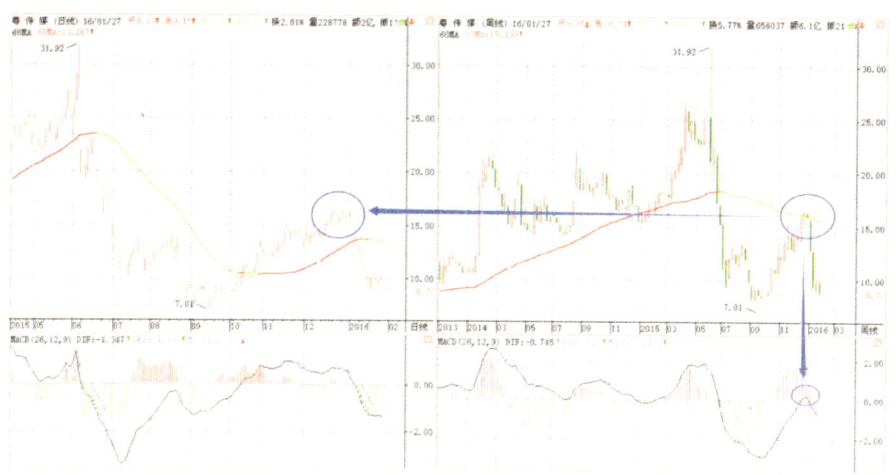

图 8-3-14　失败的 1 浪

(二) 0 轴金叉买点抓 3 浪

当股价经过 1 浪的上涨，形成 2 浪回调时，股价开始下跌，回归 60MA 均线，同时 MACD 指标的两条曲线 DIF、DEA 会在高位形成死叉并下跌，回归 0 轴，即股价和 MACD 指标出现"同回走势"。

因为 2 浪不会破坏 1 浪涨幅，股价位于 60MA 均线之上运行，且 60MA 均线保持向上，所以在 2 浪回调过程中，股价一般会在 60MA 均线附近获得支撑，并开始上涨、偏离 60MA 均线；相应地，MACD 指标曲线 DIF、DEA 在 0 轴获得支撑，并形成金叉掉头向上，偏离 0 轴，即股价和 MACD 指标出现"同离走势"，这就是 3 浪上涨行情，3 浪买点可以称为 0 轴金叉买点。如图 8-3-15所示。

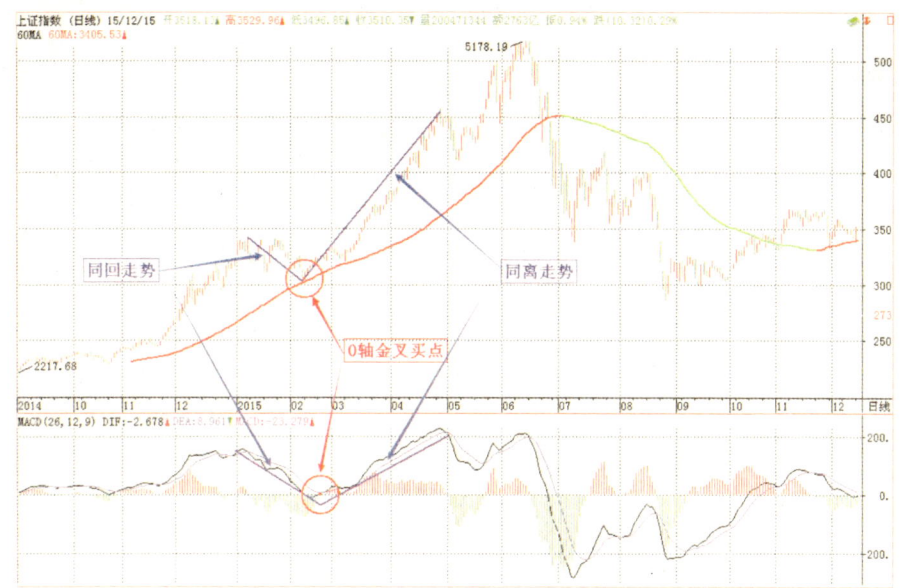

图 8-3-15　0 轴金叉买点

（三）顶部加速买点抓 5 浪

3 浪结束后，股价将进入 4 浪回调阶段。与 2 浪回调不同的是，由于经过 3 浪大幅拉升，股价与 60MA 均线之间的距离较远，所以股价回调一般难以回到 60MA 均线附近。相应地，MACD 指标的两条曲线 DIF、DEA 在高位形成死叉后下跌，一般不会跌太多，仍然可以认为处于顶部区域。也就是说，股价和 MACD 指标虽然出现"同回走势"，但幅度有限。

4 浪调整结束后，股价开始上涨，MACD 指标曲线 DIF、DEA 也在顶部形成金叉掉头向上。由于当前 60MA 均线仍然保持良好上升势头，DIF、DEA 要偏离 0 轴，股价要偏离 60MA 均线，只能要求股价比 60MA 均线上升得更快，即股价出现加速上涨，这就是 5 浪行情，5 浪买点可以称为顶部加速买点。如图 8-3-16 所示。

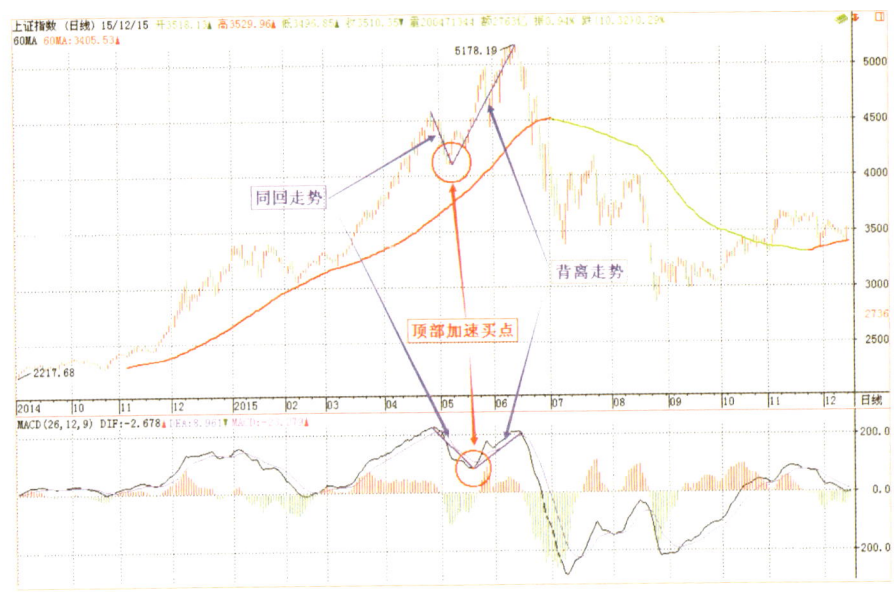

图 8-3-16　顶部加速买点

关于 5 浪行情，需要说明的是，如果股价创新高，MACD 指标也创新高，即为"同离走势"；如果股价创新高，MACD 指标没有创新高，即为"背离走势"。

不管是同离，还是背离，两者都是对 60MA 均线的偏离，只是偏离幅度有所差异。

(四) MACD 的三大买点总结

为了更好地理解 MACD 的三大买点，这里对其进行分类对比、归纳总结。

(1) 根据位置，MACD 的三大买点分别为底部背离买点、0 轴金叉买点、顶部加速买点；

(2) 根据顺序，底部背离买点、0 轴金叉买点、顶部加速买点，分别对应第 1 买点、第 2 买点、第 3 买点；

（3）根据波浪，底部背离买点、0轴金叉买点、顶部加速买点，分别对应1浪买点、3浪买点、5浪买点；

（4）根据均线，底部背离买点、0轴金叉买点、顶部加速买点，分别对应回归买点、偏离买点、偏离买点；

（5）根据结构，底部背离买点、0轴金叉买点、顶部加速买点，分别对应反转买点、回撤买点、回撤买点；

（6）根据性质，反转买点可以转换为回撤买点（参考第六章"交易决策·形"），所以底部背离买点、0轴金叉买点、顶部加速买点，全都可以对应为回撤买点。回撤买点是一种终极买点，做交易就是要选择回撤买点。

以上6点可以用表格归纳如下。

表8-1　MACD三大买点

位置	顺序	波浪	均线	结构	性质
底部背离买点	第1买点	1浪买点	回归买点	反转买点	终极买点
0轴金叉买点	第2买点	3浪买点	偏离买点	回撤买点	终极买点
顶部加速买点	第3买点	5浪买点	偏离买点	回撤买点	终极买点

第四节　MACD的柱子变化

关于MACD指标，有三大构成要素：0轴、DIF快线和DEA慢线、柱子。相比较而言，0轴属于宏观层面，用来判断行情的方向；DIF快线和DEA慢线属于中观层面，用来抓住买卖的时机；柱子属于微观层面，用来确定买卖的点位。

前面我们已经学习了MACD的0轴、DIF快线和DEA慢线等相关知识，这一节我们来学习MACD的柱子变化。

一、MACD 的四大经典柱子

根据 MACD 指标的公式，我们知道 MACD 指标的柱子为：
MACD = 2×（DIF-DEA），或者 BAR = 2×（DIF-DEA）

MACD 是 DIF 与 DEA 差值的两倍，并以柱状体的形式输出。当柱子大于 0 时，绘制成阳线的颜色（一般用红色）；当柱子小于 0 时，绘制成阴线颜色（一般用绿色）。MACD 数值之所以这样设计，是因为柱状体的变化更加立体化、形象化，有助于我们研判 DIF 线与 DEA 线的聚合离散情况。

在本章第二节"MACD 与均线的关系"中，我们曾讲到，MACD 柱子形态具有又稳又快的特点，利用稳定、快速的柱子变化，可以反推稳定、快速的 DIF 变化，再反推杂乱的 K 线变化。下面，我们就结合 MACD 的四大经典柱子来进行研究。

我们来认识下 MACD 的四大经典柱子。

（一）缩头棒

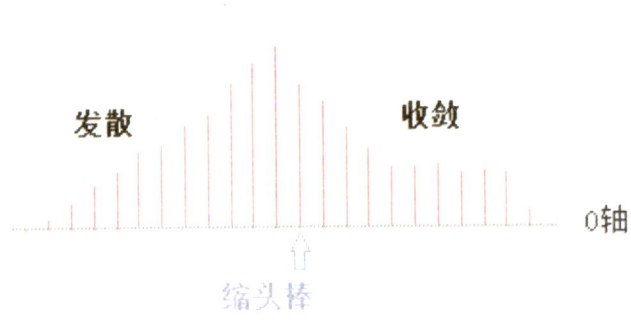

图 8-4-1　缩头棒

如图 8-4-1 所示，柱状体位于 0 轴之上且不断伸长，远离 0 轴发展，处于发散状态。当柱状体达到最大正值后，柱子开始不断缩短，朝向 0 轴发展，处于收敛状态。我们把缩短的第一根柱子被称为"缩头棒"。

柱状体位于 0 轴之上，说明 DIF>DEA，DIF 快线位于 DEA 慢线之上。

缩头棒的出现，说明柱子开始稳定下跌，DIF 快线和 DEA 慢线的距离差将变小。由于 DEA 的变化相对稳定，所以 DIF 需要下跌、变小。

根据 DIF 的取值，这里可分为两种情况：

（1）DIF 大于 0

如果 DIF 大于 0，因为 DIF=12EMA-26EMA，所以 12EMA>26EMA，说明 12EMA 位于 26EMA 之上。

一般来说，在 26EMA 趋势向上的情况下，要实现 DIF 变小，即 12EMA 与 26EMA 的距离差变小，12EMA 要么下跌，主动迎向 26EMA，要么盘整，被动等待 26EMA 涨上来，也就是说 K 线走势有两种情况：要么下跌，要么盘整。

（2）DIF 小于 0

如果 DIF 小于 0，因为 DIF=12EMA-26EMA，所以 12EMA<26EMA，说明 12EMA 位于 26EMA 之下。

一般来说，在 26EMA 趋势向下的情况下，要实现 DIF 变小（绝对值变大），即 12EMA 与 26EMA 的距离差变大，12EMA 只能加速下跌，主动远离 26EMA，也就是说 K 线走势只有一种情况：下跌。

综合以上两种情况，缩头棒出现后，柱子下跌，DIF 下跌，K 线下跌或盘整。

（二）抽脚棒

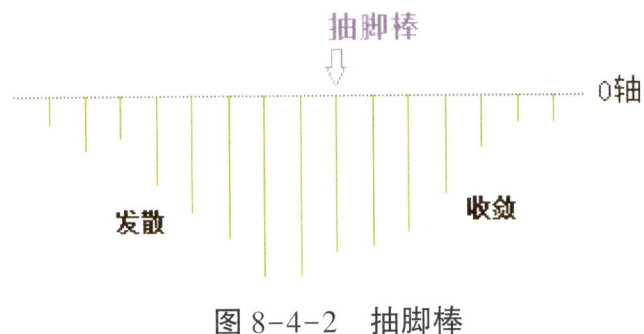

图 8-4-2　抽脚棒

如图 8-4-2 所示，柱状体位于 0 轴之下且不断伸长，远离 0 轴发展，处于发散状态。当柱状体达到最小负值后，柱子开始不断缩短，朝向 0 轴发展，处于收敛状态。我们把缩短的第一根柱子被称为"抽脚棒"。

柱状体位于 0 轴之下，说明 DIF＜DEA，DIF 快线位于 DEA 慢线之下。

抽脚棒的出现，说明柱子开始稳定上涨，DIF 快线和 DEA 慢线的距离差将变小，由于 DEA 的变化相对稳定，所以 DIF 需要上涨、变大。

根据 DIF 的取值，这里可分为两种情况：

（1）DIF 大于 0

如果 DIF 大于 0，因为 DIF＝12EMA－26EMA，所以 12EMA＞26EMA，说明 12EMA 位于 26EMA 之上。

一般来说，在 26EMA 趋势向上的情况下，要实现 DIF 变大，即 12EMA 与 26EMA 的距离差变大，12EMA 只能加速上涨、主动远离 26EMA，也就是说 K 线走势只有一种情况：上涨。

（2）DIF 小于 0

如果 DIF 小于 0，因为 DIF＝12EMA－26EMA，所以 12EMA＜26EMA，说明 12EMA 位于 26EMA 之下。

一般来说，在 26EMA 趋势向下的情况下，要实现 DIF 变大，即 12EMA 与 26EMA 的距离差变小，12EMA 要么上涨，主动迎向 26EMA，要么盘整，被动等待 26EMA 跌上来，也就是说 K 线走势有两种情况：要么上涨，要么盘整。

综合以上两种情况，抽脚棒出现后，柱子上涨，DIF 上涨，K 线上涨或盘整。

(三) 杀多棒

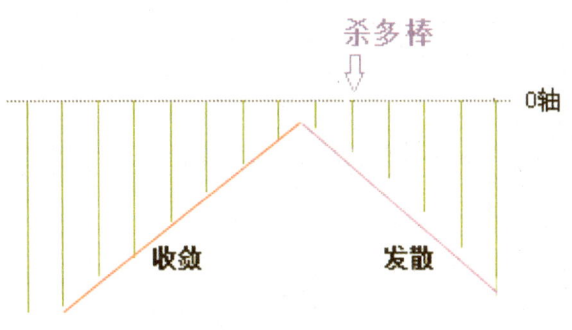

图 8-4-3　杀多棒

如图 8-4-3 所示，柱状体位于 0 轴之下且不断缩短，朝向 0 轴发展，处于收敛状态。当柱状体到达 0 轴附近时，柱子开始不断伸长，远离 0 轴发展，处于发散状态。我们把伸长的第一根柱子被称为"杀多棒"。

柱状体位于 0 轴之下，说明 DIF＜DEA，DIF 快线位于 DEA 慢线之下。

杀多棒的出现，说明柱子开始稳定下跌，DIF 快线和 DEA 慢线的距离差将变大。由于 DEA 也在向下，所以 DIF 需要加速下跌，急速变小。

根据 DIF 的取值，这里可分为两种情况：

(1) DIF 大于 0

如果 DIF 大于 0，因为 DIF＝12EMA－26EMA，所以 12EMA＞26EMA，说明 12EMA 位于 26EMA 之上。

一般来说，在 26EMA 趋势向上的情况下，要实现 DIF 急速变小，即 12EMA 与 26EMA 的距离差急速变小，12EMA 需要下跌，主动迎向 26EMA，也就是说 K 线走势只有一种情况：下跌。

(2) DIF 小于 0

如果 DIF 小于 0，因为 DIF＝12EMA－26EMA，所以 12EMA＜26EMA，说明 12EMA 位于 26EMA 之下。

一般来说，在 26EMA 趋势向下的情况下，要实现 DIF 急速变小（绝对值变大），即 12EMA 与 26EMA 的距离差急速变大，12EMA 需要加速下跌，主动远离 26EMA，也就是说 K 线走势只有一种情况：下跌。

综合以上两种情况，杀多棒出现后，柱子下跌，DIF 急速下跌，K 线下跌。

(四) 轧空棒

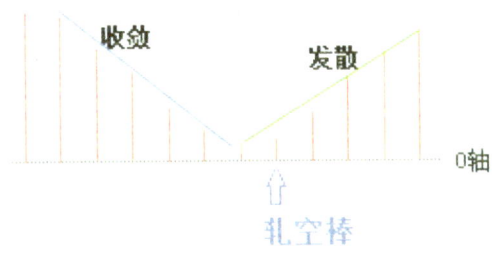

图 8-4-4　轧空棒

如图 8-4-4 所示，柱状体位于 0 轴之上且不断缩短，朝向 0 轴发展，处于收敛状态。当柱状体到达 0 轴附近时，柱子开始不断伸长，远离 0 轴发展，处于发散状态。我们把伸长的第一根柱子被称为"轧空棒"。

柱状体位于 0 轴之上，说明 DIF>DEA，DIF 快线位于 DEA 慢线之上。

轧空棒的出现，说明柱子开始稳定上涨，DIF 快线和 DEA 慢线的距离差将变大。由于 DEA 也在向上，所以 DIF 需要加速上涨，急速变大。

根据 DIF 的取值，这里可分为两种情况：

（1）DIF 大于 0

如果 DIF 大于 0，因为 DIF＝12EMA－26EMA，所以 12EMA>26EMA，说明 12EMA 位于 26EMA 之上。

一般来说，在 26EMA 趋势向上的情况下，要实现 DIF 急速变大，即 12EMA 与 26EMA 的距离差急速变大，12EMA 需要加速上涨，主动远离 26EMA，也就是说 K 线走势只有一种情况：上涨。

（2）DIF 小于 0

如果 DIF 小于 0，因为 DIF＝12EMA－26EMA，所以 12EMA<26EMA，说明 12EMA 位于 26EMA 之下。

一般来说，在 26EMA 趋势向下的情况下，要实现 DIF 急速变大（绝对值变小），即 12EMA 与 26EMA 的距离差急速变小，12EMA 需要上涨，主动迎向 26EMA，也就是说 K 线走势只有一种情况：上涨。

综合以上两种情况，轧空棒出现后，柱子上涨，DIF 急速上涨，K 线上涨。

（五）小结

经过对 MACD 的四大柱子的研究，我们可以总结如下：

缩头棒出现：K 线下跌或盘整。

抽脚棒出现：K 线上涨或盘整。

杀多棒出现：K 线下跌。

轧空棒出现：K 线上涨。

所以，杀多棒、轧空棒是比较稳定的，缩头棒、抽脚棒有时会碰上 K 线盘整的情况，投资者进场出场的买卖点如果不理想，会面临一些亏损。有没有办法过滤掉盘整呢？之后第三小节将会解决这个问题。

二、MACD 的多空临界状态

上一节学习了 MACD 的四大经典柱子，通过稳定的柱子变化，可以反推杂乱的 K 线变化，所以在交易操作中，如何快速识别这四大经典柱子，就显得十分重要。本节主要解决这个问题。

根据 MACD 四大经典柱子的定义，我们知道：缩头棒小于前一根柱子，抽脚棒大于前一根柱子，杀多棒小于前一根柱子，轧空棒大于前一根柱子。也就是说，MACD 四大经典柱子的划分是根据当前柱子与前一根柱子的比较。

当前柱子与前一根柱子的比较结果，可以分为三种情况：大于、等于、小于。在这里，我们把当前柱子等于前一根柱子的状态，称为多空临界状态，代表多空力量均衡。此时可以利用柱子的数值（等于前一根柱子），计算出对应的 K 线价格，这个价格就是多空临界位。

如果 K 线价格开始大于多空临界位，说明当前柱子大于前一根柱子，走出了抽脚棒或者轧空棒，代表多头力量变强；如果 K

线价格开始小于多空临界位，说明当前柱子小于前一根柱子，走出了缩头棒或者轧空棒，代表空头力量变强。

多空临界位的计算过程如下：

已知：

$A = EMA(C,12) = REF(A,1) \times 11/13 + C \times 2/13$

$B = EMA(C,26) = REF(B,1) \times 25/27 + C \times 2/27$

$DIF = A - B$

$DEA = EMA(DIF,9) = REF(DEA,1) \times 8/10 + DIF \times 2/10$

$MACD = 2 \times (DIF - DEA)$

求：若 MACD = X，求满足这一状态的 K 线价格 C。

解：

∵ $MACD = X$

∴ $2 \times (DIF - DEA) = X$

∴ $DIF - REF(DEA,1) \times 8/10 - DIF \times 2/10 = X/2$

∴ $DIF = X \times 5/8 + REF(DEA,1)$

∴ $A - B = X \times 5/8 + REF(DEA,1)$

∴ $[REF(A,1) \times 11/13 + C \times 2/13] - [REF(B,1) \times 25/27 + C \times 2/27] = X \times 5/8 + REF(DEA,1)$

∴ $C \times 28/351 = X \times 5/8 + REF(DEA,1) - REF(A,1) \times 11/13 + REF(B,1) \times 25/27$

∴ $C \times 28 = X \times 351 \times 5/8 + REF(DEA,1) \times 351 - REF(A,1) \times 297 + REF(B,1) \times 325$

∴ $C = [X \times 1755/8 + REF(DEA,1) \times 351 - REF(A,1) \times 297 + REF(B,1) \times 325]/28$

MACD 的柱子有两大经典状态：金叉死叉状态、多空临界状态。

（1）金叉死叉状态

MACD=0，是指 MACD 指标金叉或死叉，当前柱子长度为 0。将 X=0 代入上式，可以求出相应的 K 线价格：

C=［REF(DEA,1)×351-REF(A,1)×297+REF(B,1)×325］/28

（2）多空临界状态

MACD=REF（MACD,1），是指 MACD 指标的当前柱子等于前一根柱子。

将 X=REF（MACD,1）代入上式，可以求出相应的 K 线价格，即多空临界位：

C=［REF(MACD,1)×1755/8+REF(DEA,1)×351-REF(A,1)×297+REF(B,1)×325］/28

本节我们研究的就是 MACD 柱子的多空临界状态。

由于每根柱子都可以求出一个多空临界位，如果把这些多空临界位连接起来，则可以在行情软件的主图中形成一条多空临界线。

多空临界线的主图公式如下（LJ 代表多空临界线）：

A=EMA(C,12)

B=EMA(C,26)

DIF=A-B

DEA=EMA(DIF,9)

MACD=2×(DIF-DEA)

LJ=［REF(MACD,1)×1755/8+REF(DEA,1)×351-REF(A,1)×297+REF(B,1)×325］/28

如图 8-4-5 所示，每当 K 线价格跌破临界线，便走出缩头棒或者杀多棒，每当 K 线价格突破临界线，便走出抽脚棒或者轧空棒。

图 8-4-5　K 线与四大柱子

图 8-4-6　临界线与 5MA 均线

如图 8-4-6 所示，在行情主图中将临界线与 5 日均线进行比较，临界线为黑色细线，5日均线为蓝色粗线，可以发现：在趋势的顶部、底部，临界线与行情更为契合；在趋势的中部，临界线与5日均线差不多，都可以很好地契合趋势。

利用今天的柱子与前一根柱子相等，可以计算出今天的多空临界位。同样的，利用明天的柱子与今天的柱子相等，也可以计算出明天的多空临界位，公式如下：

$A = EMA(C, 12)$

$B = EMA(C, 26)$

$DIF = A - B$

$DEA = EMA(DIF, 9)$

$MACD = 2 \times (DIF - DEA)$

$LJ = [REF(MACD, 1) \times 1755/8 + REF(DEA, 1) \times 351 - REF(A, 1) \times 297 + REF(B, 1) \times 325]/28$

$LJT = (MACD \times 1755/8 + DEA \times 351 - A \times 297 + B \times 325)/28$

LJ为今天的多空临界位。LJT为明天的多空临界位。由于今天的柱子长度是随着今天的K线价格动态变化的，所以一般等收盘后，K线价格不再变化了，今天的柱子长度确定了，再计算明天的多空临界位。计算明天的多空临界位，主要是进行盘后研究，以便为第二天的交易做准备。

本小节虽然解决了MACD的四大经典柱子的快速识别问题，但仍然有很多噪音出现，尤其缩头棒、抽脚棒经常会碰上K线盘整的情况，需要进行过滤。下一节对这一问题进行研究解决。

三、MACD的多空临界指标

在上一小节"MACD的四大经典柱子"中，我们对MACD的四大柱子进行了研究，并总结如下：

（1）缩头棒出现，柱子收敛、缩短，K线下跌或盘整。

（2）抽脚棒出现，柱子收敛、缩短，K线上涨或盘整。

（3）杀多棒出现，柱子发散、变长，K线下跌。

（4）轧空棒出现，柱子发散、变长，K线上涨。

针对以上四大柱子，投资者如果选择操作，可以细分为以下6种状态：

（1）缩头棒出现，K线将下跌，投资者选择做空、卖出，可以盈利。

（2）缩头棒出现，K线将盘整，投资者选择做空、卖出，如果点位不理想，可能亏损。

（3）抽脚棒出现，K线将上涨，投资者选择做多、买入，可以盈利。

（4）抽脚棒出现，K线将盘整，投资者选择做多、买入，如果点位不理想，可能亏损。

（5）杀多棒出现，K线将下跌，投资者选择做空、卖出，可以盈利。

（6）轧空棒出现，K线将上涨，投资者选择做多、买入，可以盈利。

以上6种状态中，只有2、4两种状态会产生亏损，原因在于碰上了K线盘整行情。那么有没有办法提前预判盘整行情，从而过滤掉呢？本文接下来试着解决这个问题。

我们知道，当缩头棒出现，未来柱子将会呈收敛状态，依次均匀地缩短，柱子长度近似一个等差数列，也就是说，未来柱子的数值是可以提前预估的。因为柱子数值与K线价格是一一对应的关系，所以可以利用未来柱子的估计值反推计算出未来K线价格的估计值。如果未来K线价格没有下跌，说明未来行情很可能属于盘整行情，那么投资者就没有必要做空、卖出，从而过滤掉了盘整行情。

与此同理，当抽脚棒出现，未来柱子将会呈收敛状态，依次均匀地缩短，柱子长度近似一个等差数列，提前计算出未来柱子的估计值，并反推计算出未来 K 线价格的估计值。如果未来 K 线价格没有上涨，说明未来行情很可能属于盘整行情，那么投资者就没有必要做多、买入，从而过滤掉了盘整行情。

根据上面的阐述，以上过程可以分为两大步骤：

（1）利用 MACD 柱子的变化规律，计算未来柱子的估计值；

（2）利用未来柱子的估计值反推计算出未来 K 线价格的估计值，并进行比较。

下面我们来进行详细计算。

（一）计算未来柱子的估计值

由于柱子形态变化比较均匀，柱子长度近似一个等差数列，所以可以认为当前柱子与明天柱子的差值，近似等于当前柱子与昨天柱子的差值，或者昨天柱子与前天柱子的差值。这里采取折中方案，取两者的平均值。

已知当前柱子值为 MACD，昨天柱子值为 REF（MACD，1），前天柱子值为 REF（MACD，2），则当前柱子与明天柱子的差值估计值为：

DD1＝{ABS[MACD－REF(MACD,1)]＋ABS[REF(MACD,1)－REF(MACD,2)]}/2

（注：ABS 表示取绝对值）

同理，明天柱子与后天柱子的差值估计值为：

DD2＝{ABS[MACD－REF(MACD,1)]＋DD1}/2

后天柱子与大后天柱子的差值估计值为：

DD3＝(DD1＋DD2)/2

（1）对于缩头棒

明天柱子的估计值为：MACD-DD1

后天柱子的估计值为：MACD-DD1-DD2

大后天柱子的估计值为：MACD-DD1-DD2-DD3

（2）对于抽脚棒

明天柱子的估计值为：MACD+DD1

后天柱子的估计值为：MACD+DD1+DD2

大后天柱子的估计值为：MACD+DD1+DD2+DD3

这里之所以只预估未来3天的柱子，是因为如果预估天数太多，误差会比较大，而且3天已经够用。

（二）计算未来K线价格的估计值，并进行比较

在上一小节"MACD的多空临界状态"中，我们已经学习了MACD指标柱子和K线的对应公式，如果今天MACD指标柱子为X，则对应的K线价格为：

[X×1755/8+REF(DEA,1)×351-REF(A,1)×297+REF(B,1)×325]/28

已知：$A = EMA(C, 12)$

$B = EMA(C, 26)$

$DIF = A - B$

$DEA = EMA(DIF, 9)$

$MACD = 2 \times (DIF - DEA)$

（1）对于缩头棒

明天K线价格XC1的估计值为：

$XC1 = [(MACD - DD1) \times 1755/8 + DEA \times 351 - A \times 297 + B \times 325]/28$

$XA1 = A \times 11/13 + XC1 \times 2/13$

$XB1 = B \times 25/27 + XC1 \times 2/27$

$XDIF1 = XA1 - XB1$

$XDEA1 = DEA \times 8/10 + XDIF1 \times 2/10$

后天K线价格XC2的估计值为：

$XC2 = [(MACD - DD1 - DD2) \times 1755/8 + XDEA1 \times 351 - XA1 \times 297 + XB1 \times 325]/28$

$XA2 = XA1 \times 11/13 + XC2 \times 2/13$

$XB2 = XB1 \times 25/27 + XC2 \times 2/27$

$XDIF2 = XA2 - XB2$

$XDEA2 = XDEA1 \times 8/10 + XDIF2 \times 2/10$

大后天K线价格XC3的估计值为：

$XC3 = [(MACD - DD1 - DD2 - DD3) \times 1755/8 + XDEA2 \times 351 - XA2 \times 297 + XB2 \times 325]/28$

如果XC1>XC2和XC2>XC3为真，说明未来K线价格依次下跌，投资者选择做空、卖出，可以盈利；

如果XC1>XC2和XC2>XC3为假，说明未来K线属于盘整行情，投资者最好放弃，不参与操作。

（2）对于抽脚棒来说

明天K线价格SC1的估计值为：

$SC1 = [(MACD + DD1) \times 1755/8 + DEA \times 351 - A \times 297 + B \times 325]/28$

$SA1 = A \times 11/13 + SC1 \times 2/13$

$SB1 = B \times 25/27 + SC1 \times 2/27$

$SDIF1 = SA1 - SB1$

$SDEA1 = DEA \times 8/10 + SDIF1 \times 2/10$

后天K线价格SC2的估计值为：

$SC2 = [(MACD+DD1+DD2) \times 1755/8 + SDEA1 \times 351 - SA1 \times 297 + SB1 \times 325]/28$

$SA2 = SA1 \times 11/13 + SC2 \times 2/13$

$SB2 = SB1 \times 25/27 + SC2 \times 2/27$

$SDIF2 = SA2 - SB2$

$SDEA2 = SDEA1 \times 8/10 + SDIF2 \times 2/10$

大后天 K 线价格 SC3 的估计值为：

$SC3 = [(MACD+DD1+DD2+DD3) \times 1755/8 + SDEA2 \times 351 - SA2 \times 297 + SB2 \times 325]/28$

如果 SC1<SC2 和 SC2<SC3 为真，说明未来 K 线价格依次上涨，投资者选择做多、买入，可以盈利；

如果 SC1<SC2 和 SC2<SC3 为假，说明未来 K 线属于盘整行情，投资者最好放弃，不参与操作。

以上是利用 MACD 指标过滤盘整行情的核心原理，完整的指标公式获取方式见本章结尾。

(三) 多空目标位

在前面的计算过程中，我们知道了明天柱子的两种状态：(1) 对于缩头棒来说，明天柱子的估计值为 MACD-DD1；(2) 对于抽脚棒来说，明天柱子的估计值为 MACD+DD1。

在上一小节"MACD 的多空临界状态"中，我们学习了 K 线临界位的概念：明天的 K 线临界位，就是明天柱子等于今天柱子时对应的 K 线价格。这样，我们又知道了明天柱子的一种状态：等于今天的柱子，即 MACD。

综合以上情况，我们可以发现明天柱子的变化规律：以今天柱子 MACD 为基准，按照差值 DD1 进行变化。所以我们可以给出明天柱子的几个重要位置：MACD+DD1×2、MACD+DD1、

MACD、MACD-DD1、MACD-DD1×2，并以此计算出相应的 K 线价格，分别命名为：多头第 2 目标位、多头第 1 目标位、临界位、空头第 1 目标位、空头 2 目标位。

$D2T=[(MACD+DD1\times2)\times1755/8+DEA\times351-A\times297+B\times325]/28$

$D1T=[(MACD+DD1)\times1755/8+DEA\times351-A\times297+B\times325]/28$

$LJT=(MACD\times1755/8+DEA\times351-A\times297+B\times325)/28$

$K1T=[(MACD-DD1)\times1755/8+DEA\times351-A\times297+B\times325]/28$

$K2T=[(MACD-DD1\times2)\times1755/8+DEA\times351-A\times297+B\times325]/28$

临界位 LJT 是明天多空争夺的焦点：

（1）如果明天 K 线价格位于临界位，说明多空力量暂时均衡；

（2）如果明天 K 线价格上涨且突破临界位，说明多头占优势，多头上涨的目标分别为：多头第 1 目标位、多头第 2 目标位。

（3）如果明天 K 线价格下跌且跌破临界位，说明空头占优势，空头下跌的目标分别为：空头第 1 目标位、空头第 2 目标位。

以上 5 个价格是十分重要的位置，有点类似战场上敌我双方的阵地。

例如，明天盘中 K 线价格大幅度下跌，看似非常恐慌，但如果 K 线价格仍然位于临界位之上，就说明阵地仍然在多头手中，多头仍然占有优势。价格只是暂时从多头第 2 目标位或多头第 1 目标位向临界位撤退，此时投资者可以择机逢低做多，不能盲目做空。如果价格跌破临界位，说明空头开始占有优势，此时投资者可以择机逢高做空，不能盲目做多。以上就是"多空临界指标"的含义。

举一反三，我们也能以昨天柱子为基准，计算出今天 K 线的多空临界位，作为盘中操作的参考。

已知昨天柱子值为 REF（MACD，1），前天柱子值为 REF（MACD，2），大前天柱子值为 REF（MACD，3），则今天柱子与昨天柱子的差值估计值为：

DD＝{ABS[REF(MACD,1)－REF(MACD,2)]＋ABS[REF(MACD,2)－REF(MACD,3)]}/2

今天的多空临界位分别为：

D2＝{[REF(MACD,1)＋DD×2]×1755/8＋REF(DEA,1)×351－REF(A,1)×297＋REF(B,1)×325}/28

D1＝{[REF(MACD,1)＋DD]×1755/8＋REF(DEA,1)×351－REF(A,1)×297＋REF(B,1)×325}/28

LJ＝[REF(MACD,1)×1755/8＋REF(DEA,1)×351－REF(A,1)×297＋REF(B,1)×325]/28

K1＝{[REF(MACD,1)－DD]×1755/8＋REF(DEA,1)×351－REF(A,1)×297＋REF(B,1)×325}/28

K2＝{[REF(MACD,1)－DD×2]×1755/8＋REF(DEA,1)×351－REF(A,1)×297＋REF(B,1)×325}/28

四、模拟 K 线预演未来

对于交易来说，读懂未来 K 线走势是至关重要的一点，那么有没有办法预测或者模拟未来几天的 K 线走势呢？

得益于交易软件的发展进步，现在很多交易软件都可以手动画出未来几天的模拟 K 线。下面以金字塔交易软件为例进行说明。

(一) 模拟 K 线功能设置

如图 8-4-7 所示，打开金字塔决策交易软件，通过菜单栏—工具—操盘训练基地，可以找到"添加模拟 K 线"选项。

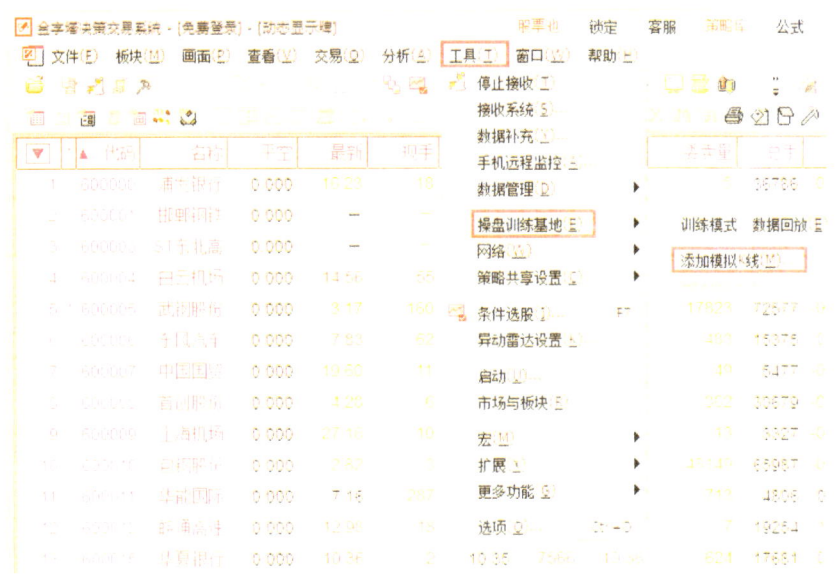

图 8-4-7　添加模拟 K 线

在添加模拟 K 线中，投资者可以手动输入未来几天可能出现的开盘、收盘、最高价和最低价，并点击"添加"，从而模拟出未来交易日的 K 线形态。如图 8-4-8 所示。

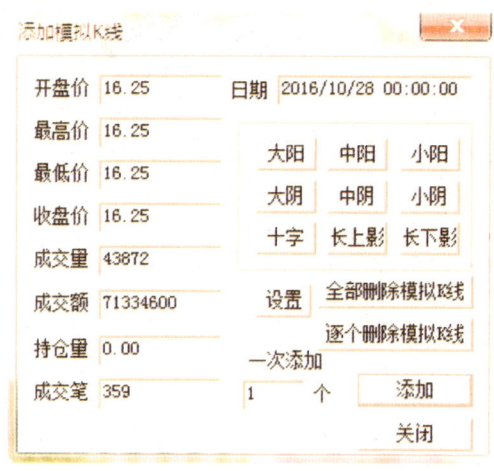

图 8-4-8　添加模拟 K 线

另外，为了快速添加模拟 K 线，投资者可以直接点击添加"大阳（阴）""中阳（阴）""小阳（阴）""十字星""长上影""长下影"等特定 K 线，并点击"设置"进行 K 线比例的设置。如图 8-4-9 所示。

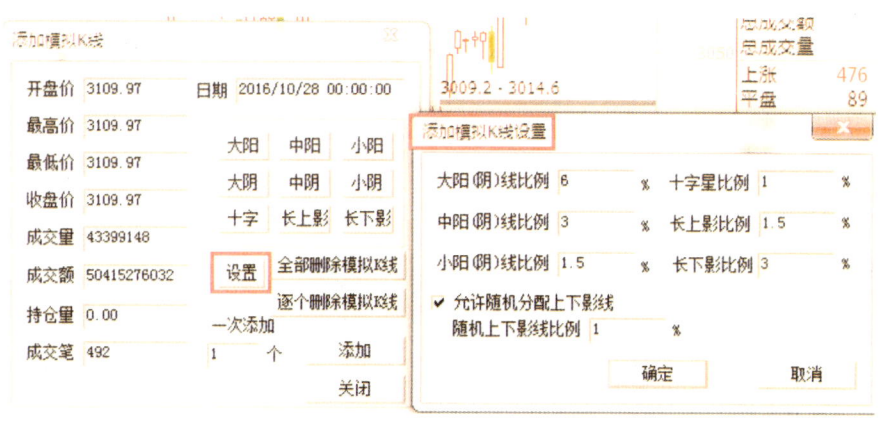

图 8-4-9　添加模拟 K 线设置

（二）模拟 K 线与 MACD 结合

根据前面章节的学习，当缩头棒或者抽脚棒出现，未来 MACD 的柱子会呈收敛状态，依次均匀地缩短；当杀多棒或者轧空棒出现，未来 MACD 的柱子会呈发散形态，依次均匀地变长。也就是说，未来 MACD 的柱子形态会比较规律。

那么我们可以手工添加模拟 K 线，生成未来几天的 MACD 模拟柱子。模拟柱子的形态越规律，其对应的模拟 K 线很可能就是未来要出现的 K 线行情。如果行情是有利的，投资者就可以进行交易；如果行情是不利的，投资者就可以放弃。

在图 8-4-10 中，2016 年 9 月 30 日上证指数日 K 线，假设未来 MACD 柱子继续稳定收敛，那么未来 3 天的 K 线走势很可能如图中所示。

在图 8-4-11 中，2016 年 10 月 27 日上证指数日 K 线，假设未来 MACD 柱子继续稳定收敛，那么未来 3 天的 K 线走势很可能如图中所示。

结合 MACD，使用模拟 K 线的优点是：投资者可以直观地看到未来几个交易日可能出现的 K 线走势图，有利于强化信心，提前制定出相应的策略。

但需要注意的是，模拟 K 线毕竟只是对未来 K 线走势的大概率模拟，并不能排除一些小概率事件的发生，投资者还是要注意风险管理，不能过度自信、盲目重仓操作。如图 8-4-12 所示，如果 MACD 柱子没有继续收敛向上，反而向下走出杀多棒，那么未来 K 线就会呈现大跌走势。

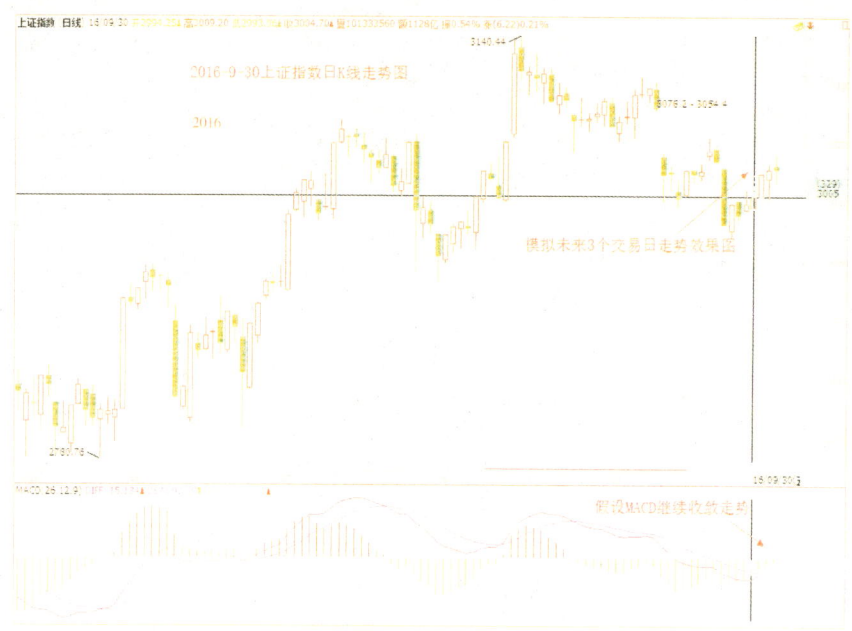

图 8-4-10 模拟未来 K 线（一）

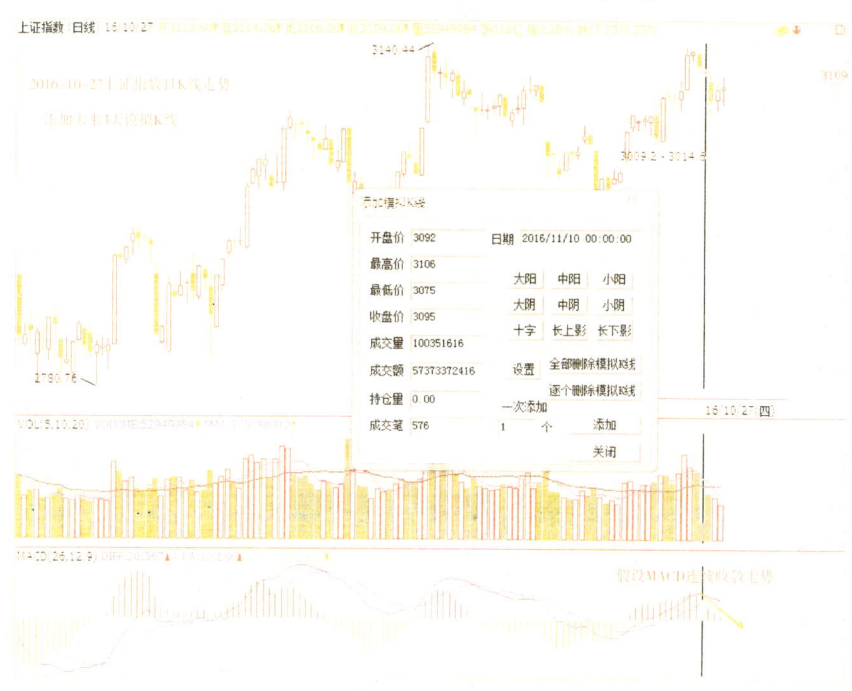

图 8-4-11 模拟未来 K 线（二）

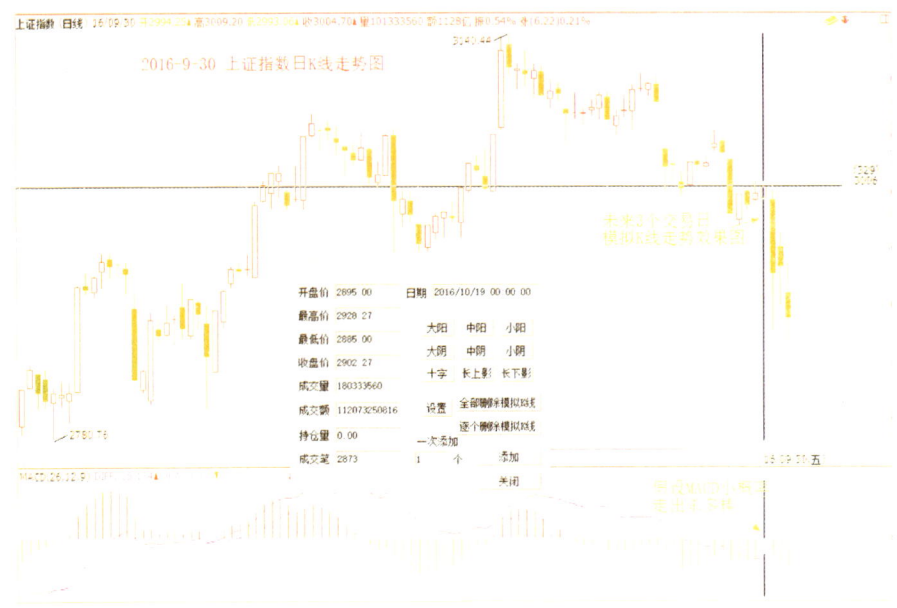

图 8-4-12　模拟未来 K 线（三）

第五节　MACD 与套利的隐秘联系

一、"三利"公式

在金融行业，商业银行的经营有一个三性原则："效益性、安全性、流动性。"

效益性（也称盈利性）是商业银行经营目标的要求，是指银行在经营活动中力争取得最大限度的利润，也就是以最小的成本费用换取最大的经营成果；安全性是指银行管理经营风险，即要避免各种不确定因素对其资产、负债、利润、信誉等方面的影响，保证银行的稳健经营与发展；流动性是清偿力问题，即银行能够随时应付客户提存，满足必要贷款需求的支付能力。

在投资领域，要想获得最大利润，也有一个三利公式："复利、凯利、套利。"

（1）在第一章"交易理念"中，我们对复利进行了讨论。复利代表着可积累、可持续，强调"与时间为友"。

复利的计算公式为：

$$F = p \times (1 + i)^n$$

例如，本金 p 为 50000 元，利率或者投资回报率 i 为 30%，投资年限 n 为 30 年，那么 30 年后所获得的本金加利息收入，按复利公式来计算就是 $F = 50000 \times (1+30\%)^{30} = 130999782$ 元。正是因为有了复利的存在，利润的增长呈现出指数化特征，时间越长，威力越大。

复利原理被"股神"沃伦·巴菲特（Warren E. Buffett，1930—）推至了巅峰，他说："人生如滚雪球，重要的是找到很湿的雪和很长的坡。"对于投资者来说，一旦能够生存下来，就需要不断地去发展、壮大，实现投资复利。

（2）在下一章即第九章"交易执行"中，我们将会对凯利进行研究。凯利代表着高胜率、高赔率，强调"与概率为友"。

凯利公式为：

$$f = p - \frac{q}{b}$$

其中，

f：现有资金应进行下次投注的比例；

p：胜率，盈利次数/操作次数，也叫正确率；

q：败率，亏损次数/操作次数，$q = 1-p$；

b：投注可获得的赔率，押 1 赔 b（等于平均获利金额/平均亏损金额，即盈亏比）。

凯利公式是研究在已知胜率和赔率的情况下，计算出投注的"最优资金比例"，以便使利润最大化。一般来说，胜率越高，赔率越高，下注的比例就应该越大。

乔治·索罗斯（George Soros，1930—）是凯利公式的集大成者。可以推断，索罗斯之所以喜欢在临界点介入做空，是因为在临界点，市场继续向前运动的可能性很低，也就是说被止损的距离很小，但是市场回归运动的可能性却很大，这就在胜率和赔率上占据了优势。

（3）套利代表着双向操作、低风险，强调"与价差为友"，将会在本节进行详细研究。

二、投机交易和套利交易

为了更好地学习套利交易，需要结合投机交易，以便增强对比性。

（一）投机交易

投机交易（Speculation），是指投机者通过预测价格变化，在认为价格上升时买进，价格下跌时卖出，然后待有利时机再卖出或买进持有的合约，以获取绝对价差收益为目的的交易行为。投机者根据自己对价格走势的判断，做出买进或卖出的决定，如果这种判断与市场价格走势相同，则投机者平仓出局后可获取利润；如果判断与价格走势相反，则投机者平仓出局后承担投机损失。由于投机的目的是赚取差价收益，所以，投机者一般只是平仓了结持有的合约，而不进行实物交割。

投机交易属于单边交易，是保证市场正常运转不可或缺的重要组成部分。投机交易增加了市场流动性，提升了市场效率，使套期保值和套利交易得以顺畅地进行，从而使市场功能得到有效发挥。进行投机交易的关键在于对市场价格变动趋势的分析预测是否准确,由于影响市场价格变动的因素很多,特别是投机心理等偶然性因素难以预测,因此,正确判断难度较大,所以这种交易的风险较大。

(二) 套利交易

套利交易(Arbitrage),又叫套期图利,是指交易者利用市场上两个或多个相同或相关资产暂时出现的不合理价格关系,同时进行不同方向的买卖操作,在不合理的价格关系趋向合理时进行相反操作并获得利润的交易行为。套利交易主要通过两个合约间的相对价差变化来获利,与绝对价格水平关系不大,所以套利交易也叫价差交易(Spread)。

套利交易属于双边交易,它的经济学原理是"一价定律"(Law of One Price),也就是说,在竞争性市场上,对于相同的两件商品,其价格应该是相同的。否则,人们可以通过买入便宜的商品并以贵的商品的价格卖出,由此获得价差利润。这种"低买高卖"的行为就是套利。根据供需决定价格的原理,大量套利者的存在会推高定价低的商品价格而拉低定价高的商品价格,抹平不合理的价格关系,消除不合理的价差。

根据时间、空间和品种的不同,套利交易可以分为跨期套利、跨市套利、跨品种套利和期现套利。

1. 跨期套利

跨期套利(Interdelivery Spreads),是指在同一市场(交易所)同时买入、卖出同一期货品种的不同交割月份的期货合约,以期在有利时机同时将这些期货合约对冲平仓获利。

跨期套利是套利交易中最普遍的一种,利用同一商品但不同交割月份之间的价差变动进行获利。当预期近期的价格将要走强的时候，买入较近月份的合约同时卖出较远月份的合约，买近卖远，即所谓的牛市套利（Bull Spread）；当预期近期的价格将要走弱的时候，卖出较近月份的合约同时买入较远月份的合约，卖近买远，即所谓的熊市套利（Bear Spread）。而在某一商品期货系列合约中，认为中间交割月份的合约价格与两边交割月份的合约价格之间的相关关系出现差异时，建立两个方向相反、共享居中交割月份合约的跨期套利组合，即所谓的蝶市套利（Butterfly Spread）。

2. 跨市套利

跨市套利（Intermarket Spreads），也称市场间套利，是指在某个交易所买入（或卖出）某一交割月份的某种商品合约的同时，在另一个交易所卖出（或买入）同一个交割月份的同种商品合约，以期在有利时机分别在两个交易所同时对冲所持有的合约获利。

在期货市场上，许多交易所都交易相同或相似的期货商品，如芝加哥期货交易所、大连商品交易所、东京谷物交易所都进行玉米、大豆期货合约交易，伦敦金属交易所、上海期货交易所、纽约商业交易所都进行铜、铝等有色金属交易。一般来说，这些品种在各交易所间的价格会有一个稳定的差额，一旦这个稳定差额发生偏离，交易者就可通过买入价格相对较低的合约，卖出价格相对较高的合约而在这两个市场间套利，以期两市场价差恢复正常时平仓，获取利润。

3. 跨品种套利

跨品种套利（Intercommodity Spreads），是指利用两种或三种不同的但相互关联的商品之间的期货合约价格差异进行套利，即同时买入或卖出某一交割月份的相互关联的商品期货合约，以期在有利时机同时将这些合约对冲平仓获利。

跨品种套利主要包括两种情况：一是相关商品之间的套利，二是原材料与成品之间的套利，也被称为产业链套利。

（1）相关商品套利

一般来说，不同的商品因其内在的某种联系，如需求替代品、需求互补品、生产替代品或生产互补品等，使得它们的价格存在着某种稳定的合理的比值关系。但由于受市场、季节、政策等因素的影响，表现为一种商品被高估，另一种被低估，或相反，从而为跨品种套利带来了可能。例如，铜和铝都可以用来作为电线的生产原材料，两者之间具有较强的可替代性，铜的价格上升会引起铝的需求量上升，从而导致铝价格的上涨。因此，当铜和铝的价格关系脱离了正常水平时，就可以用这两个品种进行跨品种套利。具体做法是：买入（或卖出）一定数量的铜期货合约，同时卖出（或买入）与铜期货合约交割月份相同价值量相当的铝期货合约，待将来价差发生有利变化时再分别平仓了结，以期获得价差变化的收益。

（2）原材料与成品套利

这种套利也被称作裂解价差（Crack Spreads）和压榨价差（Crush Spreads）套利，是由产品的上下游生产关系引申而来，如大豆生产商通过购买大豆，生产豆粕和豆油；或者原油提炼商通过购买原油，提炼汽油和取暖油等。相应地，投资者可以通过买入大豆，卖出豆油和豆粕（压榨价差套利）；或者买入原油，卖出一定量汽油和取暖油（裂解价差套利）的方式来参与这个过程。而当大豆压榨利润为负或者原油提炼利润为负时，可以进行买入成品，卖出原材料的反向裂解或压榨套利。

4. 期现套利

期现套利，是指投资者在期货和现货两个市场间的套利行为。期现套利在空间上涉及现货市场和期货市场的交易，在时间上涉及现货市场的交易和期货市场的交割，既可以归类为跨市套利，也可以归类为跨期套利，在国内市场，它往往作为一种独立的套利方式被广泛地实践。

理论上，期货价格是商品未来的价格，现货价格是商品当前的价格，按照持有成本理论，期现价差（期货价格-现货价格）应该等于该商品的持有成本（包括资金成本和交割成本等）。一旦期现价差与持有成本偏离较大，就出现了套利机会。若期现价差大于持有成本，则买进现货同时卖出期货，等到交割日到期货市场交割，这类套利也叫作"正向期现套利"。相反，若期现价差小于持有成本，则买入期货到期后在期货市场上进行实物交割，再将交割获得的商品转到现货市场上卖出获利，亦称为"反向期现套利"。

总体来看，无论是跨期、跨市、跨品种还是期现套利，在套利操作的过程中都运用到价格的"同一性"这一确定性规律，在考虑了持仓成本、运输费用、相关性等因素的情况下，同种或者相似品种的价格存在一致性，即在一个均衡的市场条件下，根据无套利均衡的思想，同一种资产的现货价格应等于其期货价格的现值。而正是因为商品价格的"一致性"，才产生了对冲对象，不同形式的套利对冲掉的因素不同，如何通过对冲规避价格影响因素中较多的不确定性因素，留下较多的确定性因素，是评价套利策略的一个重要内容。

（三）投机和套利的区别

投机交易和套利交易的目的都是为了获得投资收益，但在操作方式上存在不同特点，主要体现在以下四个方面（以期货交易为例）。

1. 交易方式不同

期货投机交易是在一段时间内对单一期货合约建立多头或空

头头寸，即预期价格上涨时做多，预期价格下跌时做空，在同一时点上是单方向交易。套利交易则是在相关期货合约之间或期货与现货之间，同时建立多头和空头头寸，在同一时点上是双方向交易。

2. 利润来源不同

期货投机交易是利用单一期货合约价格的波动赚取利润，而套利是利用相关期货合约或期货与现货之间的相对价格差异套取利润。期货投机者关心的是单一期货合约价格的涨跌，套利者则不关注期货合约绝对价格的高低，而是关注相关合约或期货与现货间价差的变化。

3. 风险程度不同

期货投机交易承担单一期货合约价格变动风险，而套利交易承担价差变动风险。由于相关期货合约价格变动方向具有一致性（期现套利中，期货价格和现货价格变动方向也具有一致性），因此，价差变动幅度一般要小于单一期货合约价格波动幅度，即套利交易相对投机交易所承担的风险更小。

4. 交易成本不同

由于套利者在交易时承担的风险相对较小，而投机者在交易中却承担较大的风险，所以，国际上，期货交易所为了鼓励套利交易，通常针对套利交易收取较低的保证金，而针对投机交易收取较高的保证金。

三、从套利的角度去投机

经过前面的学习，我们已经知道了投机交易、套利交易各自的优缺点。投机交易使用范围广泛，适用任何市场，但风险较大；套利交易风险更低，利润更稳定，但需要多空双向同时交易，不适合股票等单边做多的市场。

那么，有没有办法对投机交易进行改良，使其也具有套利交易的优点呢？办法就是：利用 MACD 从套利的角度去投机。

根据前面章节对 MACD 的学习，我们知道 MACD 指标主要是反映 12 日均线、26 日均线之间的聚合离散状况。这里做一个假设：如果把 12 日均线、26 日均线分别作为单个合约 A、B 来考虑，那么会产生什么新思路呢？

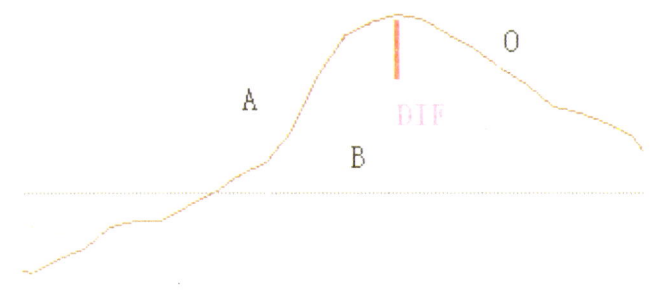

图 8-5-1　两个合约的价差

如图 8-5-1 所示，两个合约的当前价差为 DIF = A−B，如果我们判定价差 DIF 未来会缩小，那么就应该卖出 A 合约，买入 B 合约，锁定相对价差。等价差为 0 时（即 A、B 死叉），再分别平仓，从而获取利润。这不就是套利交易吗？所以从这个角度来看，MACD 指标表面上是在做投机交易，其实是在做 12 日均线、26 日均线的价差套利。

我们知道，MACD 指标的计算过程为：先计算 12 日均线、26 日均线的价差，即 DIF；再计算 DIF、DEA（DIF 的 9 日均线）的价差，即柱子。观察 MACD 指标，柱子和 DIF 作为两个重要的价差变量，具有如下特点：

1. 价差比价格更容易预测

（1）对于柱子来说，红柱、绿柱一般都是均匀地伸长或缩短，与杂乱的 K 线价格相比，柱子的形态更加稳定。

（2）对于 DIF 线来说，它总是围绕 0 轴上下震荡，要么回归 0 轴，要么偏离 0 轴，与杂乱的 K 线价格相比，DIF 线的走势更加规律。

由于柱子、DIF 线的变化具有一定的规律性，不像价格变化那样频繁和突然，可以根据现在价差的变化趋势，来判断今后的价差将要扩大还是缩小。相对来说，预测今后价差的变化趋势比预测今后价格的涨跌要容易得多。

2. 利用价差可以反推价格

在前面的章节中，我们学习过 MACD 的正向、反向推导过程。如图 8-5-2 所示。

图 8-5-2　MACD 的正向、反向推导

也就是说，利用稳定、快速的柱子变化，可以反推稳定、快速的 DIF 变化，再反推杂乱的 K 线变化。

关于 MACD 的柱子变化，有四大经典柱子：

（1）缩头棒出现，柱子收敛、缩短，DIF 与 DEA 价差缩小，K 线下跌或盘整。

（2）抽脚棒出现，柱子收敛、缩短，DIF 与 DEA 价差缩小，K 线上涨或盘整。

（3）杀多棒出现，柱子发散、变长，DIF 与 DEA 价差扩大，K 线下跌。

（4）轧空棒出现，柱子发散、变长，DIF 与 DEA 价差扩大，K 线上涨。

关于 MACD 的 DIF 线变化，可分为 0 轴的偏离、回归、穿越：

（1）DIF 线回归 0 轴，12 日与 26 日均线价差缩小，K 线回归 60 均线。

（2）DIF 线离开 0 轴，12 日与 26 日均线价差扩大，K 线远离 60 均线。

（3）DIF 线穿越 0 轴，12 日与 26 日均线交叉，K 线正好穿越 60 均线。

通过上面的学习，相信大家已经能够理解 MACD 与套利的隐秘联系。根据 MACD 的原理，从价差的角度去看行情，关心的就不再是价格的涨跌，而是价差是扩大了还是缩小了，价差的变化是否有规律等问题。也就是说，MACD 把投机交易"变相"转化成了套利交易。

套利交易并不是趣味性很高的交易方法，但风险小、难度低。将很小的利益一点一滴地积累起来，积少成多，这就是价差套利。后藤康德说："在简单的地方，用简单的方法赚钱，这是专业的操盘手。在难做的地方，专家是不会出手的。"

扫一扫，和我一起学《超简交易》

回复"指标"，获取本章思维导图及PPT讲义。

回复"第八章视频"，获取本章精讲视频。

回复"多空临界"，获取多空临界指标。

第九章　交易执行

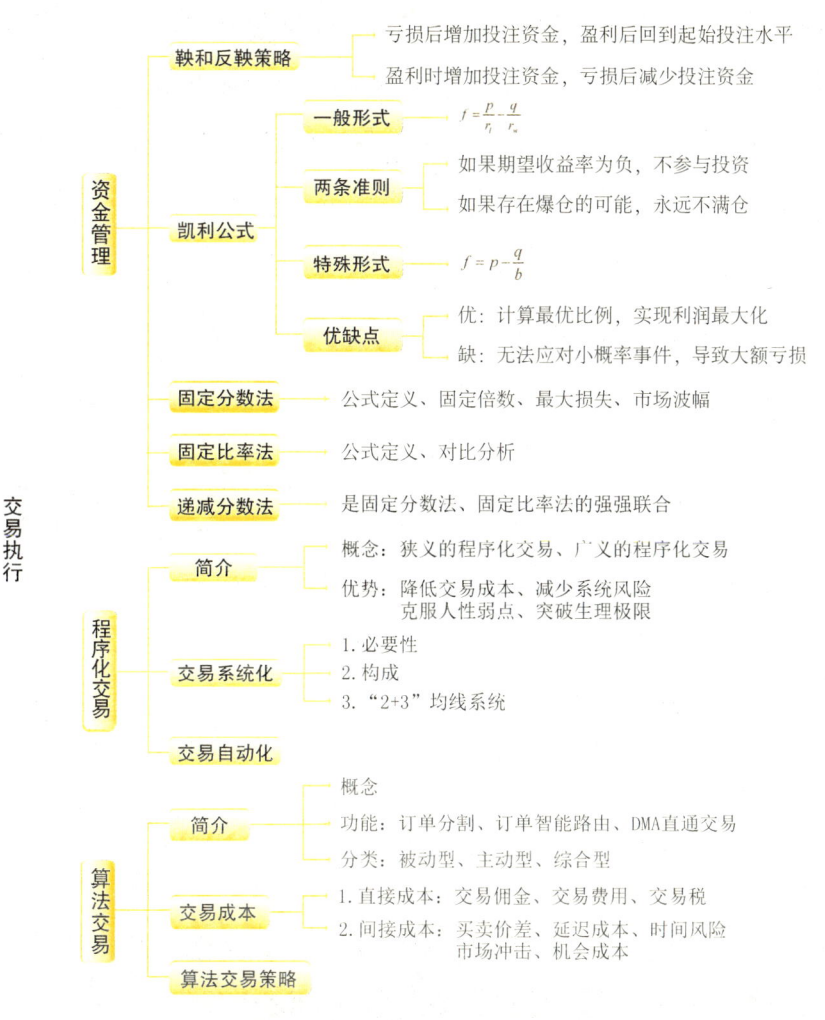

第一节　资金管理

在前面的章节中，即交易决策阶段，我们对行情进行分析，发现了交易机会。现在我们进入了交易执行阶段，首先要对这些交易机会进行排序，分配不同的资金，即资金管理。

在这里，资金管理有两层含义：

（1）资金管理的前提是正期望值的交易系统。所谓正期望值的交易系统，是指在前期交易决策阶段要发现高胜率、高赔率的交易机会，使交易系统的收益期望值为正，按照大数法则，投资者多次交易之后才有可能稳定盈利。如果交易系统的期望值为负，那么靠资金管理是无法把负期望值转变成正期望值的。

（2）资金管理是对交易系统中性策略的优化。所谓中性策略（Neutral Strategy），是指在交易系统中，针对每次交易机会都使用相同的资金，并不区别对待。而资金管理却相反，它针对每次交易机会分配不同的资金，目的是为了实现利润最大化、风险最小化，是对中性策略的优化。

资金管理主要有两种形式：鞅策略（Martingale Strategy）和反鞅策略（Anti-Martingale Strategy）。具体来说，鞅策略是在交易亏损之后增加投注资金，一旦获得盈利，投注资金会回到起始水平；反鞅策略则是在交易盈利之后增加投注资金，而在交易亏损之后减少投注资金。

一、鞅策略和反鞅策略

（一）鞅策略

鞅（Martingale，也叫马丁格尔）一词如何产生一直是一个谜，很可能起源于法国南部普罗旺斯地区一个叫马蒂格（Martigues）的小镇，距离欧洲博彩之都蒙特卡罗 200 公里。那里的居民因为其奇怪的行为而著称于世，其中一种奇怪的行为就是在赌博输了之后加倍下注。

鞅策略的典型应用是在赔率为 1（或接近 1）的投注上，比如百家乐中的押闲或押庄，轮盘赌桌中的押红或押黑。鞅策略基于这样一种假设：亏损不可能无限次地发生，连续亏损的可能性有多大，下一次盈利的可能性就有多大，所以鞅策略将下一次的投注额设定位上一次亏损额的 2 倍。

假设一个人第一次的投注资金为 1，如果他输了，那么下一次他就会把投注额增加到 2，如果又输了，再下一次就会增加到 4，然后依次是 8，16，32，64…，以此类推，直到他最终获利的那次，而那次获利能够弥补之前所有的损失。可以看到，投注额是这样一个序列 1，2，4，8，16，32，64…，即 2^0，2^1，2^2，2^3，2^4，2^5，2^6，…，2^{n-1}。如果他一直连输，那么第 20 次需要投注的资金为 $2^{19}=524288$，第 21 次需要投注的资金为 $2^{20}=1048576$，让人咋舌！

值得注意的是，如果他第二次交易获利的话，他的获利额即为 2，减掉第一次交易中损失的 1，那么他的实际获利额为 1。如果第二次交易仍然亏损，那么两次交易的亏损总额即为 $1+2=3$，第三次交易获利的话，他的实际获利额仍然是 $4-3=1$。如果第三次交易还是亏损，那么前三次交易的亏损总额即为 $1+2+4=7$，第四次交易获利的话，其实际获利额还是 $8-7=1$。按照这种假设进行下去，当其最终获利的时候，其实际获利额永远是 1，也就相当于其第一次交易的获利额。从利润的角度来看，鞅策略的利润有限，难以实现"利润最大化"这一目标。

下面我们从风险的角度再来分析。假设我们有 100 元，第一次投注金额为 1 元，也就是说最初的投注比例为 1%，而且成倍增长。表 9-1 的数据即是资金的变动情况。

表 9-1　资金变动表（一）

连续亏损次数	剩余资金	下次交易的投注比例	风险百分比
	100%	1%	1%
1	99%	2%	2%
2	97%	4%	4.1%
3	93%	8%	8.6%
4	85%	16%	18.8%
5	59%	32%	54.2%
6	37%	37%（小于64%）	100%
7	0	0	

从表 9-1 中可以得知，连续亏损 6 次后，玩家应当投注的金额为初始资金的 64%，但剩余资金仅有 1-1%-2%-4%-8%-16%-32%=37%，所以只能投注 37%。连续亏损 7 次后，玩家的资金为 0。

如果提高投注比例，这个资金缩水的过程还会显著加速，表 9-2 将最初的投注比例设定为 3%。

表 9-2　资金变动表（二）

连续亏损次数	剩余资金	下次交易的投注比例	风险百分比
	100%	3%	3%
1	97%	6%	6.1%
2	91%	12%	13.2%
3	79%	24%	30.4%
4	55%	48%	87.3%
5	7%	7%（小于96%）	100%
6	0	0	

从表9-2中可以得知，连续亏损5次后，玩家应当投注的金额为初始资金的96%，但剩余资金仅有1-3%-6%-12%-24%-48%=7%，所以只能投注7%。连续亏损6次后，玩家的资金为0。

可想而知，如果将投注比例设定为5%的话，得到的结果会更糟，如表9-3所示，连续亏损5次后，玩家的资金为0。

表9-3 资金变动表（三）

连续亏损次数	剩余资金	下次交易的投注比例	风险百分比
	100%	5%	5%
1	95%	10%	10.5%
2	85%	20%	23.5%
3	65%	40%	61.5%
4	25%	25%（小于80%）	100%
5	0	0	

通过以上分析，我们可以知道，在鞅策略中，拥有资金越少的人承担的风险反而越大，难以实现"风险最小化"这一目标。投资者如果按照鞅策略进行交易，一旦碰上长期连续的交易损失，很容易爆仓，投资者最好放弃这个策略。

（二）反鞅策略

反鞅策略与鞅策略相反，它是在交易盈利之后增加投注资金，而在交易亏损之后减少投注资金。其实说白了，就是在运气好的时候增加赌金，运气差的时候减少赌金。

为了更好地帮助您理解并运用这种策略，我们来做一个简单的假设：保持每次投注资金的比例不变，即保持投注资金占剩余资金总额的比例不变,那么赌输之后投注资金会减少,赌赢之后投注资金会增加。

如果一个玩家最初拥有100元,每投注1元,获利1.5元或者亏损1元。他将风险资金比例设定为1%,如果第一次输了,那么他剩余的资金即为99元,下一次的风险资金比例仍为1%,也就是说其风险资金为0.99元,这与最初的风险资金1元相比有所减少。反之,如果他第一次赢了,根据此前制定的规则,他会赢得1.5元,那么此时他所拥有的资金总额为101.5元,因为风险资金比例仍然是1%,所以他在下次交易中承担的风险资金为1.015元,这与最初的风险资金1元相比有所增加。由此可以看出,如果风险资金的比例固定,玩家每次承担的风险资金会随着资金总额的变化而变化。

反鞅策略有两大关键特征,简称为"赢冲输缩":

(1) 盈利时扩大交易,利润呈几何级数增加,可以实现"利润最大化"这一目标。

(2) 亏损时减少交易,仓位降低了,风险自然降低,可以实现"风险最小化"这一目标。

反鞅策略虽然有以上两大好处,但在一系列交易损失或利润下降过程中深受所谓的"非对称杠杆"之害。非对称杠杆意味着在遭受损失时,弥补损失的能力下降。假设初始资金为X,第一次交易亏损,第二次交易盈利,要达到初始资金水平,则$X \times (1-损失率) \times (1+收益率) = X$,所以,

$$收益率 = 损失率 / (1 - 损失率)$$

也就是说,如果遭受10%的资金损失,你将需要0.1/(1-0.1)=11.1%的收益来弥补。如果遭受50%的资金损失,你将需要0.5/(1-0.5)=100%的收益来弥补。

其实不只是反鞅策略具有"非对称杠杆"现象,中性策略、

鞅策略也一样。但因为反鞅策略要求在交易亏损之后减少投注资金（或降低仓位），反鞅策略要想恢复到原来的收益率，需要比中性策略（保持不变的交易规模）、鞅策略（更大的交易规模）耗费更多的时间和精力。虽然反鞅策略有这样一个缺点，但也可以通过其他方法进行改善，比如，提高交易机会的胜率、赔率；利用资金曲线的移动平均线减少资金回撤；使交易仓位的变化呈宽台阶式。

反鞅策略是资金管理的正确策略，也是我们后续章节中的各种资金管理方法的基础。在本节中，为了便于理解，我们将反鞅策略的风险资金比例设定为1%，那么有没有一个可以实现利润最大化的最优比例？在下一节中我们将会给出答案。

二、凯利公式

在上一节的反鞅策略中，为了简单，我们将投注资金的比例设为1%，并没有考虑哪个比例可以使利润最大化。那么，如何确定使利润最大化的比例呢？这需要用到凯利公式。

1956年7月，美国贝尔实验室的科学家约翰·拉里·凯利（John Kelly）在《贝尔系统技术期刊》发表了《信息速率的新解读》一文，提出了著名的"凯利公式"（Kelly Formula），可用于计算每次游戏中应投注的资金比例。1960年，爱德华·索普（Edward O. Thorp, 1932—）在美国《国家科学院文献》发表了《二十一点的最佳策略》一文，对凯利公式进行了应用。1961年，L. Breiman证明了使用凯利公式所产生的财富，从长期看远超过采用其他效用函数产生的财富。凯利公式逐渐引起了众人注意，随后被广泛应用到很多地方，比如体育博彩、21点、股票市场等。

(一) 凯利公式的一般形式

$$f = \frac{p}{r_i} - \frac{q}{r_w}$$

其中，

f：现有资金应进行下次投注的比例；

p：胜率，盈利次数/操作次数，也叫正确率；

q：败率，亏损次数/操作次数，$q=1-p$；

r_i：为赌输时的净损失率，表示资产从1减少到$1-r_i$，r_i=亏损额/投注资金；

r_w：赌赢时的净收益率，表示资产从1增加到$1+r_w$，r_w=获利额/投注资金。

例如，如果一个系统在100次交易中赢了57次，输了43次，那么它的胜率就是57%（$p=0.57$）；如果每投注1元，赌赢时的净收益率为30%（$r_w=30\%$，获利额为0.3元），赌输时的净收益率为-20%（$r_i=20\%$，亏损额为0.2元），根据上面的凯利公式，应投注的最优资金比例为：

$$f = \frac{p}{r_i} - \frac{q}{r_w} = \frac{0.57}{0.2} - \frac{0.43}{0.3} = 1.42$$

也就是说，投注资金为142%，投资者可以采用杠杆交易，放大投注资金，从而赢得更多利润。

(二) 凯利公式的两条准则

1. 投资准则一：如果一个赌局的期望收益率为负，最优的选择是不参与投资。

设赌局的期望收益率为=$E(r)$，有：

$$E(r) = p \cdot r_w + q \cdot (-r_i) = p \cdot r_i$$

所以，

$$f = \frac{p}{r_i} - \frac{q}{r_w} = \frac{p \cdot r_w + q \cdot r_i}{r_i \cdot r_w} = \frac{E(r)}{r_i \cdot r_w}$$

显然，f 与 $E(r)$ 成正比，即：

（1）当期望收益率 $E(r)>0$ 时，$f>0$，表示参与投资。

（2）当期望收益率 $E(r)<0$ 时，$f<0$，表示不参与投资。

2. 投资准则二：如果一个赌局存在把所下赌注全部输掉的可能，则无论这种可能性多么小，最优的选择是永远不满仓。

（1）存在输的可能，说明 $q>0$，那么 $p=1-q<1$。

（2）把所下赌注全部输掉，说明 $r_i \geqslant 1$，那么假设下注为 1 元，则将输掉 $1 \cdot r_i \geqslant 1$ 元。

根据凯利公式可以得到：

$$f = \frac{p}{r_i} - \frac{q}{r_w} < \frac{p}{r_i} \leqslant p < 1$$

$f<1$ 表明不能投资所有的资金，即满仓或孤注一掷。

（三）凯利公式的特殊形式

在凯利公式中，如果 $r_i=1$，$r_w=b$，则可以得到凯利公式的特殊形式：

$$f = \frac{p}{r_i} - \frac{q}{r_w} = p - \frac{q}{b}$$

其中，

f：现有资金应进行下次投注的比例；

p：胜率，盈利次数/操作次数，也叫正确率；

q：败率，亏损次数/操作次数，$q=1-p$；

b：投注可获得的赔率，押 1 赔 b（等于平均获利金额/平均亏损金额，即盈亏比）。

注意：这个凯利公式更广为人知，因为它被广泛运用于彩票、轮盘赌、21点、抛硬币等概率游戏。这些概率游戏具有共同特征：如果赌输了，损失投注资金，如果赌赢了，获利 b 倍的投注资金。

比如，对于抛硬币游戏来说，假设我们每投注 1 元，硬币正面朝上获利 2 元，硬币反面朝上损失 1 元，那么 $p=50\%$，$q=50\%$，$b=2\%$，则：

$$f=0.5-\frac{0.5}{2}=0.25$$

也就是说，每次投注资金应为剩余资金的 25%。

观察凯利公式的特殊形式，我们可以发现：

（1）$f=p-\frac{q}{b}<P<1$，所以永远不能满仓交易。这其实也包含在"凯利公式投资准则二" $r_i \geq 1$ 的情形之中。

（2）f 与 p、b 成正比，胜率 p 越高，赔率 b 越高，下注的比例 f 就越大，所以投资者需要尽可能地提高交易系统的胜率和赔率，才可以增大交易资金。

（四）凯利公式的优缺点

凯利公式的优点是，通过统计系统获胜的次数、盈利与亏损相比是多还是少，可以用来确定使利润最大化的最优比例，方法比较简单，效果比较显著。美国著名的期货交易员拉瑞·威廉姆斯（Larry R. Williams）就是凭借凯利公式在罗宾斯杯期货交易冠军赛中获得总冠军的。1987年，他在不到一年的时间里使1万美元变成了110万美元。

这一结果固然令人震惊，但同样是拉瑞·威廉姆斯，在后来连续几次失利后，果断地放弃了凯利公式。

这是为什么呢？

我们知道，凯利公式是在已知胜率和赔率的情况下，计算"最优比例"以实现利润最大化的一种数学方法。在赌场中，获胜的概率是相对固定的，比如猜硬币的正反，获胜的概率是50%，而且赔率也是事先约定好的，所以凯利公式应用起来比较方便。

然而在证券市场中，获胜的概率以及盈亏比都是不可预知的，所以只能通过对历史交易的统计来进行计算，获利金额与损失金额则是选取过去一段时间内的平均获利金额以及平均损失金额，所以统计获得的胜率、赔率都是一个均值，而均值是无法应对小概率事件的。当交易系统在未来遇到最不利情况，发生次数较多或者大幅度的亏损，根据胜率、赔率的均值计算出的"凯利比例"就显得太大了。投注资金仓位过重，会造成大额亏损，从而导致账户资金大幅回撤，甚至爆仓。

当然，虽然凯利公式有这样的缺点，但它仍然是有积极意义的。当投资比例小于"凯利比例"时，账户资金的几何增长率较低，并且随着投资比例的增大有所提高，当达到最优比例——"凯利比例"时取得最大值；投资比例超过"凯利比例"并继续增加，账户资金的几何增长率反而下降，并且会出现负值。我们可以把"凯利比例"视为一个"上限"，确保投资比例不会超过它。

正如拉瑞·威廉姆斯所说："如果你想长期交易，就需要使用一种更加谨慎、风险更小的资金管理方法；而如果你只想大赚一笔，使用凯利公式就行。"

三、固定分数法

在前一节中，我们介绍了凯利公式，它试图适应系统的特征，单纯地根据统计数据来调整投入资金的数额，以实现利润最大化，但并没有考虑最不利情况，具有一定的风险性。

对于投资者来说，实现利润固然重要，但同时也得防范风险。接下来我们将要介绍的几种方法正是从可能出现的最不利情况（即该系统迄今为止的最差纪录）出发，并试图利用这一最差表现的各项数据，来调整入市数额，以便最大限度地减少损失。

固定分数法（Fixed Fractional）是资金管理中最为流行，同时也相对简单的一种方法，它有多种表现形式，但都是建立在同一原则基础上的，就是要限定每次交易的风险比例，即所谓的"分数"或者 f。假设风险比例为 2%，意思是说，对于每一次交易，最多允许账户余额 2% 的资金存在风险。

(一) 公式定义

固定分数法与凯利公式不同，它并不涉及交易系统的各项参数，却要考虑投资者的心理素质及其可承受的损失数额。固定分数法的公式为：

$$风险资金 = 可用资金 \times 风险比例$$
$$合约数量 = 风险资金 / 止损额$$

（1）风险资金，为可用资金中可能遭受交易损失的部分，所占百分比称为"风险比例"，即 f。

（2）止损额，可以设定为单笔合约的理论亏损额。

（3）用风险资金除以止损额，即可得到我们能买进的合约数量。

为了便于理解，我们举个简单的例子。

假设我们有 10 万元，设定系统的止损额为 1250 元，也就是说每笔合约的理论亏损额为 1250 元，

（1）如果我们可以承受的风险比例为 10%，也就是说，我们可以承受的风险资金为 1 万元，那么我们可以买进 8 份合约

（10000/1250=8）。

（2）如果我们可以承受的风险比例为7%，风险资金即为7000元，那么我们可以买进5份合约（7000/1250=5.6，采取保守做法，忽略小数部分）。

（3）如果我们可以承受的风险比例为1%，风险资金即为1000元，那么我们可以买进0份合约，即不能参与交易（1000/1250=0.8，采取保守做法，忽略小数部分）。

（4）当然，我们可以承受的最大风险比例为100%，风险资金即为10万元，那么我们最多可以买进80份合约（100000/1250=80）。

（二）固定倍数

在固定分数法中，风险比例 f 指的是风险资金占可用资金的百分比，是一个固定分数，

$$f=风险资金/可用资金$$

如果对 f 求倒数，可以得出，

$$1/f=可用资金/风险资金$$

在这里，我们可以把 $1/f$ 称为"固定倍数"，它表示：可用资金是风险资金的 $1/f$ 倍，每1份风险资金的背后需要有 $1/f$ 倍的可用资金予以支持。因此，固定分数法也可以称为"固定倍数法"。

例如，假设系统的止损额为1250元，风险比例 $f=10\%$，则 $1/f=10$。

（1）如果投资者想要买入1份合约，则需要承受的风险资金为1250元（1份止损额，1×1250），那么投资者需要的可用资金为12500元（10倍的风险资金，10×1250）。

（2）如果投资者想要买入2份合约，则需要承受的风险资金

为2500元（2份止损额，2×1250），那么投资者需要的可用资金为25000元（10倍的风险资金，10×2500）。

（3）如果投资者想要买入5份合约，则需要承受的风险资金为6250元（5份止损额，5×1250），那么投资者需要的可用资金为62500元（10倍的风险资金，10×6250）。

特别的，在第一种情况中，我们把投资者买入1份合约需要的可用资金12500元，称为"最小投资额度"。它的意思是说，买入一份合约最少需要12500元。投资者的账户每增加12500元，就可以多买进一份合约。

由于可用资金是风险资金的$1/f$倍，而1份合约的风险资金正好等于止损额，所以，最小投资额度的计算公式为：

最小投资额度 =（$1/f$）×止损额

对于投资者来说，一旦提前设定好了止损额、风险比例f，投资一个合约所需要的资金——最小投资额度就是一个固定金额，即$1/f$倍的止损额，所以固定分数法又可以称为"固定金额法"。

（三）最大损失

固定分数法是利用假设的止损额确定操作的合约数，在以上例子中，使用的是系统的理论亏损额，但这在实际操作中并非总是合适的，因为实际亏损额经常会由于股市的开盘缺口、市场的快速下跌和系统管理的技术问题等，超过理论亏损额。为此，1989年拉瑞·威廉姆斯（Larry R. Williams）提出将系统的最大亏损额应用于"固定分数法"。

风险资金 = 可用资金×风险比例

合约数量 = 风险资金/最大损失

假设你的账户资金有3万元，可以承受的风险比例为10%，那么对于每笔交易，你愿意承受 3000 元的损失（30000×10%）。如果你采用的策略的最大损失（或者预计最大损失）为 2000 元，那么你只能买入 1 份合约（3000/2000＝1.5，采取保守做法，忽略小数部分）。

（四）市场波幅

与"最大损失法"不同，"市场波幅法"把市场的波动幅度视为风险，并利用它来确定合约的数量。理查德·丹尼斯（Richard Dennis，1949—）1983 年在其著名的海龟（Turtle）交易系统使用了这一方法。范·撒普（Van K. Tharp）博士 1999 年在其畅销书《通向金融王国的自由之路》一书中也介绍了这一理念。

风险资金＝可用资金×风险比例

合约数量＝风险资金/市场波幅

市场波幅是指一定时期内的市场波动情况，一般可以采用 ATR 指标来衡量。ATR 指标（Average True Range，平均真实波幅），是由威尔斯·威尔德（J. Welles Wilder）1978 年在其《技术交易系统的新概念》一书中发明的。ATR 指标的计算方法为：

1. TR（True Range，真实波幅）是下列 3 个等式的最大值。

（1） TR＝H-L

（2） TR＝H-Cl

（3） TR＝PC-L

其中，

H：今日最高价 High；

L：今日最低价 Low；

PC：前一日的收盘价 Previous Close。

真实波幅 TR 取 3 个等式的最大值，是为了将市场跳空开盘造成的缺口也考虑进去。如图 9-1-1 所示。

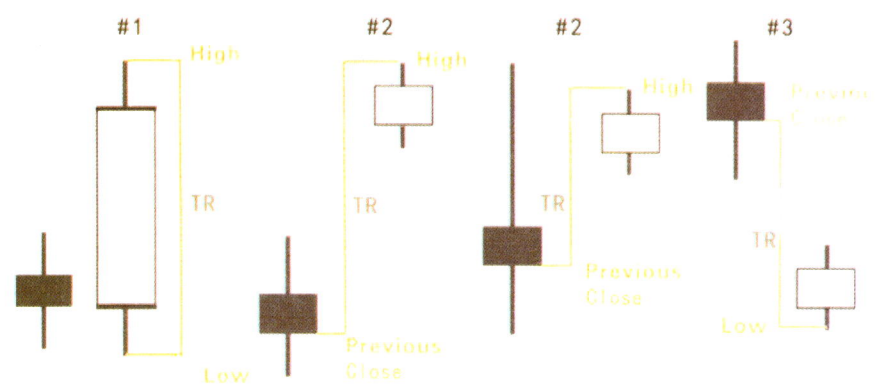

图 9-1-1 真实波幅（TR）

2. ATR 是 TR 给定时间内 N（默认为 14 天）的移动平均值。关于 N 的取值，不同的使用者习惯不同，10 天、20 天、30 天乃至 60 天都有。最好是将衡量波动幅度与交易时间期限相匹配。短期交易者可以使用日作为衡量标准，而长期交易者可以使用周、月作为衡量标准。

ATR 指标的代码如下：

TR1:MAX｛MAX｛(HIGH-LOW), ABS[REF(CLOSE,1)-HIGH]｝｝,ABS[REF(CLOSE,1)-LOW)];

ATR:MA(TR1,N);

让我们看一个例子。假设账户资金有 10 万元，可以承受的风险比例为 5%，则风险资金为 5000 元。如果某个股票当前 14 天的平均真实波幅是 3 元，那么投资者最多可以买入 5000/3 = 1666.66 股，取整则是 1600 股，即 16 手。

根据以上分析，我们可以知道，"市场波幅法"的逻辑是：交易的合约数量会随着市场波幅的变化而变化。当市场波动剧烈，幅度变大，则减少交易数量，因为市场充满风险。反之，当市场开始走稳，幅度变小，则增加交易数量，因为市场正在改善。

"市场波幅法"是一种比较保守的方法,当市场波动幅度变大时,不管波动方向对投资者是有利的还是不利的,它都降低仓位数量,这就严格控制了账户风险,但凡事有利也有弊,它也放弃了市场波动方向有利时的大幅利润。

比较"最大损失法"和"市场波幅法",前者更加通俗易懂,使用起来也比较方便,但也要求投资者对市场方向的判断具有较高的准确性。

四、固定比率法

固定比率法(Fixed Ratio)是由瑞恩·琼斯(Ryan Jones)1999年在其所著的《交易游戏》一书中提出的一种资金管理方法。

琼斯认为使用固定分数法,最初合约的增速很慢,需要很长的时间。一旦累积到一定数额以后,合约的增速会突然加快,这可能会导致某些交易者难以忍受的巨大回撤。为了改善这些状况,琼斯提出了固定比率法。

(一)公式定义

固定比率法要求交易者根据一个"固定比率"调整交易合约的数量。如果固定比率为1∶5000,这意味着要增加一份合约,当前每份合约需获利5000元,而每份合约的增长量通常被称为"Δ值"(Delta,德尔塔)。固定比例法的计算公式为:

下一个账户水平=当前账户水平+当前合约数量×Δ

也就是说,

交易第2份合约所需资金=交易第1份合约所需资金+1×Δ

交易第3份合约所需资金=交易第2份合约所需资金+2×Δ

交易第4份合约所需资金=交易第3份合约所需资金+3×Δ

交易第 5 份合约所需资金 = 交易第 4 份合约所需资金 + 4×Δ

以下依此类推……

举例来说,假设我们的初始资金有 10 万元,Δ 设为 1 万元,最开始我们买进 1 份合约,下面就是我们交易所需要的资金。

交易第 1 份合约:10 万

交易第 2 份合约:10 万 + 1×1 万 = 11 万

交易第 3 份合约:11 万 + 2×1 万 = 13 万

交易第 4 份合约:13 万 + 3×1 万 = 16 万

交易第 5 份合约:16 万 + 4×1 万 = 20 万

交易第 6 份合约:20 万 + 5×1 万 = 25 万

交易第 7 份合约:25 万 + 6×1 万 = 31 万

依此类推……

在固定比率法中只有一个变量,即"Δ 值"(每份合约的增长量)。很显然,"Δ 值"越低,合约数量增长越快;"Δ 值"越高,合约数量增长越慢。

关于"Δ 值"的设定,琼斯提出可以设定为系统历史最大跌幅的一半,理由是当出现最大跌幅时,交易的合约数量减少不会超过两个,账户受"非对称杠杆"的影响比较小,更容易挽回损失,回到之前的水平。

(二)对比分析

为了深刻理解固定比率法,这里将固定分数法和固定比率法进行对比分析。

假设我们拥有 10 万元,风险比例 f 为 10%,单笔合约最大亏损额为 5000 元,系统的历史最大跌幅为 2 万元。

1. 固定分数法

(1)最初的风险资金为 10 万×10% = 1 万元,那么可以买进

10000/5000＝2 份合约。

（2）最小投资额度为（1/f）×止损额＝10×5000＝50000 元，也就是说，要多买进 1 份合约，账户需要增加的利润为 50000 元，即 10 倍的最大亏损额，是一个"固定值"。

固定分数法的合约数量变化如下表 9-4 所示：

当账户的合约数量为 2 时，要实现账户利润 50000 元，则每份合约需盈利 25000 元；

当账户的合约数量为 3 时，要实现账户利润 50000 元，则每份合约需盈利 16667 元；

当账户的合约数量为 4 时，要实现账户利润 50000 元，则每份合约需盈利 12500 元；

当账户的合约数量为 5 时，要实现账户利润 50000 元，则每份合约需盈利 10000 元；

依此类推……

表 9-4　固定分数法

合约数量	所需账户余额	每份合约需盈利
2	100000	25000
3	150000	16667
4	200000	12500
5	250000	10000
6	300000	83334
7	350000	7143
8	400000	6250
9	450000	5556
10	500000	…
…	…	

可以看出，随着合约数量的增长，要多买进 1 份合约，每份合约需要实现的盈利在不断变小，是一个"递减值"。也就是说，在起始阶段，合约数量的增长会比较缓慢。到了后期，合约数量的增长会越来越容易。当合约数量积累到一定数额，一旦碰上不利行情，就会导致账户资金的大幅回撤。

2. 固定比率法

（1）最初可以买进 1 份合约。

（2）Δ 值 = $1/2 \times 20000 = 10000$ 元，也就是说，要多买进 1 份合约，每份合约需盈利 10000 元，是一个"固定值"。

固定比率法的合约数量变化如下表 9-5 所示。

表 9-5　固定比率法

合约数量	所需账户余额	账户利润需增加
1	100000	10000
2	110000	20000
3	130000	30000
4	160000	40000
5	200000	50000
6	250000	60000
7	310000	70000
8	380000	80000
9	460000	90000
10	550000	100000
…	…	…

当账户的合约数量为 1 时，每份合约需盈利 10000 元，则账户利润需增加 10000 元，即 1 倍 Δ；

当账户的合约数量为 2 时,每份合约需盈利 10000 元,则账户利润需增加 20000 元,即 2 倍 Δ;

当账户的合约数量为 3 时,每份合约需盈利 10000 元,则账户利润需增加 30000 元,即 3 倍 Δ;

当账户的合约数量为 4 时,每份合约需盈利 10000 元,则账户利润需增加 40000 元,即 4 倍 Δ;

当账户的合约数量为 5 时,每份合约需盈利 10000 元,则账户利润需增加 50000 元,即 5 倍 Δ;

依此类推……

可以看出,随着合约数量的增长,要多买进 1 份合约,账户需要增加的利润在不断变大,是一个"递增值"。

3. 对比结果

根据以上分析,将固定分数法与固定比率法进行对比,可以得出,要实现多买进一份合约:

(1)从"账户利润增加"的角度看,固定分数法是一个"固定值"(即固定倍数的最大止损额),固定比率法是一个"递增值"(即递增倍数的"Δ 值"),后者更加保守,风险更低。

(2)从"每份合约盈利"的角度,固定分数法是一个"递减值",固定比率法是一个"固定值",前者更加激进,风险更高。

所以,与固定分数法相比,固定比率法是一个比较保守的资金管理方法,值得使用。但固定比率法也有其缺点,就是只有一个变量"Δ 值",不像固定分数法可以通过风险比例 f 直观地了解账户目前的风险。

五、递减分数法

既然固定分数法、固定比率法各有其优缺点，那么有没有办法把两者的优点结合起来呢？

根据前面的分析，我们知道，从"账户利润增加"的角度看，固定分数法是一个"固定值"，即"固定倍数的最大止损额"，参考固定比率法的优点，我们可以把"固定倍数的最大止损额"改为"递增倍数的最大止损额"，即把"固定分数"改为"递减分数"。

比如，在交易的最初阶段，我们可以将风险比例设定为10%，直到总资金增加到初始资金的2倍时，再将风险比例降低到7.5%；当总资金增加到初始资金的3倍时，将风险比例进一步降低到6%。以此类推，达到4倍时降到5%，8倍时降到3%……总之，随着资金的增长逐渐降低风险比例，从而利于实现资金管理的双重目标：利润最大化、风险最小化。可以说，递减分数法是固定分数法、固定比率法的强强联合。

到现在为止，我们已经学习了鞅策略、反鞅策略、凯利公式、固定分数法、固定比率法、递减分数法，下面对它们进行一个整体回顾。

我们从资金投入的"鞅策略""反鞅策略"开始。"鞅策略"虽然具有较强的亏损挽回能力，但是如果碰上连续的交易亏损，因为资金投入的倍增关系，很容易带来爆仓的风险，投资者最好放弃这个策略。如果采用"反鞅策略"，那么盈利时扩大交易，亏损时减少交易，有利于实现"利润最大化、风险最小化"，虽然"反鞅策略"具有"非对称杠杆"的缺点，但仍然是正确的资金管理方式。

为了寻找"反鞅策略"的最优投注比例，我们引入了"凯利公式"。当投资比例达到"凯利比例"时，账户资金的几何增长率最高。但是凯利公式基于系统胜率和赔率的平均值，没有考虑最大回撤的小概率事件，所以只能把"凯利比例"视为一个"上限"，确保投资比例不会超过它。

考虑到系统可能面临的最不利情况，我们从亏损角度出发，采用"固定分数法"来限定交易的最大风险比例。它的特点是最初合约增速很慢，但是随着账户盈利的增加，后期合约的增速会越来越快，可能导致难以忍受的巨大回撤。为此，我们又引入了"固定比率法"，它是一种比较保守的资金管理方法，值得使用，但又不像固定分数法可以直观地了解账户目前的风险，所以最终我们推导出了"递减分数法"。"递减分数法"在盈利时，逐渐降低风险比例，注重利润稳定，在亏损时，自动减少资金投入，注重风险控制，实现了"利润最大化、风险最小化"这一目标。

整个推导过程如图9-1-2所示。

对于广大投资者来说，刚进入交易市场的时候，便知道一个理念"在盈利时要保住利润，在亏损时要控制风险"，但是对于如何具体应用，却没有明确的方法。其实，这一理念的本质指的就是"递减分数法"。所谓"众里寻他千百度，蓦然回首，那人却在灯火阑珊处"。只有当我们系统学习了鞅策略、反鞅策略、固定分数法、固定比率法，理清它们之间的相互关系，认识到它们各自的优缺点，有了参照对比，才能深刻体会"递减分数法"的现实意义，从而更好地把它运用到实际交易中，发挥出应有的威力，使自己账户的资金管理达到最优状态。

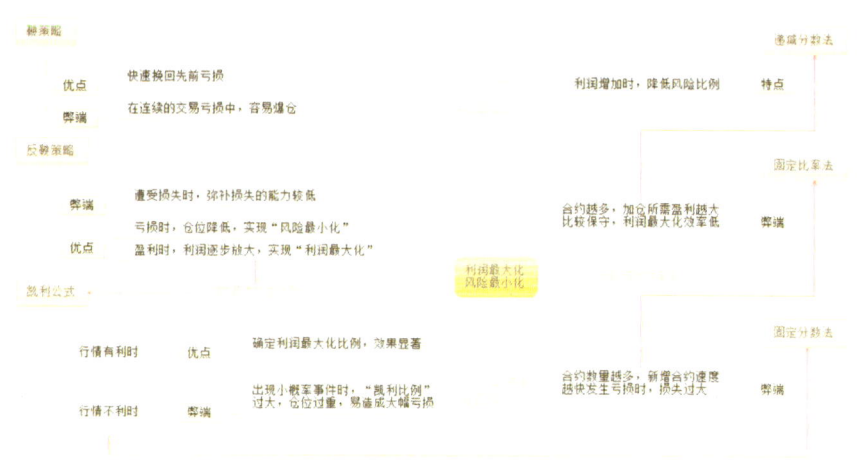

图 9-1-2 资金管理

第二节 程序化交易

在前面的交易决策阶段，我们学习了技术分析的具体方法，在上一节我们又学习了实现"利润最大化、风险最小化"的资金管理方式，接下了便要把它们运用到具体的交易操作中。根据人们交易方式的不同，一般把交易方式分为两种：人工主观交易、计算机程序化交易。

对于普通个人投资者来说，通常交易的品种数量比较少，人工主观交易是比较合适的。在主观交易中，投资者可以根据行情的不同变化，及时调整交易策略与资金仓位，具有很大的灵活性。尤其碰到重大事件引导的行情时，投资者可以依赖自己多年累积的经验和盘感，综合市场中的各方面信息，迅速做出决策。但是，人工主观交易也存在一些弊端，其中最主要的是容易受到人性弱点的影响，比如贪婪、恐惧、懒惰、侥幸、懊悔等，导致交易计划无法正确执行。

要克服人性弱点的影响，投资者需要具有极高的意志力和自律能力，做到"逆取顺守"。所谓"逆取顺守"，指的是"认知+意志""规律+纪律"，一方面要"顺"应趋势，"守"株待兔，只操作符合自己模式的行情，只选择高胜率高赔率的买点，对于没有把握的行情，坚决放弃；另一方面要"逆"反人性，克服各种不良心理和情绪的干扰，加强自律，认真执行，才能"取"得成功。

"逆取顺守"对个人要求比较高，而如果采用计算机程序化交易，则可以摒弃心理因素的影响，这时投资者还可以把更多精力投入到交易策略中，并不断完善它们，然后利用计算机来严格执行，从而提高交易效果。

一、程序化交易简介

（一）程序化交易的概念

程序化交易在国外兴起于20世纪70年代，起源是美国证券市场的电子化交易。在整个20世纪80年代，程序化交易的飞速发展为算法交易的出现奠定了良好的基础。而在国内通常意义下的程序化交易主要是指应用计算机与网络系统，依据一定的交易模型和规则形成证券组合，并构建组合交易指令，实现自动下单的交易过程。

1. 广义的程序化交易

从广义上来讲，所有用预设的程序所完成的交易都叫作程序化交易，主要包括高频交易、算法交易，自动化的套利交易、套保交易、对冲交易、限价单价值投资交易、限价单止损交易，交易所或经纪公司的自动强平交易等。其中，高频交易、算法交易、套利交易等多与机构投资者相关，其程序化的设计比较复杂，通常个人投资者难以触及；限价交易、止损交易等多由交易所、经纪商或交易平台提供支持服务，普通投资者只需直接使用即可。

2. 狭义的程序化交易

狭义的程序化交易也叫作系统交易（Systematic Trading），是指将特定的交易思想设计成完整的逻辑运行体系，然后使用合适的计算机语言编写成计算机程序，通过设置合适的标的和参数，使用程序化交易平台运行，由计算机进行自动交易。简单来说，就是两个方面的内容，一是交易策略的系统化，二是交易策略的自动化。

狭义的程序化交易，是投资者接触程序化交易最直接、最简单的方式，也最能体现投资者的交易策略和实际需求。在本节中，若未特别说明，所指的程序化交易皆为狭义的程序化交易。

（二）程序化交易的优势

1. 降低交易成本

程序化交易受到投资者追捧的一个主要原因是可以有效降低交易中的冲击成本，从而使得整个交易能以最优价格完成。交易行为中伴随有买卖价差的瞬间变动成本、既定策略的再三考量的延迟成本，这些都可能是剥夺盈利空间的客观存在因素。而在程序化交易中，可以在触发策略后以精确点位进场出场。

2. 减少系统风险

美国经济学家马考维茨（Harry M. Markowitz，1927—）于1952年首次提出"投资组合理论"（Portfolio Theory），从组合管理的角度看，程序化交易主要是通过以组合交易的方式来达到规避非系统性风险的目的。

3. 克服人性弱点

从行为金融的角度来看，程序化交易最大好处莫过于通过计算机自动执行交易来帮助投资者最大程度地克服人类情绪对实盘操作产生的非理性影响，在风险管理、成本管理等方面具有无可比拟的优势。

大多数个人交易者，无论其专业水平高低，都是在存在情绪风险的情况下进行交易，私欲、贪婪、恐惧、侥幸会降低投资者的判断能力，而且这种损害是不断重复发生的，就如德国哲学家、心理学家叔本华说过："一个人在相同的时间和环境条件下会犯同样的错误，是不可避免的，这就是人的劣根性。"但程序化策略是没有感情的，它仅会根据事先设定的策略来进行操作，在既定的情况进入市场，在既定的情况离开市场。因此程序化交易不存在个人的偏见、感觉、担忧等情绪，能有效地克服人性情绪的弱点。

4. 突破生理极限

人的反应速度是有限的，我们的交易从大脑所想到手动完成需要一段时间，而电脑程序交易显然比人工要快得多。特别是当我们为了分散风险而进行多品种交易时，很多交易信号往往同一时间发生，单靠个人行为是完成不了的，而程序化交易却可以轻松胜任。

二、交易系统化

交易系统化就是指系统化的交易，有了系统才可以交易，因此，我们需要对交易系统进行学习。

（一）交易系统的必要性

如何衡量交易的系统化程度？最简单的办法就是查阅我们

的历史交易，数一数其中的操作有多少是随意进行的，有多少是按计划完成的。所谓"计划你的交易，交易你的计划"，指的就是投资者要保证整个交易的系统性和一致性，这也是专业投资者与普通投资者的区别所在。专业的投资者永远都是系统交易者。

很多投资者热衷学习各种交易技巧，好像什么都知道，什么都会，但在实际操作中却用不上或者用不对，不仅不能帮助盈利，反而造成很多亏损。原因就在于博而不精，没有搞清楚这些技巧背后的原理，以及原理背后的底层逻辑，无法把它们有机组合在一起，建立自己的交易系统，发挥出整体合力。

建立自己的交易系统，具体来说有以下好处：

1. 排除矛盾方法

不可否认，可以说市场上的每一种分析方法都可以算一种小的交易系统，分析方法有很多，但要确切搞清市场的真相却并非容易。尤其在采用多种分析方式时，互相矛盾的结果更是经常发生。比如，我们在第八章着重介绍了 MACD 指标的使用，但是如果再给出一套关于 KDJ 指标的使用方法，很多投资者恐怕就要不知所措了，因为这两种指标经常出现互相矛盾的情况。如果你有了自己的交易系统，那么就简单了，你只需要考虑系统的有效范畴，而不必纠结指标的矛盾范畴。

2. 过滤无效行情

有系统看盘和没有系统看盘，两者的效果有本质区别。回顾一下你的亏损单，数一数有多少是因为盲目开仓造成的。如果没有交易系统的约束，那么在面对市场盘面的一个个信号时，交易者会很轻易地进行介入，因为人的心理更倾向于暗示市场能给自己带来利润而非风险。

一个成功的交易者一定是一个专业的交易者，一个专业的交易者并不是要"做得很多",而是要"做得很对"。如何做到很对?通常盈利单就是对的,当然不可否认有些盈利单也存在运气的成分,但如果你具有了一定的基础,你的盈利单必然有支持其开仓的理由。我们就是希望让交易系统来限定我们盈利的理由,只做对的事情,加上时间与复利,就会成为成功的交易者。

3. 恪守大数法则

"因为你知道自己的交易系统的收益期望值是正的,你知道大数法则的作用。当你的交易次数足够多,总会有好的结果在前面等着你。"在第一章"交易理念"的"大数法则"中我们就指出,稳定的胜率要有大数法则做支撑。投资者需要切实做到两件事情:一是不要因为一次失败否认自己,二是不要轻易地对交易计划做出修改。在交易市场,亏损是无法避免的,没有人能找得到一条适应所有行情的方法,所以要系统化自己的交易并相信它,不能反复地修改与怀疑。

4. 适应自我习惯

交易系统很难详尽地传达给他人,一个优秀的交易系统必然具有很强的个人色彩。每个人的兴趣、习惯、风险偏好和能力都不同,那么同一个系统在应用到行情时的效果也会大不相同。只有依据自己的方法、经验、习惯等制定出的交易系统才最适合自己,从而可以更好地应用到市场行情中。

(二) 交易系统的构成

程序化交易的要点在于如何用程序制定一个详尽的交易策略。一个策略便是一个交易系统,一个交易系统至少需要包括以下几个要素:

◆ 市场,买卖什么?
◆ 规模,买卖多少?

- 入场，何时买卖？
- 离场，何时平仓？
- 策略，如何买卖？

1. 市场

第一项决策要素是买卖什么，即在何种市场交易何种产品。这里的市场并不单单指股票、期货、外汇等金融交易市场，而是包含了在这些市场中的基本面、驱动因素、市场情绪等相关因素的状态、变化等情况。

一般来说，在人工主观交易中，可以很好地考虑市场因素的影响。比如，在股票基本面分析中，投资者应当知晓宏观经济政策与重心、利率变动情况以及信贷市场、房市状态、某公司的财务状况与绩效等。但在构建交易系统或程序化交易时，一般很难通过程序设定来囊括市场因素变动，尤其是突发因素，此时往往需要我们为特殊情况做出临时应对。

2. 规模

买卖多少是整个交易系统的关键要素，其与风险性、资金管理高度相关。很少有交易系统能够长期、稳定地适应所有行情。受金融市场的变化，随时可能出现大的波动，投资者在使用时必须做到最大化损失的预备。尤其在把交易系统应用到程序化交易时，因为程序会自动交易执行，这就需要我们预先设定好强有力的风险控制策略，而头寸规模、资金管理便是风险控制的直接要素。

3. 入场

入市决策，即何时买卖。在何时买卖中，最重要的便是对虚假信号的过滤，一个优秀的交易系统往往表现在入场点的精确把握。通常在入场时，我们需要考虑以下六个问题：

（1）趋势如何？

（2）支撑位和阻力位在哪里？

（3）指标给出了什么信号？

（4）蜡烛形态说明了什么？

（5）基本面有何变化？

（6）现在入场，时机是否恰当？

4. 离场

离场包括止赢和止损，其中又包括按条件离场和突发止损离场。

按条件离场，即在交易系统中触发离场规则时，平仓离场。

突发止损离场，无论是在人为的交易系统中还是程序化交易中，必须包括突发行情的应急处理条件，这就需要我们至少应该设置一个移动止损线，来应对突发的行情变动，回顾第一章"极值爆表"中的"黄金8.25闪崩事件"，投资者千万不能低估极值出现的概率。

5. 策略

策略更像是一个全局要素，是对整个系统各部分的串联。它包括整个交易系统的核心思维模式，以及各分支系统不足之处的补全要素。一个交易系统需要有其基础思想支撑，如果没有全局的策略框架约束，那么策略的买卖点位就无法确立。

（三）"2+3"均线系统

这里我们通过一个"2+3"均线交易系统来围绕交易系统的五大要素，给投资者做出一个交易系统构建细节的示例。

◆ 市场，买卖什么？

交易市场：外汇市场。

交易品种：黄金。

适用周期：0.5~4小时。

适用时段：非美国联邦利率及非农数据公布前后及非其他存在可预期的风险时段。

投资者需要特别注意这里的"适用时段"。通常情况下我们在制定交易系统或应用交易系统到程序化交易中时，交易系统多为根据行情的技术面进行制定的。但基本面是决定金融市场方向的主要因素，所以在基本面存在变化的前后，行情很容易进入非理性状态，此时各种技术分析方法都可能存在失真、失效的局面，这就需要投资者来人为、临时中断交易系统的应用，以免带来重大损失。

◆ 策略，如何买卖？

"2+3"均线系统，由 MA5、MA10、MA20、MA89、MA144 五条均线组成。设定 MA5、MA10、MA20 为三条快线（主动线），MA89、MA144 为两条慢线（保守线）。

如果快线在慢线之上，则记为"2+3"，表示市场为多头市场，即看涨；如果快线处慢线之下，则记为"2-3"，表示市场为空头市场，看跌；如果快线和慢线缠绕，则记为"2~3"，表明市场方向不明，不交易。

"2+3"均线系统的核心在于：根据 5 条均线的相互关系来判断趋势的方向及转化时机，以便寻找买卖空间。MA5、MA10、MA20 为大多数行情软件的默认均线，使用范围广泛，其均线的相互关系对短期的行情趋势反应显著。MA89、MA144 属于 2 条中期均线，是经过多次测试得出的最佳中期趋势线，其对于短期行情趋势的位置、力度具有较强的参考性。投资者也可以根据不同的市场、不同的交易品种进行调整，以更好地适应行情。

图 9-2-1 为 2017 年 8 月 17 日前后的黄金 15 分钟走势图，以"2+3"概念可以划分为 4 部分。

第九章 交易执行

图 9-2-1 黄金趋势图

◆ 规模，买卖多少？

满仓资产：资产×30%。

开仓仓位：100%。

减仓仓位：70%（剩余 30%）。

加仓仓位：20%（仅在减仓后加仓）。

◆ 入场，何时买卖？

在确立了我们的基础思想后，便需要对系统的出入场位做精确的条件设定。其中每个点位在设定过程中，除了要满足交易系统的点位需求外，还应该包括行情过滤的条件。

(1) 开仓点

基本条件：MA5 与 MA10 金叉。

过滤条件："2+3" 行情、五线之上第 1 阳线。

MA5 与 MA10 的金叉在实际行情中触发的频率很高，尤其在盘整行情期间，所以单靠均线金叉极不可靠，不能作为开仓的决定条件，此时需要附加过滤条件。

"2+3"是趋势线，保证了上涨趋势，但依然包括市场行情不明朗时谨慎看涨的缓慢上涨趋势，这种行情虽然不多见，但不应成为我们交易的选择区间。而"五线之上第1阳"则保证了我们可以切中行情爆发时机，这里的五线之上第1阳线，不仅是指收盘价在五线之上的阳线，而是开盘价和收盘价都站稳五线之上的第一根阳线。此时，行情强烈看涨，多为爆发的起始阶段。

可考虑附加条件：一阳上穿3快线。

（2）加仓点

基本条件：五线第一次近距离黏合后，再次依次分散排列。

一波行情的上涨之后，通常伴随有一段时期的调整，表现为长短期均线的逐渐聚拢状态。当均线再次依次排列时，行情的上升通道则会被再次打开。

◆ 离场，何时平仓？

（1）减仓点

基本条件：MA5与MA10第一次死叉。

过滤条件：五条均线依次排列。

虽然MA5与MA10的第一次死叉宣告着第一波上涨状态趋近末尾，但我们的开仓前提是"2+3"及五线之上第1阳，行情势必有一定势能，此时全部离场过早，可以考虑进行减仓，保证一段基础利润。

投资者需要注意"五条均线依次排列"的附加条件。均线依次排列依然可以确定短时内行情上涨趋势乐观，这是我们整个交易系统的核心要求，如果均线排列不再满足本条件，那么应当全部离场。

（2）平仓点

基本条件：MA5与MA20死叉、断头镰刀。

MA5与MA20死叉：在实际应用中，在行情第一次上涨后的

第九章 交易执行

整理期也会经常触发，如果投资者进行人为的主观交易，可以根据实际情况来决定是否全部平仓。"2+3"均线系统的核心是"2+3"的多头趋势，在不确定"2+3"状态将要改变前，都可以进行持仓。但当投资者使用程序化交易时，那么MA5与MA20的死叉可以作为全部平仓的判断条件。

断头镰刀：一阴下穿三快线，说明行情急剧逆转，此时通常"2+3"状态即将改变，投资者应该果断平仓离场。

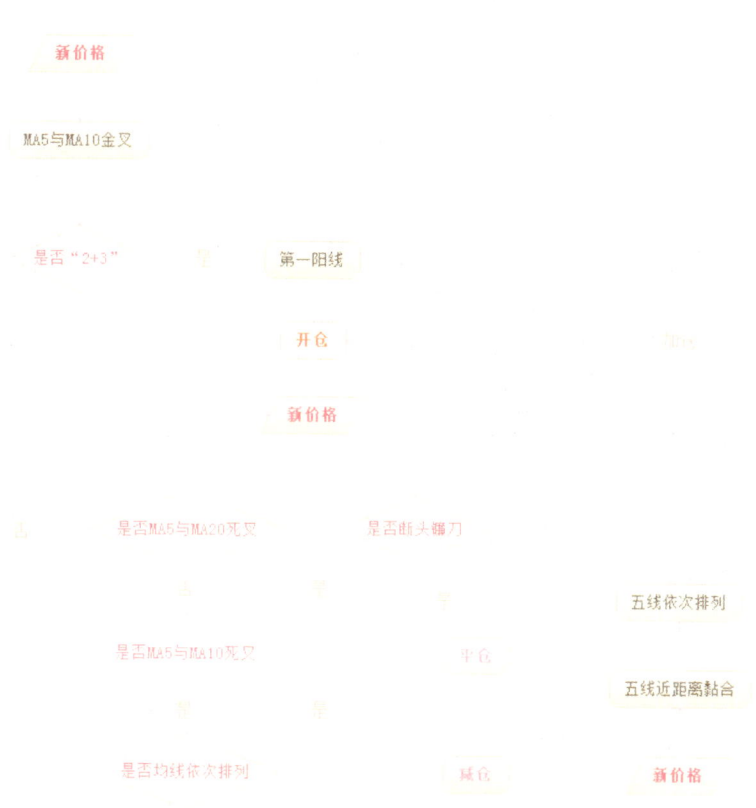

图 9-2-2　"2+3"均线系统逻辑图

图 9-2-2 为"2+3"均线系统的逻辑，我们把它添加到图

9-2-1中，结果如图9-2-3所示。

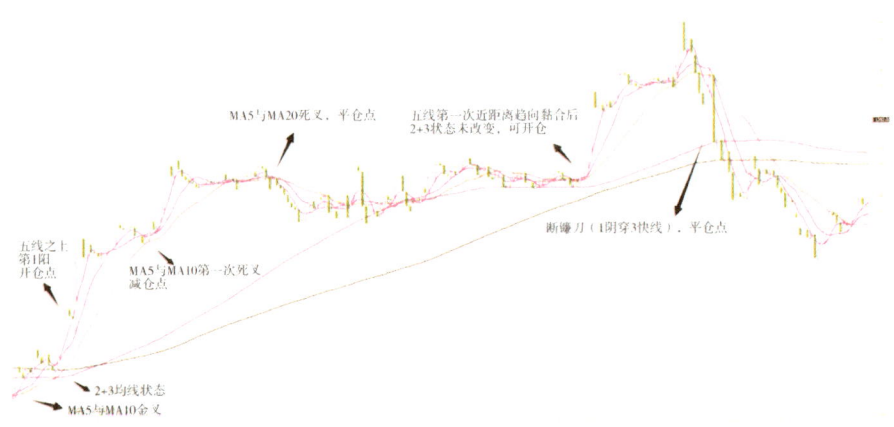

图9-2-3 "2+3"均线系统、黄金趋势图

三、交易自动化

程序化交易是通过编程把自己的交易系统应用到交易平台进行自动化交易。要实现交易自动化，需要选用合适的计算机交易平台和编程语言。

在程序化交易平台上，国内起步比较晚，交易平台比较少，各自使用的编程语言不尽相同，但是作为一种语言结构，它们的主体内容大多是相似的，交易者一旦学会某一种编程语言，便可对其他编程语言触类旁通。

（一）选择编程语言

1. Pyhton 语言

随着近几年大数据、AI 提升到人们日常接触层面，Python 的热度逐渐攀升。为了适应大数据时代的工作业务以及数据分析，越来越多的人开始学习 Python。

Python 是一门较易学习的编程语言，它既可以通过面向过程方式编写程序也可以通过面向对象方式书写代码，且优雅、通俗，是普通投资者接触程序化交易的最佳入门语言。

在股票量化平台中，国内知名的平台有米筐（ricequant.com）、优矿（uqer.io）、聚宽（joinquant.com）等，它们使用的编程语言都是 Python，如果你主要投资股票方面，那么 Python 可以是你的首选语言。

2. TBL 语言

TradeBlazer 公式是一种专为分析金融数据、时间序列而设计的高级语言，它提供直接、强大的框架将交易思想转化为用户函数、用户字段、技术分析、交易指令等计算机能够识别的代码，其介于 C++ 与 Pascal 之间。TradeBlazer 公式属于编译型公式，通过编译后作用于图表，执行效率高。通过组合普通的交易指令和简单的语句，TradeBlazer 公式使您能够很容易并且直接地用简单语句表达自己的交易规则和行为。

TBL 是一种高级语言，适用于期货程序化交易平台：交易开拓者。所以，期货交易者可以首选 TBL 作为编程语言。

3. MQL5 语言

MetaQuotes Language 5（MQL5）是一种面向对象的高水平的程序语言，它用来自动录入交易策略，为金融市场的各种分析定制智能指标。MQL5 基于 MetaQuotes SoftwareCorp 交易软件即 MT5（旧有 MT4 及 MQL4），是根据长期的网上交易平台经验开发的。通过 MQL5，你可以创建自己的智能交易，使自己的交易策略能够完全自动地执行。而且，MQL5 还能自定义客户指标、脚本和数据库。MQL5 包含了大量可以分析当前及历史报价所必需的函数，并可以通过内置的基本指标和函数来管理和支配这些交易。MQL5 是以最流行的程序 C++ 语言为蓝本的，其语法与 C++ 的相似。

MT5、MT4 是著名的金融产品交易软件，目前大部分外汇平台都是首选其作为主要的交易平台，所以，如果你主要从事外汇交易，那么 MQL5 是你首选的编程语言。

(二) 学习编程语言

对于非计算机行业人士、普通投资者来说，编程更像是一个可望而不可即的概念，我们根本无法从"编程"这个词汇看到入门的方法。从软件工程、网站网络等计算机专业领域来说，程序编辑的学习的确需要程序员投入大量的时间和精力。但对于金融程序化交易来说，并非如此。普通投资者进行学习可以把握三大阶段：

◆ 学习基础语法。

◆ 编辑公式。

◆ 编辑交易系统。

1. 学习基础语法

学习基础语法更像是"认字"的过程，每种编程语言都有自己的语法结构，无论什么编程语言，都围绕"数据类型""逻辑语句""函数"三大基本块展开。

数据类型：表示为对词、字的分类。比如，我描述了一段行情属于陈述一段文本，市场给我一个价格属于数字数据。

逻辑语句：表示串联词、字之间的因果关系。比如，如果……那么……，是 A 就……是 B 就……，如果一直是 A 就……

否则就……。

函数：就是对数据类型和逻辑语句的打包，就像工厂的每个车间分工不同的事务。

所以，编程就是对我们日常生活见解的一种格式化表述。投资者在学习中，可以买相关的基础书籍作为参考，同时也可以在网络上报名参加一些编程语言学习的课程，这些语言的基础课程一般都是免费的。

2. 编辑公式

编辑公式的过程，就像是学习"造句"的过程。在我们掌握了基础语法后，便可以尝试进行基础的实践应用，此时最简单的就是用我们学的语法去编辑已经知晓的公式。

投资者可以从公式的复合着手，比如投资者在分析行情时参考2个技术指标信号进行买卖，那么可以把这2个技术指标的实现放到一起，编写出一个包含了这2个技术指标的新指标来使用。

3. 编辑交易系统

如果说编辑公式的过程是"造句"，那么编辑交易系统就是"写作文"。当我们把交易系统的各部分进行零散化编辑出来后，最后便需要整合来形成一个系统的交易程序。

现在各大程序化交易平台，提供有众多数据和已经打包的函数以及模板，开发者可以直接拿来使用。如下图9-2-4所示，在MQL语言编辑器中，我们可以参考编辑器中自带的各种技术指标源码，或者对其进行改进。当我们新建一个程序时，只需要新建代码文件，把交易系统策略的逻辑代码填入对应的位置即可，就像用我们所学的"知识"填写一份"试卷"一样。

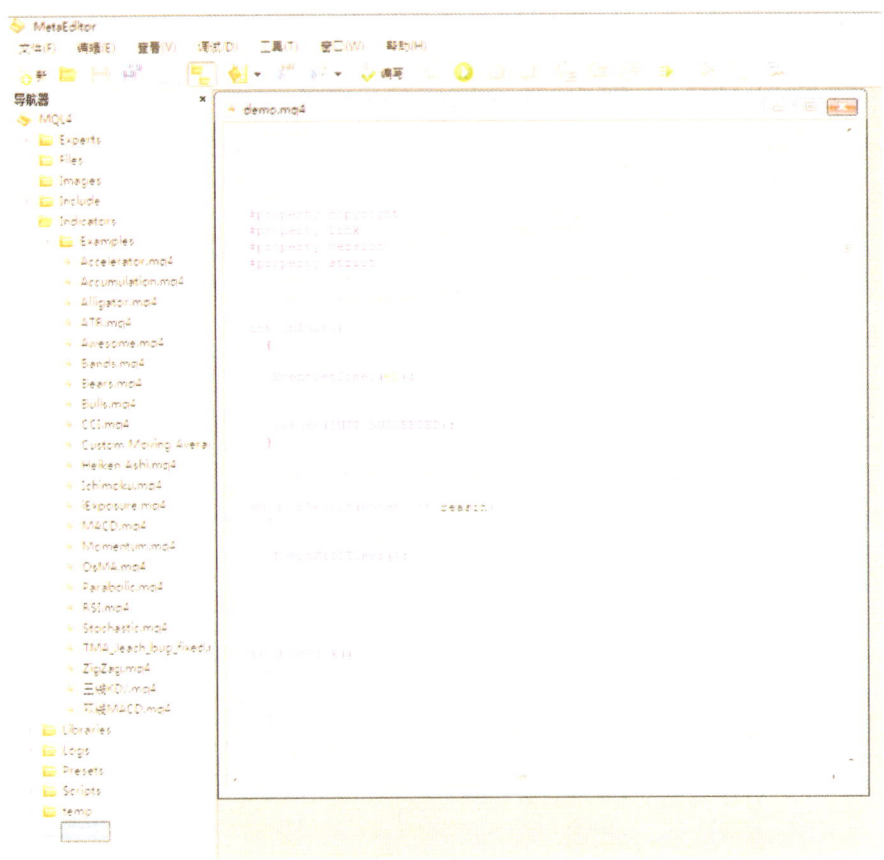

图 9-2-4　MQL 语言编辑器

第三节　算法交易

一、算法交易简介

（一）算法交易的概念

当投资者有大量证券资产需要交易时，一般都会把交易拆

第九章 交易执行

细，分批执行。但是，这就出现了一个问题：如何安排这些交易是最有利的？一般我们都希望交易不要对市场产生太大的冲击，同时也希望交易不会拖延太久导致市场价格向不利于我们的方向变动。但是，这是一个两难：市场冲击是交易速度的增函数，等待风险则是交易速度的减函数。当交易执行速度较快时，等待风险很小，冲击成本很大；交易执行较慢时，冲击成本很小，等待风险很大。为了解决这一问题，优化交易的执行，算法交易应运而生。

算法交易（Algorithmic Trading）是一种特殊的程序化交易：在金融市场中进行较大规模的交易时，投资者通过使用一定的算法将需要进行交易的订单拆细，并在合适的时机分别对其进行分散交易，从而降低相关交易成本，使得整个交易过程价格能够达到最优水平。

程序化交易在国外兴起于20世纪70年代，起源是美国证券市场的电子化交易。在整个80年代，程序化交易的飞速发展为算法交易的出现奠定了良好的基础。1989年，加州伯克利大学的金融学教授 David Leinweber 提出了第一个算法交易模型，称为 Market Mind，受到了市场的广泛关注，随后各大金融机构开始相继开发这一交易利器。进入21世纪以来，算法交易已经在全球金融市场被广泛使用。

为什么要使用算法交易？主要有以下几个原因：

第一，算法交易受到投资者追捧的最主要原因，也正是其产生的根本目的，在于其可以减小市场摩擦，有效降低交易中的冲击成本，从而使得整个交易可以以最优价格完成。

第二，算法交易可以提高交易执行的效率。伴随着大单拆分，不同的小单按照不同的价格进行动态成交，这些复杂而频繁的交易对于人工来说是非常繁琐的。一方面，交易员在进行交易时总是需要进行思考和判断的，这将有可能错过最佳的交易时机，增加等待风险或交易成本，而程序化交易的整个流程则仅需要计算机经过非常短暂的计算，就可以将指令发出，并且在这一过程中可以避免由于人的不理性而出现的一些非正常交易；另一方面，拆分后复杂的下单指令，特别是对于组合投资来说，容易使交易者手忙脚乱，而计算机程序化交易则可以在准确的时点对交易系统完成准确的下单指令，避免忙中出错。

第三，算法交易可以降低传统交易部门的人力成本。对于机构投资者而言，只需要雇佣少量的交易员对整个算法交易过程进行监控和维护即可。

第四，使用算法交易对于大规模交易而言，是一种很好的隐蔽自己交易行为的方式。对于进行大规模交易的投资者，特别是机构投资者，一般情况下都希望能够将自己的交易行为隐蔽起来，从而避免对手根据自己的"套路"出牌。通过将大单拆细进行交易，类似于一片平静海面下暗涌着的激流，对手只能看到成交量的放大，但却看不出有少数人在大量买入或是卖出，整个交易过程表现出的仅仅是一种大众行为。

第五，算法交易能确保复杂的交易及投资策略得以执行。程序化交易能更精准地下单，细致地量化报单的价格和数量。特别是对于复杂的交易策略，程序便于对数目众多的股票同时进行交易，实现传统交易不能完成的交易策略。

（二）算法交易的功能

算法交易强调的是优化交易的执行，即如何快速、低成本、隐蔽地执行大批量的订单。算法交易的功能主要包括三个方面，即订单分割、订单智能路由和DMA直通交易。

1. 订单分割

当机构投资者要进行一个大订单的交易时，会在短时间内改变市场上供需双方的平衡。这时，市场会产生两种情况：

（1）交易价格向不利的方向移动，也就是买单的价格升高，或者是卖单的价格下降，进而提升了交易成本。这时也被称为市场冲击成本。

（2）交易对手发现大订单后，会期待更有利的价格，从而减缓交易的速度，进一步降低市场上的流动性。这会使得交易不能够按照计划顺利完成，进而产生机会成本。

针对这种情况，机构投资者通常的做法是将大的交易订单进行分割，利用较小的订单，逐渐发送到市场，从而达到降低交易成本和发现流动性的目的。这些交易策略根据交易目的和基准的不同会被赋予不同的名字。例如比较流行的 VWAP（成交量加权的平均价格）和 TWAP（时间加权的平均价格），他们的目的就是使交易成本尽可能地达到，或者是超过交易的基准，也就是 VWAP 以及 TWAP。

此外，订单分割策略还有利于隐藏交易目的和意图。当一些投资者发现投资机会时，例如利好和利空消息、被低估或高估的股票等等，必然会通过交易操作的方式实现利润。但是如果投资者交易数额很大的话，就会很容易被市场上的其他参与者发现，进而识别其交易动机。这时，其他参与者就会跟进，导致投资机会的盈利的幅度和可能性降低。因此投资者对于交易的隐蔽性很重视，不愿意向市场透露交易信息。这种情况下订单分割策略就可以在一定程度上满足投资者的交易需要。例如有种交易策略被称为"冰山一角"（Iceberging），这个策略的目的就是通过订单分割的方式，限制每一时段交易的最大数量，这样可以隐藏或部分隐藏交易的动机。策略的名字"冰山一角"形象地表达了其操作方式和目的，就像冰山一样，露出水面的永远是一小部分。

2. 订单智能路由

在美国股票市场上，除了较大的纽约证券交易所（NYSE）和纳斯达克交易所（NASDAQ）之外，还有许多的地区性股票交易所，以及另类交易系统（Alternative Trading Systems，ATS）。一些公司的股票同时在几个市场上上市，或者同时在不同的市场进行交易。由于不同市场上的流动性差异，以及报价信息延迟等因素，一个股票在不同的市场上可能会存在着不同的买卖报价和流动性条件。例如，流动性差的市场上股票就可以会产生较大的买卖价差。这种情况下，交易员就希望能够在这些市场上获得最优的交易价格。订单智能路由（Smart Routing）就用于解决这一问题。交易系统需要持续地监控不同的电子交易市场上的报价和流动性条件。当交易员发起交易时，交易系统识别订单的类型，并在满足预先设定交易参数的情况下进行交易。由于计算机系统可以同时获得不同市场的价格，通过比较不同的报价，系统自动会把订单发送到给出最优报价的市场，以实现最优交易。此外，交易系统也可以比较不同市场的流动性，选择流动性比较好的市场进行交易，这样可以尽可能地减少交易产生的市场冲击。例如瑞士信贷的游击队（Guerrilla）和狙击手（Sniper）算法就是基于这个思路所开发的。

总的来说，订单智能路由有利于改进市场上的价格发现机制，使投资者能够获取最优的交易价格，降低交易成本，同时也有利于改进市场的公平和效率。

3. DMA 直通交易

随着通讯技术和投资机构化的发展，投资者特别是对冲基金等买方机构，对交易自动化、交易速度、交易的匿名性、交易低成本和交易执行过程的主控权的需求日益增加。在此背景下，便利投资者直接进入市场进行交易的市场直通交易（Direct Market

Access，DMA）应运而生并得以在全球范围内迅猛发展。

直通交易是指买方不需要卖方交易员或第三方介入，通过专有的线路，经过券商席位或不经过券商席位，直接下单至交易所的自动化高速电子交易方式。直通交易涵盖以下几方面内容：

（1）没有人工介入，自动化交易。

（2）买方可直接用 FIX（Financial Information eXchange Protocol，金融信息交换协议）等电子信息传输格式，通过专有线路向交易所下单。

（3）买方通常与券商或交易所签订直通交易的协议。

（4）买方通常有自己的电子订单管理系统。

（5）买方通常为机构投资者，散户很少参与电子直通交易。

根据以上定义，一般的客户通过电话和互联网下单的交易方式不是 DMA 直通交易。

与传统的交易方式相比，直通交易具有多方面的优势，包括匿名性（Anonymity）、交易执行的稳定性（Stability）、速度（Speed）、处理大单及复杂交易的效能（Performance）、低延迟（Latency）、易于使用（Ease of Use）等等。DMA 直通交易对于执行复杂的交易策略尤其重要，因为这些交易策略的成功主要取决于交易的速度。在成熟资本市场，对冲基金等买方机构大量运用直通交易执行算法交易和统计套利策略。

根据全球市场电子直通交易的不同安排，国际证监会（IOSCO）将全球电子直通交易的模式概括为以下三种：

一是通过券商系统自动下单（Automated Order Routing，AOR）。券商允许客户通过券商的电子系统（交易与连接系统）直接向交易所下单，订单通过券商的席位自动成交。这种模式通常在 FIX 金融信息交换平台下，以其通信协议进行操作：由客户输入电子订单，通过券商的订单分配系统来进行传输以及交易。

在这种情况下,券商内部可以监控下单,在必要的情况下还可以在订单执行前阻止订单。

二是券商担保的直通交易(Sponsored Access,SA)。券商允许客户使用券商的席位或交易代码直接下单,但客户不使用券商的技术系统。在这种情况下,券商通常不能内部监控下单情况,即不能实时掌握订单情况并阻止订单。这种方式在北美市场使用很多。伦敦证券交易所也有类似安排,即"会员授权的市场准入"(Member Authorised Connection,MAC)。不过,伦敦交易所要求会员公司能控制客户的订单流。

三是非券商中介的直通交易(Direct Market Access by Non-intermediary Market Members)。一些非券商的投资机构,如对冲基金,不通过券商中介,使用自己的技术系统和独立席位直接参与市场交易。不过,这些机构虽然有交易权,但通常不能成为清算会员,而必须与清算会员签订相关清算协议。

在上述三类电子直通交易安排中,AOR 和 SA 都是以券商的席位进行交易,直通交易的权利由券商给予,可以归为"券商中介的市场直通交易"。在这种模式下,直通交易通常要求交易所批准。在不需要交易所批准的情况下,交易所要求会员应努力确保客户满足一定的标准(如资金要求、熟悉市场规则和交易系统等)。AOR 和 SA 电子直通交易各自对客户的要求有所不同。例如,券商通常只允许一些特定的机构投资者(如基金和其他投资机构)进行 SA 直通交易。第三类电子直通交易,即独立席位的直通交易由交易所直接决定。交易所在决定授权电子直通交易时所考虑的主要因素包括两个方面:一是客户的成熟程度,包括具备相关市场交易知识和能力;二是客户的风险管理机制,包括资本实力、内部控制、交易系统的能力等。

(三) 算法交易的分类

根据各个算法交易中算法的主动程度不同，可以把不同算法交易分为被动型算法交易、主动型算法交易、综合型算法交易三大类。

1. 被动型算法交易

被动型算法交易也叫结构型算法交易或者时间表型算法交易。这类交易算法除利用历史数据估计交易模型的关键参数外，不会根据市场的状况主动选择交易的时机与交易的数量，而是按照一个既定的交易方针进行交易。该策略的核心是减少滑价（目标价与实际成交均价的差）。

被动型算法交易最成熟，使用也最为广泛，如在国际市场上使用最多的成交量加权平均价格（VWAP）、时间加权平均价格（TWAP）等都是属于被动型算法交易。

2. 主动型算法交易

主动型算法交易也叫机会型算法交易。这类交易算法根据市场的状况做出实时的决策，判断是否交易、交易的数量、交易的价格等。由于很多交易指令是根据市场的即时状况下达，因此有可能无法完成交易员希望的全部交易。

主动型交易算法除了努力减少滑价以外，把关注的重点逐渐转向了价格趋势预测上。如判断市场价格在向有利于交易员的方向运动时，就推迟交易的进行，反之加快交易的速度。当市场价格存在较强的均值回归现象时，必须迅速抓住每一次有利于自己的偏移。

此外，当算法交易被广泛应用时，证券的市场价格行为就会表现出一定的规律。这样，就出现了一类特殊的算法交易，如瑞士信贷的Sniper算法，它们的目标是发现市场上与自己交易方向相反的大型交易对手，通过合适的交易安排，与该对手完成交易，避免市场受到冲击。

3. 综合型算法交易

综合型算法交易是前两者的结合。既包含有既定的交易目标，具体实施交易的过程中也会对是否交易进行一定的判断。

这类算法常见的方式是先把交易指令拆开，分布到若干个时间段内，每个时间段内具体如何交易由主动型交易算法进行判断。两者结合可以达到单独一种算法所无法达到的效果。

二、交易成本分析

算法交易的目的是以最优的交易执行策略尽可能地减少交易成本。因此，要掌握算法交易，我们需要对交易成本进行学习研究。

（一）交易成本的概念

交易成本（Transaction Costs），又称交易费用，是指在一定的社会关系中，人们自愿交往、彼此合作达成交易所需要支付的成本。交易成本是人与人之间关系产生的成本，与一般的生产成本有所不同。从本质上说，只要有人类交往互换的活动，就会有交易成本，它是人类社会的交易活动中一个不可分割的组合部分。

在金融市场上，交易成本是指投资者为达成一笔交易所需要支付的成本，它产生于交易决策的执行过程之中，体现为由买方支付，但没有被卖方收到，或者是由卖方支付，但没有被买方收到的费用，主要包括交易佣金、交易税、冲击成本和机会成本等。

(二) 交易成本的组成

交易成本一般可以分为直接成本和间接成本，其组成如图 9-3-1 所示。

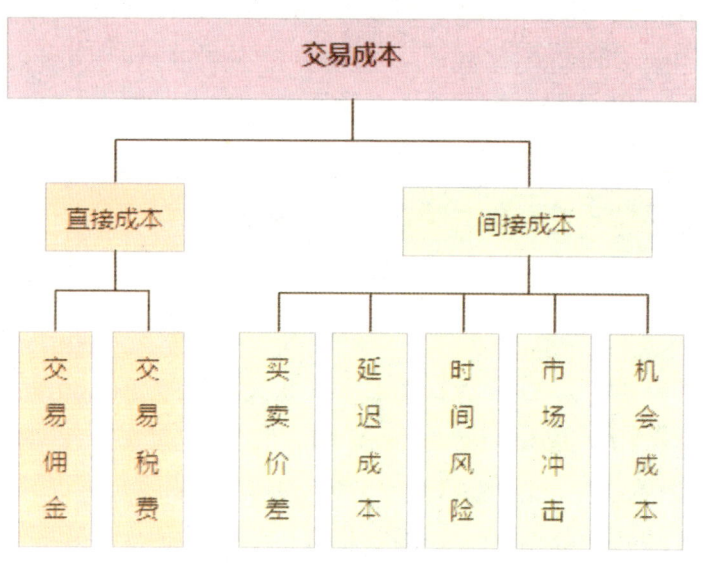

图 9-3-1　交易成本的组成

（1）直接成本（Explicit Cost），也叫显性成本，是指那些费用结构预先知道的，或可以很容易地通过实际市场数据获得的部分，主要包括交易佣金、交易税、交易费用等。直接成本只占交易成本的很小一部分，是交易中固定需要支付的，不能通过算法交易来控制。

（2）间接成本（Implicit Cost），也叫隐性成本，是指费用结构中的那些不容易知道的，或者不容易从实际市场数据观察的部分，主要包括时间风险、市场冲击、买卖价差、机会成本等。间接成本占交易成本的很大一部分，它们随着交易执行的不同而变化，是一种可变的交易成本，可以通过算法交易来有效控制。

1. 交易佣金

交易佣金是经纪商为投资者代理买卖证券时按成交金额计算向其收取的费用。在国际上一般由证券管理部门或证券交易所确定一个统一的佣金比率，或是上下浮动界限。有时，佣金也会因为交易难度的不同而不同，容易进行的交易佣金比较低，而困难的交易佣金比较高。

中国证监会规定，A 股、B 股、证券投资基金的交易佣金实行最高上限向下浮动制度，证券公司向客户收取的佣金（包括代收的证券交易监管费和证券交易所手续费等）不得高于证券交易金额的 3‰，也不得低于代收的证券交易监管费和证券交易所手续费等。

2. 交易费用

交易费用是执行过程中收取的，包括由交易所收取的经手费、监管费、过户费等。和交易佣金不同，交易费用是由证券监管部门或证券交易所收取。但是通常情况下，投资者会将这部分费用归入交易经纪商收取的佣金。

（1）上海证券交易所收费一览表：

http：//www.sse.com.cn/services/tradingservice/charge/sse-charge/

（2）深圳证券交易所收费（及代收税费）明细表：

http：//www.szse.cn/main/aboutus/service/sjssf/

（3）关于调整 A 股交易过户费收费标准有关事项的通知：

http：//www.chinaclear.cn/zdjs/gszb/201507/9aeee4d21a6f47f5b3741637993b004b.shtml

2015 年 8 月 1 日起，A 股交易过户费由沪市按照成交面值 0.3‰、深市按照成交金额 0.0255‰向买卖双方投资者分别收取，统一调整为按照成交金额 0.02‰向买卖双方投资者分别收取。交易过户费为中国结算收费，证券经营机构不予留存。

3. 交易税

交易税是对已实现利润或交易操作收取的税，例如资本利得、长期收益、分红、短期利润等等，按不同的税率征收。

股票交易印花税是从普通印花税发展而来的，是专门针对股票交易额征收的一种税。我国税法规定，对买卖、继承、赠与所书立的 A 股、B 股股权转让书据的出让方，按千分之一的税率征收证券（股票）交易印花税。

关于做好调整证券交易印花税税率相关工作的通知：

http：//www.sse.com.cn/aboutus/mediacenter/hotandd/c/c_20150912_3988239.shtml

4. 买卖价差

买卖价差（Bid-Ask Spread），是证券交易中最高买入报价、最低卖出报价之间的差额。买卖价差实质是一种流动性溢价，是交易者为了满足交易的及时性而必须付出的溢价。买卖价差是事先不知道的，它们是概率性的随机变量，可以用它们历史数值的分布进行描述。

为了理解买卖价差分布的参数，交易者应该浏览买卖价差的关键特征，比如均值和标准差等。在使用历史数据估计买卖价差的位置时，还需要将买卖价差按照一天中的不同时段、市场状况等其他相关因素进行分类，并计算每种类别买卖价差的统计特征。

5. 延迟成本

延迟成本（Delay Cost），指的是做出交易决策与交易执行之间的时段所交易资产价格发生不利变动所带来的成本。假设交易策略决定以 56.50 元的价格买入某只股票，但是当市价指令执行的时候，价格已经上涨到了 58.00 元。这种情况下，期望价格与实际执行价格之间的1.50元就是延迟成本。

在系统交易环境下，延迟成本主要由以下原因导致的：

（1）网络通信中断可能会造成指令无法及时执行，或者指令传输延迟。

（2）交易对手清算结构可能同时收到很多指令，从而造成指令积压并引起执行延迟。

虽然延迟成本不可能完全预估得到，但是在现有技术条件下，也可以尽量最小化这种成本。使用备用通信系统和对交易行为进行持续的人工监控，就可以及时发现网络问题，并通过其他备用渠道将指令传送至目的地，这就保证了交易信息的不间断传输。

6. 时间风险

时间风险（Timing Risk），是指交易指令实际执行成本的不确定性，包括价格波动性（价格可能比期望的高或低）和流动性的不确定性（市场交易量不确定）。

例如，一只股票当前价格为50元，我们有理由相信在接下来的几个小时里股票会在49~51元之间进行交易。然而，两天后的股价将不一定在49~51元之间，更可能的价格区间是48~52元。当投资者在依次执行交易指令时，股价可能会升高或下降。假设一个交易员接到1个买进100000股该股票的指令，并且决定消极地将订单在未来几天内执行。如果价格的运动对交易员有利，他将得到一个比预期更好的价格，反之将得到一个更差的价格。

7. 市场冲击

市场冲击（Market Impact），是指由于执行交易指令而引起的不利价格变动。这里的交易指令专指市价指令。市价指令消耗流动性，会产生市场冲击；限价指令提供流动性，只有当它被市价指令"穿越"时才会执行，基本不产生市场冲击。

市场冲击成本是最高的交易成本之一，会拖累投资业绩，投资者需要引起高度重视。市场冲击成本来自投资者的流动性需求和交易信息泄露。市场冲击使投资者需要支付价格升水来实现买单，或提供价格贴水来实现卖单。

例如，一个交易员接到了一个买入10000股ABC股票的指令。然而市场报价显示给出最低报价50元的只有1000股，50.25元的价位有2000股，50.50元有3000股，50.75元有4000股。交易员只能在50元成交1000股，而其他9000股则需要以更高的价格成交，平均成交价为每股50.5元。

为了吸引更多的流动性进入市场，交易员需要支付价格升水，因而导致了市场冲击成本。这个成本是由于交易员的流动性需求暂时改变了市场原有的供给和需求条件。流动性暂时不平衡引起的价格偏离，被称为暂时性市场冲击。

例如，一个交易员接到一个250000股XYZ股票的买单。当这样一个大订单进入市场，会给市场带来该股票价格被低估的信号。持有该股票的投资者将不再按当前的市场价格出售，同时其他投资者会希望买进该股票。这将导致股票价格永久地上升。交易信息泄露引起的价格偏离，被称为永久性市场冲击。

8. 机会成本

机会成本（Opportunity Cost），是指交易指令不能够完全执行所损失的利润，它表示为不能完成订单产生的成本。导致机会成本的原因通常是市场流动性的不足，或价格变化太快。因为投资者通常要买入上涨的股票或卖出下跌的股票，所以不能按时完成交易将有可能失去获利的机会。这对于投资者来说是一种潜在的成本，进而会降低投资的回报。

例如，一个基金经理发现了一个被低估的股票，当前交易价格为每股 50 元，他要求交易员在当天买入 250000 股该股票。为了减少市场冲击，交易员采用分割的方法执行这一订单，但这导致在当天交易结束时只买入了 200000 股。收盘时，股票价格为每股 52 元，且此时股票已经达到了公平价格，基金经理取消了剩下的交易。没有在较低价位完成剩下 50000 股的交易导致了机会成本。

对于交易操作来说，由于市场流动性的短缺，大额的交易订单通常会带来较大的市场冲击成本。为了减少市场冲击，投资者需要将订单分割为较小的部分，分步、逐渐地进行交易操作。但是，这样会使交易价格面临上涨（下跌）所带来的时间风险，以及订单不能够及时完成所带来的机会成本。快速的交易操作可以减少这些成本，但会带来较大的市场冲击成本。因此，面对这些情况，投资者需要权衡利弊，制定合理的算法交易策略，以便改善交易操作，提高交易执行的质量。

三、算法交易策略

算法交易的核心在于交易策略的构建，好的算法交易能够有效控制交易成本，实现交易价格的最优化。接下来，我们就简单介绍一下市场上最常见的一些算法交易策略。

TWAP（Time Weighted Average Price），时间加权平均价格算法，是最为简单的一种传统算法交易策略。该模型将交易时间进行均匀分割，并在每个分割节点上将均匀拆分的订单进行提交。

例如，A 股市场一个交易日的交易时间为 4 小时，即 240 分钟。首先将这 240 分钟均匀分为 N 份（或将 240 分钟中的某一部分均匀分割），如 240 份。TWAP 策略会将该交易日需要执行的订单均匀分配在这 240 个节点上去执行，从而使得交易均价跟踪 TWAP。

$$TWAP = \frac{\sum_{t=1}^{N} price_t}{N}$$

TWAP 策略设计的目的是在使交易对市场影响最小化的同时提供一个较低的平均成交价格，从而达到减小交易成本的目的。在分时成交量无法准确估计的情况下，该模型还是较好地实现了算法交易的基本目标。但是 TWAP 遇到比较大的问题是，在订单规模很大的情况，均匀分配到每个节点上的下单量仍然较为可观，仍有可能对市场造成一定的冲击。另一方面，真实市场的成交量是在波动变化的，将所有的订单均匀分配到每个节点上显然是不够合理的。因为，人们很快建立了基于成交量变动预测的 VWAP 模型。不过，由于 TWAP 操作和理解起来非常简单，因此其对于流动性较好的市场和订单规模较小的交易仍然较为适用。

(二) VWAP 策略

VWAP（Volume Weighted Average Price），成交量加权平均价格算法，是目前市场上最为流行的算法交易策略之一，也是很多其他算法交易模型的原型。首先定义 VWAP，它是一段时间内证券价格按成交量加权的平均值。

$$VWAP = \frac{\sum_{t} price_t \times volume_t}{\sum_{t} volume_t}$$

其中 $price_t$ 和 $volume_t$ 分别是某个时点上证券的成交价格和成交量。

VWAP 算法交易策略的目的就是尽可能地使订单拆分所成交的 $VWAP_{成交}$ 盯住市场的 $VWAP_{市场}$。从 VWAP 的定义公式来看，若

希望能够跟住 $VWAP_{市场}$，则需要将拆分订单按照市场真实的分时成交量按比例进行提交，这就需要对市场分时成交量进行预测。通常来说，$VWAP$ 策略会使用过去 M 个交易日分段成交量的加权平均值作为预测成交量，这里就要涉及 M 和权数的确定。假设需要在某段时间买入一定数量的股票，采用算法交易将这段时间分为 N 部分，并预测每部分时间的成交比例（占所需成交量）为 vp_i，而市场真实的分段成交比例（占市场真实成交量）为 vm_i，市场在每个时点的真实成交价格为 p_i，则可以定义跟踪误差。

$$TE = \sum_t p_t \times (vm_t - vx_t) \quad \begin{cases} vx_t = vp_t & if \quad vm_t = vp_t \\ vx_t = vm_t & if \quad vm_t \leq vp_t \end{cases}$$

从 TE 的定义公式可以看出两点：（1）跟踪误差与成交量预测的关系非常紧密，预测结果的好坏直接影响到 VWAP 算法交易的结果。（2）当某段时间的 vp_t 超过市场真实 vm_t 时，有可能造成订单无法全部成交，这样就会造成算法交易执行效率的下降，因此，更为常用的是被称为"带反馈的" VWAP 算法交易策略。

所谓带反馈的 VWAP 算法交易策略，是指在原有 VWAP 跟踪的基础之上，将每个时段未成交的订单按比例分摊至后面的时间段中，这样可以有效提高成交比率。之前所讨论的 TWAP 策略也可以采用该类反馈技术，使执行效率大幅提升。

（三） MVWAP 策略

MVWAP（Modified Volume Weighted Average Price），成交量加权平均价格优化算法。其实 VWAP 有很多优化和改进的算法，但是最为常见的一种策略是根据市场实时价格和 $VWAP_{市场}$ 的关系，对下单量的大小进行调整与控制，因此我们统一将这一类算法称为 MVWAP。

当市场实时价格小于此时的 $VWAP_{市场}$ 时，在原有计划交易量的基础上进行放大，如果能够将放大的部分成交或部分成交，则有助于降低 $VWAP_{成交}$。反之，当市场实时价格大于此时的 $VWAP_{成交}$ 时，在原有计划交易量的基础上进行缩减，也有助于降低 $VWAP_{成交}$，从而达到控制交易成本的目的。

在 MVWAP 策略中，除了成交量的预测方式之外（通常也是按照历史成交量加权平均进行预测），同样很重要的是对于交易量放大或减小的定量控制。一种简单的办法是在市场实时价格低于或高于 $VWAP_{市场}$ 时，将下一时段的下单量按固定比例放大或缩小，那么这个比例参数就存在一个最优解的问题。如果考虑得更为复杂和细致，这个比例还可以是一个随价格偏差（市场实时价格与 $VWAP_{市场}$ 之差）变化的函数。

(四) VP 策略

VP（Volume Participation），成交量固定百分比策略，与 VWAP 策略类似，都是跟踪市场真实成交量的变化，从而制定相应的下单策略。所不同的是，VWAP 是在确定某个交易日需要成交数量或成交金额的基础上，对该订单进行拆分交易。而 VP 则是确定一个固定的跟踪比例，根据市场真实的分段成交量，按照该固定比例进行下单。

例如，将某个交易日均分为 48 段，每段 5 分钟。根据预测成交量，按照 10%的固定比例进行下单。这样的策略所带来的结果是，当所需要成交的订单金额较小时，可能会在交易时间结束之前就完成所有交易，从而造成对市场均价跟踪偏离的风险。因此我们认为，该策略适用于规模较大、计划多个交易日完成的订单交易，此时若能选择合适的固定百分比，使得成交能够有效完成，则 VP 是一种可以较好跟踪市场均价的算法交易策略。

(五) IS 策略

IS（Implementation Shortfall），执行落差交易策略，是以执行

落差为决策基础的一种算法交易策略。执行落差被定义为目标交易资产组合与实际成交资产组合在交易金额上的差异。IS 策略的目标是执行落差最小化，或者说是在综合考虑冲击成本和市场风险后，通过寻找最优解来跟踪价格基准的一种策略。假设目标交易价格为 P_0，实际交易价格为 P，则 IS 策略的最终目标为：

$$\min: \sum_t x_i(p_i - p_0)$$

为了达到这个目的，IS 的基本流程如下：

（1）确定目标交易价格 P_0，作为交易基准，这个价格可以是到达价、开盘价、一日收盘价等。再设定一个容忍价格 P_r，作为交易的边界条件。

（2）当市场实际价格低于或高于 P_0 时，按一定的策略下单进行买入或卖出交易。

（3）当市场实际价格高于或低于 P_r 时，不进行买入或卖出交易。

（4）当市场实际价格处于 P_0 和 P_r 之间时，可以按照介于积极和消极交易策略之间的策略进行交易。

使用 IS 的优点包括：

（1）IS 策略较为全面地分析了交易成本的各个部分，在冲击成本、时间风险、价格增长等因素之间取得了较好的平衡，更加符合最优交易操作的目标。

（2）IS 策略根据目标价格对交易过程的优化，更加符合投资决策的过程。

（3）IS 策略多用于组合交易，而对于组合交易来说该算法能够利用交易清单上股票间的相关性更好地控制风险。

（六）Step 策略

Step 策略实际是一种对价格进行分层成交的策略，目标是在买入（卖出）交易中尽可能地压低（提升）成交均价。简单来讲，Step 就是在不同的价格区间进行不同成交量比例的配置。例如在 VWAP 或 TWAP 策略中，通常按照预测成交量的一定比例 k 进行实际下单。假设在开市前预计要买入某支前收盘价为 20 元的股票，则对其进行成交量分层设定：

$$k = \begin{cases} 0 & price > 21 \\ 10\% & 19 < price \leq 21 \\ 30\% & price \leq 19 \end{cases}$$

开盘后在 VWAP 或 TWAP 的基础之上，当价格在 19 至 21 元浮动时，按预测成交量的 10% 进行成交；当价格超过 21 元时则不做任何交易；当价格小于等于 19 元时，按预测成交量的 30% 买入。

更为激进的一种是称为 Aggressive Step 的策略，这种策略在价格低于最优交易区域边界时会将所有市场上的订单统统吃掉。具体来说，Aggressive Step 策略同样在买入（卖出）交易中进行分层，例如在上述交易方案中，前两个区域的策略不变，当价格小于等于 19 元时，不管市价跌到多少，都按 19 元的限价报单成交，直至价格回升至 19 元以上或拟交易订单全部完成。不过这种策略不容易对交易量进行控制，并且容易造成价格异动，增加证券交易的隐性成本。

（七）Sniffers 策略

Sniffers 搜寻者策略是一类策略的统称。通常该策略会开发一些较为复杂的算法去监控盘口和成交数据，以发现市场参与者中是否存在其他的算法交易者。例如通过少量的试探性下单，结合一定的算法和成交情况去判断有没有订单是通过算法交易而成交的。如果有其他的算法交易参与者，则通过计算判断，跟随这些算法交易或通过相反的操作，能否以较大的概率获取绝对收益。如果获利概率较大，则通过有针对性的算法交易策略进行下单。该策略与传统的算法交易不同，不以执行订单为主要目的，而是以获利为主，属于算法交易中较为高级的一种策略，适用于算法交易已经大规模普及的市场。我国市场无论是从交易制度，还是从算法交易的普及程度来看，目前都还暂时难以运用该类策略。

（八）盘口策略

国外目前很多较为高级的算法交易策略对数据的要求都已不仅仅限于成交量和成交价两个指标，而更多关注的是市场微观结构，特别是盘口中出现的一些重要信息。举一个最简单的算法例子，称之为盯住盘口策略（PEG），该策略随时根据目标股票的盘口情况进行下单。PEG首先会实时监测盘口中的最低卖出价格或最高买入价格，并按照一定的策略（或比例）下达买入限价指令或卖出限价指令。如果交易指令未能完成，并且市场价格开始偏离限价指令的价格，则对上述订单进行撤单，并且根据最新的盘口信息重新发出相应的限价指令；如果交易指令全部完成，继续按照上述策略（比例）发出买入限价指令或卖出限价指令，直至订单全部完成或交易时间结束。该策略的优点在于对市场的冲击可以做出较好的定量控制，而缺点在于跟踪市场均价容易出现偏离，并且每个交易日的成交量不可控。

（九）W&P策略

Work and Pounce策略，简称W&P策略，是在一般算法交易策略的基础之上，通过市场盘口及流动性情况对算法交易进行进一步优化的一种策略。具体来讲，当执行某种算法交易策略时，系统会将拆分后的订单在一定的时间按一定的价格进行挂单。此时如果跟踪盘口数据，会发现所提交的下单价格有可能是主动成交（例如在 VWAP 策略中就有出现这种机会）。在这种情况下，可以观察相应价格的盘口是否具有较大数额的挂单，即观察市场在一定的价格范围内是否有多余的流动性存在。如果存在这种流动性，则可以放大交易数量，将市场流动性横扫一空，或仅留存少量残余流动性。W&P 策略适合于有大量订单需要在短期内完成的情况，使用该策略能够有效提高执行效率，但同样对于价格的跟踪可能将产生相对较大的偏差，增加了交易成本的不确定性。

（十）Hidden 策略

Hidden 隐藏交易策略实际上是一种主动成交型算法交易策略。对于传统的 TWAP、VWAP 等策略，由于下单时往往是按市价下单，因此可能会夹杂有主动成交和被动成交两种交易。但是当被动挂单和撤单次数较多的时候，特别是在较为发达的金融市场中，算法交易者甚至算法交易策略本身容易被其他竞争对手观察和监测到，从而使得竞争对手可以针对算法本身开发出具有针对性的策略。Hidden 策略就是这样一种反侦察的算法交易策略：当市场盘口中出现了希望成交价位的委托单，并且达到一定数量时，则主动出击将委托单吃掉。否则伺机而动，直到满足条件的机会出现为止。总体上来说，Hidden 策略也是一种对原有算法交易策略进行再优化的策略，其主要运用在欧美等较为发达的金融市场上，在隐藏自己的行动的同时也付出一部分跟踪市场均价准确性的代价。

（十一）Guerrilla 策略

Guerrilla 游击队策略也是在一些原有算法交易策略的基础之上进行进一步优化的一种策略，其目的同 Hidden 策略一样，都是为了隐藏自己的策略和交易行为。不同的是，Hidden 是在主、被动成交及下单数量方面进行考虑，而 Guerrilla 的出发点仅仅是下单数量。通过一定的随机算法，Guerrilla 策略会将每个时段应该提交的订单数量进一步打散成为不同尺寸的部分，从而使得其他竞争对手在交易明细中不容易看出算法交易者和相应算法的存在。

（十二）其他策略

除了上述介绍的一些常用算法交易策略以外，在国外市场上目前还存在非常多的策略，例如仅 VWAP 一种基础的算法交易策略就可以衍生出几十种甚至上百种策略。再例如在国外做市商制度的存在下，市场上还有一批基于该交易制度的常用算法交易策略，如 Guaranteed VWAP、SOR 策略等。

总而言之，很多算法交易策略在使用一段时间后往往由于信息的泄露或者市场微观结构的改变而不再适用，投资者就需要继续开发新的策略。因此，各种算法交易策略总是如雨后春笋一般在市场上出现，然后消失、轮回。但无论如何，各类算法交易策略的出现都是为了对交易成本进行有效控制，因此，这类交易策略在计算机和网络技术突飞猛进的今天，将会越来越多地占领整个市场的交易份额，目前来看这是一个不会改变的大趋势。

在国内，随着金融行业的不断发展和国际化的提高，以及股指期货、融资融券规则的推出，我国证券市场单边交易和相对封闭、发展滞后的情况得到改善，并逐渐赶上世界先进的证券市场。因此，算法交易策略在未来一定会呈现出快速发展的趋势。它不但有利于投资者减少交易成本，丰富和创新投资手段和策略，而且能够促使市场更加的规范和高效。

第九章 交易执行

扫一扫，和我一起学《超简交易》

回复"交易执行"，获取本章思维导图及PPT讲义。

回复"第九章视频"，获取本章精讲视频。

第十章 交易评估

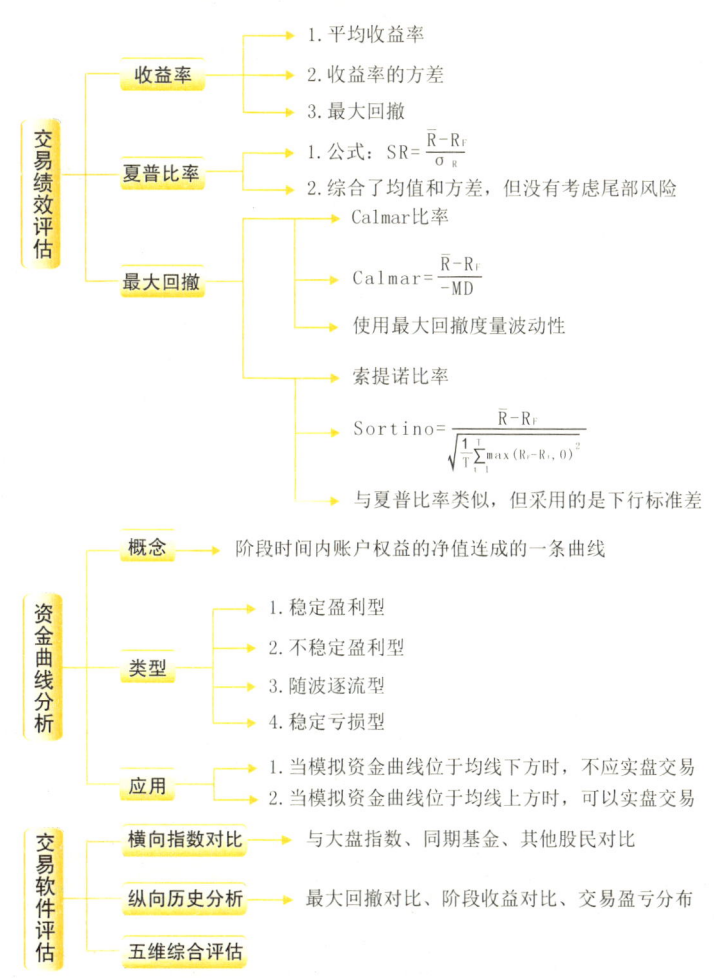

第一节 交易绩效评估

一、收益率

（一）收益率的概念

交易的策略可能会多种多样，但它们都有一个共同的特点：策略的收益率，这样不同的交易策略之间可以互相比较。

收益率（Rate of Return），是指时间上相邻的两个价格的差用前一个报价进行调整之后的值。由于收益率与具体价格水平无关，因此，很适合用它来对不同交易策略的表现进行比较。收益率的计算公式为：

$$R_t = \frac{P_t - P_0}{P_0} = \frac{P_t}{P_0} - 1$$

式中，R_t 表示时间段 t 的收益率，P_t 是 t 时刻的价格，P_0 是初始时刻的价格。

收益率本身可以按不同的时间长度来衡量，比如每小时、每天、每月、每季度、每年等等。因此，在对不同交易策略的收益率进行比较时，需要保证所采用的收益频率是一致的，一般可以采用年化收益率。

年化收益率（Annualized Returns），是指投资期限为一年所获的收益率，是把当前收益率（日收益率、周收益率、月收益率）换算成年化收益率来计算的，是一种理论收益率，并不是真正的已取得的收益率。年化收益率的计算公式为：

$$R_y = (1+R_t)^N - 1 = (1+R_t)^{D/T} - 1$$

其中，N=D/T 表示投资者一年内重复投资的次数。D 表示一年的有效投资时间，对于银行存款、票据、债券等，D = 360日；对于股票、期货等，D = 250日；对于房地产和实业等，D = 365日。

例如，日收益率是万分之一，D = 365日，则年化收益率为：$(1+0.0001)^{365} - 1 = 3.72\%$。

（二）收益率的特征

对于收益率的分布特征，为了简单，可以从均值、方差、最大回撤三个方面进行描述。

收益率的均值，指的是平均收益率。平均收益率的计算公式为：

$$\bar{R} = \frac{1}{T}\sum_{t=1}^{T} R_t = \frac{R_1 + \cdots + R_T}{T}$$

平均收益率仅仅是收益率分布的均值所在的位置。高平均收益率可能比低平均收益率更好，但是平均收益率本身并不包含收益率在均值周围分散程度的信息，而这一点对于很多风险厌恶者而言是至关重要的。

收益率的方差，衡量的是收益率在平均收益率周围的分散程度，它的平方根是标准差 σ（Sigma，西格玛）。收益率的方差的计算公式为：

$$\sigma^2 = \frac{1}{T-1}\sum_{t=1}^{T}(R_t - \bar{R})^2 = \frac{(R_1 - \bar{R})^2 + \cdots + (R_T - \bar{R})^2}{T-1}$$

需要注意的是，在计算平均收益率 $\bar{R}$ 时，我们用收益率之和除以收益率的总数 T，而在计算收益率的方差 σ^2 时，均值偏离量的平方和的除数却是 $T-1$。因子 $T-1$ 反映了计算 σ^2 时的"自由度"。统计方程把每一个独立变量（一个原始数字）计为一个自由度。同时，每当统计方程用到一个变量，自由度就减少1。因而，在计算 $\bar{R}$ 时，

独立变量的个数为 T，而在计算 σ^2 时，独立变量的个数要减少 1，这是因为公式里用到了 R，它本身就是一个变量。

收益率的方差代表了收益率的波动性，往往是风险的代名词，然而，它只概括了对均值的平均偏离程度，并还没有考虑那些可能导致多年收益毁于一旦的极端负面风险。

常用的度量极端负面风险的方法是观察历史数据中的最大损失值，这种方法称为最大回撤（Maximum Drawdown）法。最大回撤记录的是上一个全局最大值之后、下一个全局最大值（超出前一个全局最大值）之前出现的最小值所带来的波峰到波谷的最低收益。过去任何一个时刻所记录的全局最大值称为"最高水位线"（High-water Mark）。最大回撤就是两个相邻最高水位线之间的最低收益。水位最低的回撤也就是最大回撤。

图 10-1-1 用图示的方法说明了最高水位线和最大回撤的概念。该图显示了某一投资模型的累积收益的变化曲线。在时间 t_A，收益 R_A 是图上所记录的最高累积收益，因此也就是 t_A 时刻的最高水位线。随后，累积收益在时刻 t_B 下降到了 R_B，但是此时最高水位线仍然是 R_A。因为 R_B 是截止 t_B 时刻累积收益的最低值，R_B-R_A 就成了时刻 t_B 的最大回撤。

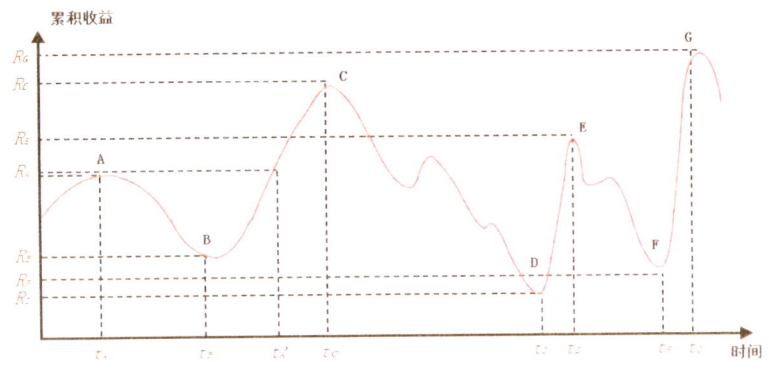

图 10-1-1　累积收益的变化曲线

接下来，在时刻 t_A'，累积收益突破了前期的最高水位线 R_A，达到了一个新的最高水位线。最高水位线的值继续上升到了点 C，达到了迄今以来的峰值 R_C。此时最大回撤仍然是 R_B-R_A。

C 点之后，累积收益大幅下跌，跌至新的低点。在任一点 X，只要 $R_X-R_A<R_B-R_A$ 成立，就可以算出新的最大回撤值。在未达到新的峰值 G 之前，点 C 及其对应的累积收益 R_C 仍然是最高水位线。点 D 对应新的最大回撤 R_D-R_C，直到图示的时间结束，这个最大回撤值都是有效的。

除了均值、方差和最大回撤之外，投资者有时还使用偏度和峰度来描述收益率的分布特征。偏度描述的是收益率分布相对于均值的位置，正的偏度表示收益在均值右侧居多，而负的偏度则表示大部分收益在均值左侧。峰度则指示收益分布的尾部是否正态的，高的峰度意味着存在"厚尾"，即出现极端正值或负值的概率比正态分布的情形要高。

二、夏普比率

尽管均值、方差和最大回撤勾勒出了一幅关于某个交易策略表现的图像，但是仅靠它们还不能对两个或更多策略进行简单的点对比。现在已经有了多种表现度量方法试图将均值、方差和尾部风险等整合进一个数字，而后用这个数字来比较不同的策略。其中，夏普比率是金融研究和实践领域中进行表现比较评估时使用最为广泛的指标，它涵盖了三个标准：平均收益、标准差和资金成本。

夏普比率（Sharpe Ratio）于 1966 年提出，其发明者威廉·夏普（William Sharpe）在晚些时候获得了诺贝尔经济学奖。在研究共同基金行为的过程中，威廉·夏普强调经过风险调整的收益，而不是收益本身，是进行行为比较的可靠措施。因此，他把单个共同基金的收益超过无风险利率的部分用它们的标准差加以衡量，得出了这些收益的风险利率。这就是我们今天所知道的夏普比率。

夏普比率的计算公式为：

$$SR = \frac{\bar{R} - R_F}{\sigma_R}$$

其中 $\bar{R}$ 是交易的年化平均收益率，σ_R 是交易收益率的年化标准差，R_F 是无风险利率（Risk-free Interest Rate），包含这一项是为了计算与交易相关的机会成本和持仓成本。无风险利率可以用短期国债利率来衡量，也就是交易者如果不把资本用于股票、期货投资而用于短期国债可能获得的利润。

举例而言，假如短期国债的收益是3%，而投资组合预期收益是15%，投资组合的标准偏差是6%，那么用15%~3%，可以得出12%（代表您超出无风险投资的收益），再用12%/6%=2，代表投资者风险每增长1%，换来的是2%的多余收益。

夏普比率越高，表明承担相同单位风险能获得更高的超额收益（Excess Returns）。例如，假设有两个基金 A 和 B，A 基金的年平均收益率为20%，标准差为10%，B 基金的年平均收益率为15%，标准差为5%，年平均无风险利率为5%，那么，基金 A 和基金 B 的夏普比率分别为 1.5 和 2，依据夏普比率，基金 B 的风险调整收益要好于基金 A。

在高频交易中，我们采用日内交易，不会隔夜持仓，所以持仓成本为0。高频夏普比率计算可以简化为：

$$SR = \frac{\bar{R}}{\sigma_R}$$

由于夏普比率综合了均值和方差两个信息,所以在选取均值—方差有效证券时,是一个很好的指标。

三、最大回撤

夏普比率虽然广为使用,但是它没有考虑极端收益情况下的尾部风险。

夏普比率的一个自然延伸是把风险的度量标准从标准差换成基于最大回撤的方法,从而抓住策略的尾部风险。Calmar 比率最先由 Young 于 1991 年提出,它用最大回撤来度量波动性。

Calmar 比率的计算公式为:

$$Calmar = \frac{\bar{R} - R_F}{-MD}$$

式中,MD 表示最大回撤(Maximum Drawdown),为负值。

除了忽略尾部风险,人们还常常批评夏普比率在度量波动性时考虑了正收益。批评观点认为,在对不同交易策略进行估计和比较时,只有负收益才是有意义的。为此,Sortino 和 Van der Meer 于 1991 年提出了索提诺比率。

索提诺比率的计算公式为:

$$Sortino = \frac{\bar{R} - R_F}{\sqrt{\frac{1}{T}\sum_{t=1}^{T} \max(R_F - R_t, 0)^2}}$$

索提诺比率(Sortino Ratio),与夏普比率类似,所不同的是它区分了波动的好坏,因此在计算波动率时它所采用的不是标准差,而是下行标准差。这其中的隐含条件是投资组合的上涨(正收益率)符合投资人的需求,不应计入风险调整。

和夏普比率类似,索提诺比率越高,表明承担相同单位下行风险能获得更高的超额收益。索提诺比率可以看作是夏普比率在衡量基金表现时的一种修正方式。

我们可以通过一个特殊的例子来比较夏普比率和索提诺比率的区别，为了简化计算，无风险利率设为0%。

假设私募基金 A 和 B 在 2015 年伊始的净值均为 1.00，且他们每月的净值公布日期均一致。在 2015 年，私募基金 A 的每个月的回报各为 3%、−5%、−2%、−2%、−2%、2%、−2%、5%、5%、3%、10%、9%；私募基金 B 在 2015 年同期每月回报为 3%、−1%、1%、−1%、1%、−1%、−1%、−1%、−1%、0%、15%、10%。通过计算，我们得到两个私募基金在 2015 年的总回报均为 25.6%，但是私募基金 A 的夏普比率 1.47 要略高于私募 B 的夏普比率 1.35。但如果计算索提诺比率，我们就会发现私募 A 的索提诺比率（3.6）要远低于私募 B 的索提诺比率（9.5）。

这其中主要的差别就是在计算夏普比率的过程中，私募 B 因最后两个月的收益突然大幅上涨而导致波动率过大，在计算风险调整时受到了"惩罚"。而在计算索提诺比率过程中，任何高于无风险利率的上涨都不会计入风险调整，因此，私募 B 在最后两期的上涨并不会导致索提诺比率的降低。和夏普比率相比，索提诺比率这一衡量标准更符合那些对资产价值下跌较为敏感的投资者。

既然有这么多指标，那么该如何权衡呢？实际上，所有指标给出的交易策略排名是大体一致的。对于投资者而言，夏普比率已经足够了。尽管夏普比率存在上述诸多限制和问题，但它仍以其计算上的简便性和不需要过多的假设条件而在实践中获得了广泛的应用。

第二节　资金曲线分析

一、资金曲线的概念

所谓资金曲线，也叫净值曲线，是指阶段时间内账户权益的净值连成的一条曲线。资金曲线向下，说明交易是亏损的；资金曲线向上，说明交易是盈利的。通过资金曲线，投资者可以直观地看到自己的交易绩效表现。

资金曲线的绘制方法如下：

1. 记录交易数据

投资者可以开立一个模拟账户，进行模拟交易，从而生成交易数据，并把这些交易数据记录在 Excel 表中，主要包括：交易日期、股票市值、账户总值、增减本金、当前净值、持仓比例、账户日增、账户日涨幅、账户年涨幅等。如表 10-1 所示。

表 10-1　模拟交易数据

股票市值	账户总值	增减本金	当前净值	持仓比例	账户日增	账户日涨	账户年涨
50000	100000	0	1	50%	0	0.00%	0.00%
50800	100800	0	1.008	50.40%	800	0.80%	0.80%
51000	101000	0	1.01	50.50%	200	0.20%	1.00%
53500	103500	0	1.035	51.70%	2500	2.50%	3.50%
53000	103000	0	1.03	51.40%	−500	−0.50%	3%
50000	100000	0	1	50%	−3000	−3%	0%
49200	99200	0	0.992	49.60%	−800	−0.80%	−0.80%
48500	98500	0	0.985	49.20%	−700	−0.70%	−1.50%
50500	100500	0	1.005	50.20%	2000	2%	0.50%
54500	104500	0	1.045	52.20%	4000	4%	4.50%

续表

60000	106000	0	1.06	56.60%	1500	1%	6.00%
59500	105500	0	1.055	56.40%	-500	-0.50%	5.50%
60500	106500	0	1.065	56.81%	1000	1%	6.50%
30200	106000	0	1.06	28.49%	-500	-0.50%	6.00%
20000	106200	0	1.062	18.83%	200	0.20%	6.20%
25000	106300	0	1.063	23.52%	100	0.10%	6.30%
35000	107000	0	1.07	32.71%	700	0.70%	7.00%
70000	109000	0	1.09	64.22%	2000	2%	9.00%
75000	108500	0	1.085	69.12%	-500	-0.50%	8.50%
65000	109000	0	1.09	59.63%	500	0.50%	9.00%
50000	110000	0	1.1	45.45%	1000	1%	10.00%
50600	110600	0	1.106	45.75%	600	0.60%	10.60%
50800	110800	0	1.108	45.85%	200	0.20%	10.80%
…	…	…	…	…	…	…	…
…	…	…	…	…	…	…	…

2. 生成资金曲线

如图 10-2-1 所示,为表 10-1 记录信息通过 Excel 生成的资金曲线。

图 10-2-1　资金曲线

图 10-2-2　账户资产变动图

同样，如果有需要，我们还可以利用"账户总值""持仓比例"等数据，生成资产变动图、仓位变动图等。如图 10-2-2、图 10-2-3 所示。

图 10-2-3　资金曲线、仓位变动图

二、资金曲线的类型

在投资交易活动中,投资者需要时刻关注两条曲线:市场行情曲线、账户资金曲线。

对于行情曲线,投资者一般都会花费大量的时间、精力去研究,以便提高自己对市场的判断能力。但是对于资金曲线,许多投资者却没有引起足够的重视,甚至经常忽略它。

实际上,资金曲线对于投资者评估自己的交易是非常重要的。通过分析资金曲线的变化过程,我们可以解读出许多有价值的信息。

一般来说,资金曲线图可以分为以下四种风格:

1. 稳定盈利型

如图 10-2-4 所示,四条资金曲线整体都是向上的,尤其是第一条曲线没有大幅回撤,风险控制得比较好。这种类型的投资者盈利能力、风险控制能力都比较强,是所有投资者都希望达到的目标。

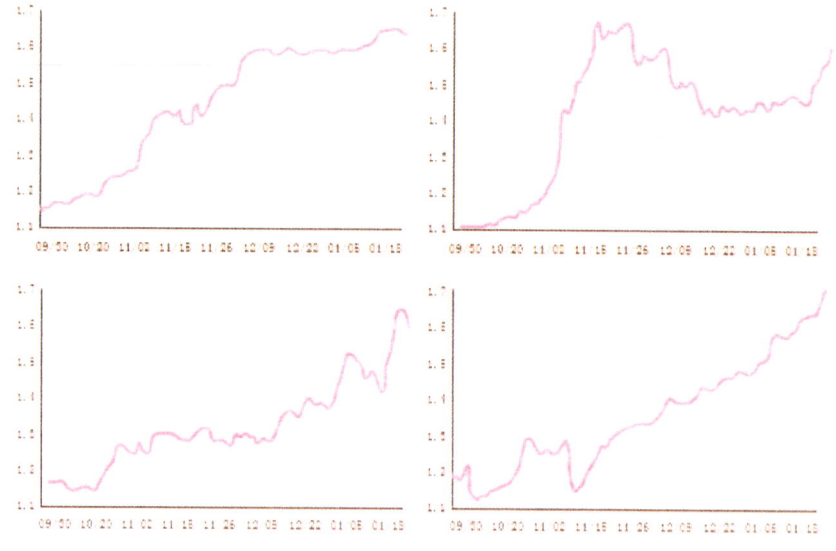

图 10-2-4　稳定盈利型

2. 不稳定盈利型

如图 10-2-5 所示，该类型的投资者盈利能力较强，但风险控制能力较弱，交易中容易出现净值大幅回撤，需要在资金管理、止盈止损等方面进行提高。

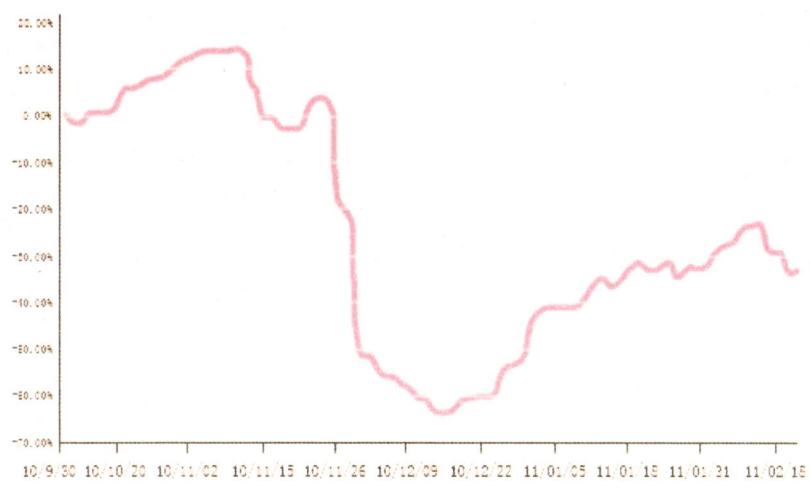

图 10-2-5　不稳定盈利型

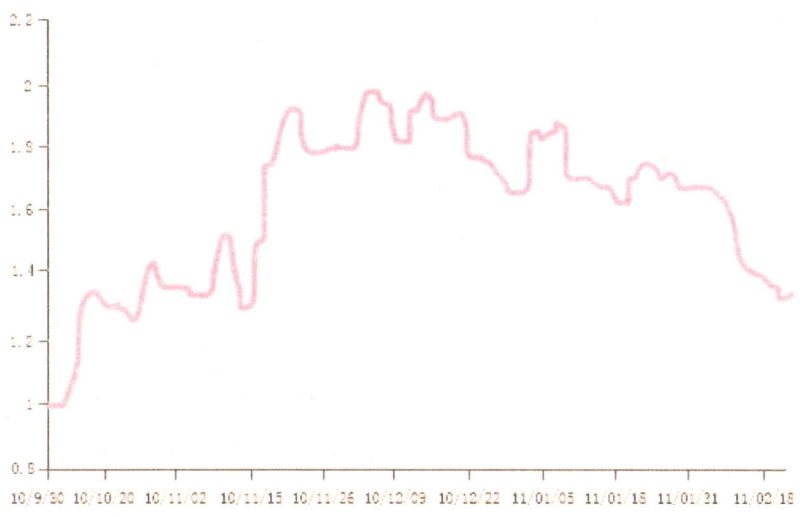

图 10-2-6　随波逐流型

3. 随波逐流型

如图 10-2-6 所示,该类型的投资者盈利能力、风险控制能力均属于市场平均水平,说明交易系统的胜率、赔率还有很大提升空间。这种类型的投资者,需要把注意力集中到寻找高胜率、高赔率的买点,并放弃一些无效操作,一般短期内就可以取得明显的效果改善。

4. 稳定亏损型

如图 10-2-7 所示,该类型的投资者盈利能力、风险控制能力都比较弱。从第一笔交易开始就亏钱,中间也没有大的反弹,根本没有赚钱的能力,说明交易系统是有问题的、期望值是负的。这时,投资者需要去学习交易知识,熟练交易技巧,重新构建新的正期望值的交易系统。

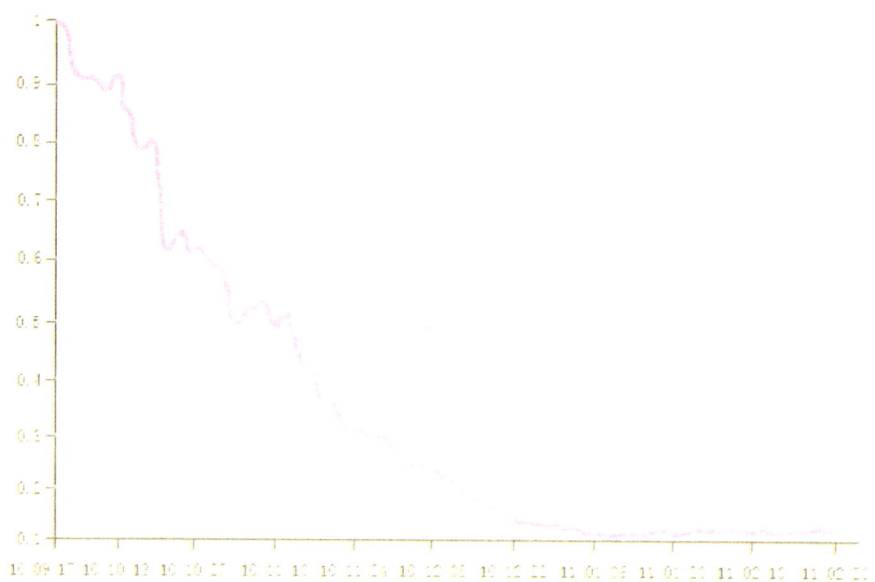

图 10-2-7 稳定亏损型

三、资金曲线的应用

资金曲线不仅是分析交易的实用工具,也是提升交易表现的有效方法。

投资者在利用模拟账户进行交易时,可以基于资金曲线生成它的移动平均线,并根据这两根线的相互位置关系来评估交易系统的表现,从而主动规避交易系统的不利时期,减少实盘账户的资金回撤,逐步从"不稳定盈利型"走向"稳定盈利型"。

如图 10-2-8 所示,有了一段时间的资金曲线后,利用 Excel 工具,生成资金曲线的移动平均线。

图 10-2-8　资金曲线的移动平均线

(1) 当模拟资金曲线位于均线下方时,说明交易系统处于不利时期,这时不应进行实盘交易,可以避免实盘账户的大幅资金回撤。

（2）当模拟资金曲线位于均线上方时，说明交易系统处于有利时期，这时可以进行实盘交易，很容易赚取大量利润。

关于移动平均线的周期参数，主要取决于交易系统的类型，一般来说，20个周期、30个周期都是可以的。

第三节 交易软件评估

随着云服务、大数据的发展，现在很多的股票、期货等交易软件都包含对用户的交易进行评估的功能。下面以同花顺的小财神为例进行说明。

同花顺的小财神工具分为电脑版和手机版两种，如图10-3-1所示，电脑版在系统工具栏—委托—小财神中，手机APP在首页—我的资产—资产分析中。其中，小财神手机版数据更详细，界面更直观，下面主要以手机版进行介绍说明。

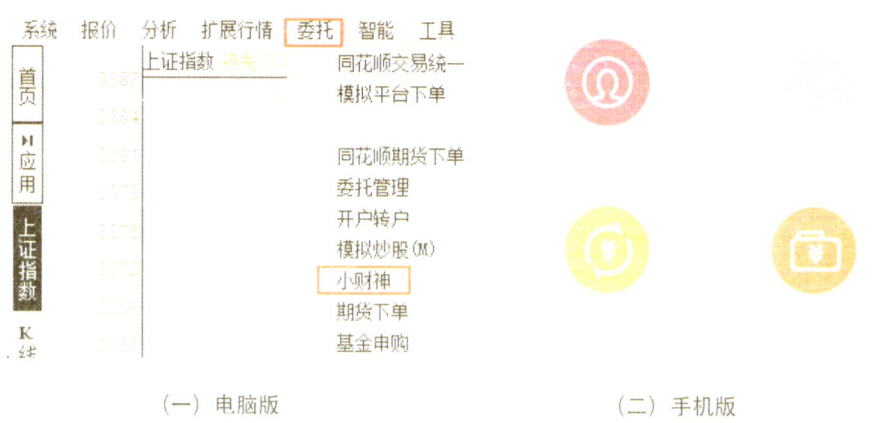

（一）电脑版　　　　　　　　　（二）手机版

图10-3-1　小财神工具

一、横向指数对比

在小财神的账户资产分析中，投资者可以添加同期的上证指数、沪深300、创业板指、股票基金、货币基金、混合基金、债券基金等指数进行综合性的横向对比。

指数可以看作一段时期内市场投资者的平均水平。通过指数的横向对比，投资者可以评估自己基于市场平均水平的盈利能力。比如，如果投资者在股票市场以创业板股票交易为主，那么通过与创业板指数的对比，可以反映出投资者对于创业板市场的适应状态。投资者的盈利水平高于同期指数水平，说明投资者的交易绩效良好。相反，如果投资者的盈利水平低于同期指数水平，说明投资者的交易水平较差，交易策略还有很大的提升空间。

1. 与大盘指数对比

在上一节资金曲线分析中，我们针对的是个人资金曲线的分析，现在在个人资金曲线的基础上叠加大盘指数走势图，就可以更直观地得到账户资金曲线与大盘指数对比的强弱。如图10-3-2所示，近三个月该投资者账户对比上证指数跑输5.02%，对比创业板指跑输1.43%，属于随波逐流型，其交易水平还有很大提升空间。

2. 与同期基金对比

账户资产分析除了与大盘指数对比，单独的阶段收益率也可以和同期的基金进行对比。如图10-3-3所示，2017年该账户收益率为-16.94%，严重落后于同期股票基金的收益率。

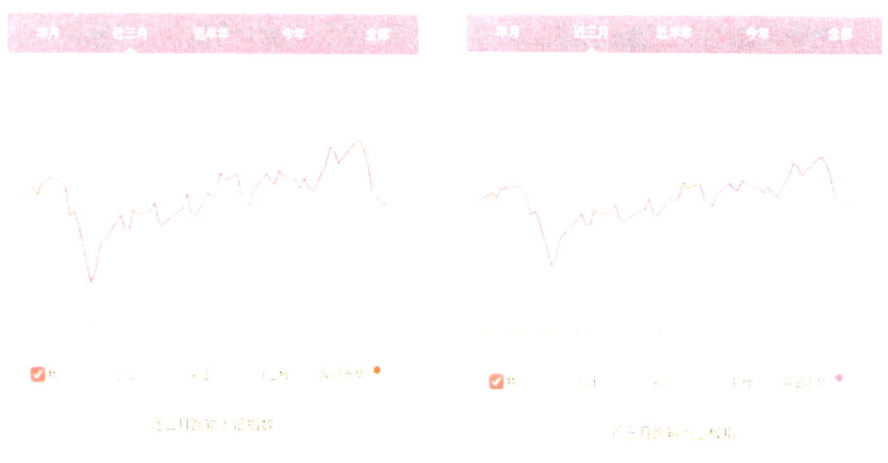

图 10-3-2　个人收益与不同指数对比

图 10-3-3　个人收益与同期基金收益对比

3. 与其他股民对比

如图 10-3-4 所示，在该统计时段内，70%的股民投资者处于亏损状态，2017 年该账户收益率仅超过 26%同期亏损股民，说明该投资者的盈利能力较低，需要进行大量学习或策略调整。

虽然，小财神统计的仅是同花顺交易软件的使用者，但作为目前国内市场主流的行情交易软件，同花顺的使用用户基数庞大，其结果具有较强的参考价值。

图 10-3-4　个人收益与同期股民收益对比

二、纵向历史分析

1. 最大回撤对比

最大回撤作为交易系统的重要评估要素，其直接反映了交易系统的稳定性。最大回撤越大，则账户的稳定性就越弱。如图 10-3-5 所示，该账户近三个月最大回撤为 6.20%，属于较高的回撤风险水平。

2. 阶段收益对比

阶段收益对比指的是账户不同时段内的收益率对比，评估的是交易的持续盈利能力。如果在多个连续时段内交易处于盈利状态，则说明持续盈利能力较强；如果连续性不足，则说明持续盈利能力较弱。如图 10-3-6 所示，该账户的月度收益率不高，且连续性不足，说明账户的持续盈利能力较弱。

图 10-3-5　个人收益近三月的最大回撤

图 10-3-6　个人月度收益与深证指数对比

3. 交易盈亏分布

交易盈亏分布主要通过饼图来划分出账户买卖个股的盈亏金额，是评估选股能力的有效工具。通过对比不同股票上的盈亏，投资者可以判断个股的买卖点选择是否正确。如图10-3-7所示，该账户盈利股票仅有1只，但亏损股票却有3只，说明其选股能力能力较差。

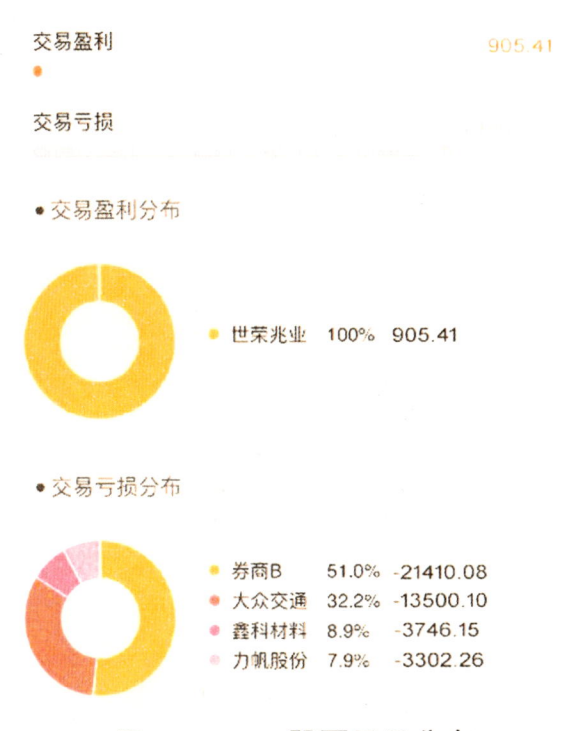

图 10-3-7 股票盈亏分布

三、五维综合评估

除了横向和纵向对比外，小财神还可以从选股能力、抗跌能力、看盘能力、绝对收益和卖点选择五个维度对交易评估进行量化评分。

如图 10-3-8 所示，投资者仅获得了 48 分，且各个维度比较均匀，说明他在各个维度上都有大幅提升空间。

选股能力

卖点选择　　　　　　　　　抗跌能力

绝对收益　　　　看盘能力

图 10-3-8　五维综合评估

扫一扫，和我一起学《超简交易》

回复"交易评估"，获取本章思维导图及 PPT 讲义。

回复"第十章视频"，获取本章精讲视频。

参考文献

[1] 彼得·伯恩斯坦. 与天为敌：风险探索传奇 [M]. 北京：机械工业出版社，2010.

[2] 查尔斯·惠伦. 赤裸裸的统计学 [M]. 北京：中信出版社，2013.

[3] 杰西·利弗莫尔. 股票大作手操盘术 [M]. 北京：人民邮电出版社，2012.

[4] 孙惟微. 赌客信条：你不可不知的行为经济学 [M]. 北京：电子工业出版社，2010.

[5] 黄吉平. 经济物理学：用物理学的方法或思想探讨一些经济或金融问题 [M]. 北京：高等教育出版社，2013.

[6] 纳西姆·塔勒布. 黑天鹅：如何应对不可知的未来 [M]. 北京：中信出版社，2008.

[7] 王勇，隋鹏达，关晶奇. 金融风险管理 [M]. 北京：机械工业出版社，2014.

[8] 苏益. 投资风险管理 [M]. 北京：清华大学出版社，2008.

[9] 朱平辉. 投资风险管理 [M]. 厦门：厦门大学出版社，2007.

[10] 刘逖. 市场微观结构与交易机制设计：高级指南 [M]. 上海：上海人民出版社，2012.

[11] 霍华德·马克斯. 投资最重要的事 [M]. 北京：中信出版社，2012.

[12] 邱国鹭. 投资中最简单的事 [M]. 北京：中国人民大学出版社，2014.

[13] 刘向丽，汪寿阳，洪永淼. 中国期货市场微观结构研究 [M]. 北京：科学出版社，2009.

[14] 康成福. 价量分析就这几招 [M]. 上海：立信会计出版社，2010.

[15] 范江京. 量价实战分析 [M]. 北京：中国宇航出版社，2010.

[16] 何造中. 江恩时间循环周期 [M]. 北京：机械工业出版社，2007.

[17] 魏强斌，何江涛. 短线法宝：神奇N结构盘口操作法 [M]. 成都：四川人民出版社，2010.

[18] 赵信. 实战图解MACD技术 [M]. 北京：经济管理出版社，2014.

[19] 邱立波. 均线技术分析 [M]. 北京：中国宇航出版社，2013.

[20] 戈岩. 趋势与拐点交易法 [M]. 北京：中国宇航出版社，2014.

[21] 黄韦中. 主控战略移动平均线：透析平均线战法的完全攻略密笈 [M]. 北京：地震出版社，2006.

[22] 金奕. 移动平均线技术：揭示期货、股票、外汇市场中形与势的核心秘密 [M]. 北京：地震出版社，2014.

[23] 王恒. 一眼看破均线天机 [M]. 广州：广东经济出版社，2012.

[24] 何之. 大师的命门：股票、期货价格分析方法的缺陷以及解

决之道［M］. 北京：中国财政经济出版社，2009.

［25］安德鲁·波尔. 统计套利［M］. 北京：机械工业出版社，2011.

［26］李金山. MACD指标一看就会［M］. 北京：中国劳动社会保障出版社，2014.

［27］约翰·罗宾逊. 摆荡指标MACD［M］. 台北：经史子集出版社印行，2009.

［28］凌波. 振荡指标MACD：波段操作精解［M］. 西安：陕西师范大学出版总社有限公司，2011.

［29］维克多·斯波朗迪. 专业投机原理［M］. 北京：机械工业出版社，2010.

［30］姜昌武，陶旸. 套利对冲投资实战宝典［M］. 北京：中国金融出版社，2016.

［31］中国期货业协会. 期货及衍生品基础［M］. 北京：中国财政经济出版社，2015.

［32］羽根英数. 价差交易入门：低风险的期货投资手法［M］. 北京：地震出版社，2009.

［33］安德烈·昂格尔. 资金管理方法及其应用［M］. 北京：地震出版社，2015.

［34］瑞恩·琼斯. 交易游戏：职业交易员的资金管理策略［M］. 太原：山西人民出版社，2013.

［35］拉瑞·威廉姆斯. 短线交易秘诀［M］. 上海：百家出版社，2001.

［36］布伦特·奔富. 交易圣经：系统交易赢利要诀［M］. 北京：机械工业出版社，2012.

［37］范·萨普. 通向财务自由之路［M］. 北京：机械工业出版社，2008.

[38] 赵胜民. 算法交易与套利交易［M］. 厦门：厦门大学出版社，2010.

[39] 罗军. 积小流以成江海：关于算法交易的一个综述［R］. 广州：广发证券，2012.

[40] 施东辉. 交易所竞争力分析［M］. 上海：上海人民出版社，2010.

[41] 丁鹏. 量化投资：策略与技术［M］. 北京：电子工业出版社，2012.

[42] 艾琳·奥尔德里奇. 高频交易［M］. 北京：机械工业出版社，2011.

[43] 戴诺·顾比. 优化交易——资金管理与风险控制［M］. 广州：广东经济出版，2016.